Thucydides
古希腊思想通识课
修昔底德篇

张新刚 著

湖南人民出版社

序　阅读一位同时代人：修昔底德

对于那些想要了解过去事件真相的人来说，由于人总是人，过去的事件在将来某个时候会再次发生，或者发生类似的事件，如果他们认为我的著作还有所助益，那么我就心满意足了，我的著作不是想赢得听众一时的奖赏，而是要成为永恒的财富。[1]

修昔底德与当代世界

如果要选出一位20世纪以来最热门的古代史家，恐怕非修昔底德莫属。我们对修昔底德的生平所知不多，可以确定的是，这位生活在公元前5世纪后期到公元前4世纪初期的雅典人曾经出任过雅典的将军，在军事行动中没有取得彪炳史册的战功，所撰写的《伯罗奔尼撒战争史》却成为人类文明史上的经典著作。如果近几年关注国内外新闻，应该不会对一个术语感到陌生——"修昔底德陷阱"。这个由美国学者格雷厄姆·艾利森（Graham Allison）提出的概念在过去一段时间曾经引起政界、学界的激烈讨论。这一概念简单来说就是一个新兴大国的崛起会挑战既有大国的地位，而守成的大国会主动进行遏制乃至不惜发动战争。据说是修昔底德首次提出了这一看法，2400多年前，修昔底德就是如此判定雅典人与拉凯戴孟人之间大战的原因的。熟悉国际关系理论的话，会知道艾利森的这个观点并不新鲜，但这个观点与古希腊史家修昔底德联结在一起后，简洁明了的术语似乎就顿时"高洋上"了起来，也就显得更有说服力了。

其实这不是修昔底德第一次成为热门人物，在半个多世纪以前的冷战时期，美国的政府官员和学者就借用修昔底德来理解当时的国际局势。[2] 1947年，美国国务卿乔治·马歇尔（George Marshall）在一次演讲中明确提出，要认真思考伯罗奔尼撒战争以及雅典最后的失败，以更好应对当时的国际事务。这个思路是将基于海权的民主雅典类比美国，而将基于陆权的、带有寡头统治色彩的斯巴达类比苏联。将视线再往前推，"一战"时的人们也有各种鲜活的想象，将雅典、斯巴达、波斯与现代世界中的大国进行比附。

且不论当代人对修昔底德的比附是否成立，古代经典著作总免不了被后世不断使用甚至滥用，这似乎也是古代史家逃脱不了的命运。修昔底德若在天有灵，看到20世纪以后人们对他的"喜爱"，不知会作何感想。我斗胆揣摩，估计他老人家的心情会比较复杂。因为他一方面明确表示"我的著作不是想赢得听众一时的奖赏，而是要成为永恒的财富"[3]，但另一方面，这"永恒的财富"的内核是要看到人类的状况本身，而非简单地进行历史比附。修昔底德的判断是"人总是人"，或者说人的境况就是如此这般，一代又一代的人总是要面对和处理一些类似的人类事务。

那么修昔底德通过记述伯罗奔尼撒战争，所揭示出来的人的境况究竟是怎样的呢？这个问题不能用三两句话简单作答，因为读者只要读完《伯罗奔尼撒战争史》就会发现，修昔底德为我们搭建了一个层次无比丰富的舞台。在战争这场大戏中，各类城邦与各色人等轮番登场，在各种极端环境中做出自己的抉择，接受战争这一暴戾的老师的考验，人性和不同政体也展示出不同的品质。修昔底德的著作之所以能够成为经典，就在于其丰富和深刻。虽然难以概括，但总还是能谈一些令人印象深刻的地方，这里拣选三个话题先做简单的分享。

人的境况三题

第一个话题是伯罗奔尼撒战争的性质。修昔底德这本书的书名已经告诉大家，他写的是伯罗奔尼撒战争的历史，也就是公元前431年爆发的，希腊世界的两大阵营，即以雅典为首的雅典帝国与以斯巴达为首的伯罗奔尼撒联盟之间的战争。这两大阵营的战争无疑是首要记述对象，但是具体进入这本书，会发现修昔底德记述了两条并行且相互交织的主线，那就是两大阵营间的战争与城邦内部的纷争。雅典与斯巴达两大城邦决定战之后，希腊世界的格局也被这场战争搅动，各城邦内部出现了分裂。

随着战争的进行，雅典开始通过加强与盟邦中的民主派的关系来维系帝国，加剧了其他城邦内部民主派和寡头派的对立；反过来，在两大巨头对峙的情况下，众多希腊城邦中的民主派和寡头派也都骚动起来，民主派希望获得雅典的支持，以夺取城邦的统治权，寡头派则投向斯巴达以实现同样的目的，代价是城邦必须选边站，倒向某一阵营。战争与内乱相互强化，以致整个希腊世界都被卷进去了，所以修昔底德说这场战争造成的灾难是空前的。在战争后期，战争的压力传到雅典，雅典也爆发了内乱，并最终败给了斯巴达。

第二个话题关于代际。代际议题司空见惯，似乎并不是什么新奇的事情，但最近两年阅读和讲解修昔底德时，对书中有关代际的讨论感触逐渐加深。整本书中关于代际的讨论并不多，却对理解战争的进程以及雅典的走向至关重要。雅典在公元前5世纪有几件大事，我们可以用这几个节点来标记雅典的几代人。世纪初雅典在马拉松战役以及第二次希波战争中战胜了波斯，这无疑是雅典的高光时刻，这一代人可以视作马拉松一代。马拉松一代经历了雅典之前的内部纷争和克里斯提尼（Cleisthenes）改革后的崛起，为了自由与波斯英勇作战，并在海战中发挥了中流砥柱的作用。这一代人到了公元前5世纪中叶已经是城邦的老人了，他们在垂暮之年看到雅典从平等的政体进一步走向民主政体，拥有并巩固了一个帝国，雅典的政治家也由地米斯托克利（Themistocles）和客蒙（Cimon）转到伯里克利（Pericles）。

伯里克利能够理解马拉松一代人的风貌，他利用希波战争的红利积极维系民主帝国，用帝国来供养民主制度。在伯里克利时代，即公元前5世纪中叶的一代人自降生起就生活在一个伟大的城邦，享受着万邦来朝的福利，他们对希腊世界的秩序有着别样的体会。这一点尤其体现在伯里克利的战争策略与西西里远征前的城邦心态的反差中。伯里克利一心要维系帝国，但他认为雅典在战争期间不要扩张帝国。而在伯里克利时代的民主帝国中成长起来的年轻人，以阿尔喀比亚德（Alcibiades）为代表，被伯里克利时代成功塑造为好战、进取、爱帝国的人，对扩张帝国充满了热望。伯里克利埋下的种子最终反噬了自己的战争策略。

战争爆发之后出生的一代人，在幼年时期经历了瘟疫、战乱，等到成长为公民的年纪则目睹雅典内乱以及最后的战败与帝国的丧失。这差不多也是柏拉图（Plato）的经历，也正是因为有这些际遇，柏拉图才会说现有的城邦无一例外都败坏了，且很难拯救，除非哲学家当王或者王成为哲学家。

从公元前5世纪初到世纪末，三代人所处的环境与心境经历了一个周期，修昔底德所展示的代际差异让人不免浮想联翩。每一代人都有自己个人的，以及与城邦绑定在一起的际遇，不同的代际对于城邦与秩序的看法注定有重大差异，由此也导致了不同的品性和行动倾向。人类虽然有史书和故事传承，但前人的经验教训并不总能有效传递。一代人有一代人的历史设定，要通过自己的真实生活来试错和积累，最后完成一代人的悲喜故事。

第三个话题是政体。与后来的柏拉图与亚里士多德（Aristotle）不同，修昔底德没有系统讨论各种政体，但是政体却成为解释战争以及城邦表现的重要因素。在战争开始时，虽然他提出战争真正的原因是雅典实力的上升引起斯巴达人的恐惧，但他同时借科林斯（Corinth）人之口，对雅典人与斯巴达人的政体与品性做了详细的对照分析。因为古希腊的"政体"不仅是政治制度，还涵盖了在这种制度下生活的公民的品性，不同的政体会塑造不同的公民品性。科林斯人为了鼓动斯巴达人与雅典人开战，故意说斯巴达人是迟疑保守的，而雅典人永远是进取的。在全书的末尾处，写到斯巴达错过攻陷雅典城的一次绝佳时机时，修昔底德明确评论说，伯罗奔尼撒人是雅典人最理想的战争对手，因为"性格上的悬殊：一个敏捷，一个迟钝；一个敢做敢为，一个胆小怯懦"。[4] 修昔底德甚至还将雅典在西西里远征中的失败也归为品性：（西西里的）叙拉古（Syracuse）人的性格最像雅典人，也最擅长与雅典人作战。

通过修昔底德的这些评论，可以看出他并不只是在记述战争，而是在多个层面探究人以及城邦的表现和动机，这在伯里克利的国葬演说中体现得最为明显。在演说中，伯里克利实际上讨论的议题是雅典取得帝国霸权的原因是什么,他的答案很明确,就是雅典的民主制度以及民众的品性。从这个角度来看,修昔底德是将政体视作影响城邦及其公民行动和功业的基础解释变量。

谈到政体,自然避不开修昔底德对雅典民主政体的叙述和评价。在整本书中,修昔底德先后记述并评价了伯里克利、克里昂(Cleon)、尼基阿斯(Nicias)、阿尔喀比亚德和后期的塞拉麦涅斯(Theramenes)等政治人物,以及雅典民众在遇到不同境遇时的表现。近代以来相当长的时间内,修昔底德都被视为是批评雅典民主制度的,其中以英国政治哲学家霍布斯(Thomas Hobbes)的观点最具代表性:"(修昔底德)对城邦政体的看法,很明显表明,他最不喜欢的就是民主制。"[5] 霍布斯观察到雅典民主政体中存在众多煽动家,煽动家们追求的往往是自己的而非城邦的利益。修昔底德对这一点也有直接的评论,对伯里克利去世后雅典城内的煽动家为个人利益取悦民众的行为,他明确表达了不满。沿着这一思路,有学者认为民主制的缺陷导致了雅典在战争中的失败,而修昔底德持有温和的寡头派立场,更青睐由少数有才智的人进行统治。

"二战"后的学者更多地关注到修昔底德对"混合政体"的偏爱,特别强调修昔底德在第八卷中对于雅典"五千人政体"的赞美。修昔底德认为这个政体融合了寡头与民主的要素,防止了城邦滑向两个极端。这些不同的观点都能在修昔底德的文本中找到依据，但回到雅典民主制度这一核心关切上，修昔底德所展示出来的似乎要更为复杂。在这一问题上，我更偏爱普林斯顿大学教授康纳（W. R. Connor）的观点，他在最近的一篇文章中点出："修昔底德清晰阐明了雅典人做出冒险的决策，甚至有时会犯致命错误，但是民主的文化又能使这些错误帮助人们具备令人惊异的适应性和韧性，而这韧性又拖长了战争，加剧了苦难。"[6]

希望对上述三个话题的简单讨论能够引起读者对修昔底德的兴趣，古代史家所留下的作品并非简单的事件记录，而是有着他们自己对历史的独特理解。虽然修昔底德通常被视为理性的、客观的历史学家，但所有的书写一旦开始就不可避免地交织着主观性，无论是材料的拣选、结构的编排，还是撰述线索的引导，实际上都是作者深思熟虑的结果。当作者选择写下一种版本时，他就同时放弃了其他的诸多可能，所以阅读经典著作首要的任务是理解作者本身的思想，通过分析作者写了什么内容、如何组织这些内容以及为什么要写这些内容，来努力贴近作者的想法。正是在这个意义上，我们可以将修昔底德归到古希腊思想的范畴之内。修昔底德不仅撰写了一部战争史，而且还呈现了当时希腊世界的思考方式。透过公民群体和政治家们的言行和表现，我们得以直接进入历史现场，去理解希腊人的政治秩序和精神秩序。

在本书的12讲中，我尽可能挑选了修昔底德书中最为重要或者学者们讨论最多的议题进行拆解分析，一方面展示战争的进程,另一方面揭示修昔底德对"人的境况"的深入而复杂的思考。希望能够通过这本小书,为复杂的修昔底德思想提供一幅简易地图,并最终能够借着理解修昔底德来更好地理解我们自己所处的世界。

张新刚

2022 年 7 月 3 日

注释

1. 修昔底德,《伯罗奔尼撒战争史》,1.22.4。
2. 参见黄洋,《我们为什么还要阅读修昔底德》,《文景》,2012 年 4 月号;魏朝勇,《修昔底德的历史身位》,刘小枫选编《古典诗文绎读·西学卷·古代编(上)》,北京:华夏出版社,2008 年。
3. 修昔底德,《伯罗奔尼撒战争史》,1.22.4。
4. 修昔底德,《伯罗奔尼撒战争史》,8.96。
5. 霍布斯,《修昔底德的生平与〈历史〉》,戴鹏飞译,《海国图志》学刊第 5 辑《罗马古道》,上海:上海人民出版社,2010 年。
6. Walter R. Connor, "Pericles on Democracy: Thucydides 2.37.1," *Classical World*, vol. 111, no. 2 (Winter 2018): 174.

目录

序　阅读一位同时代人：修昔底德

第一讲　修昔底德和他的时代　　001
　　一、最好与最坏的时代　　003
　　二、修昔底德其人其书　　012
　　三、"永恒的财富"与"道理的真实"　　020

第二讲　希腊的兴起与雅典的崛起　　035
　　一、希腊的兴起　　037
　　二、希波战争与雅典的崛起　　046
　　三、提洛同盟的内外行动　　055
　　四、希腊战争　　061

第三讲　走向战争　　073
　　一、科西拉和波提代亚　　077
　　二、言辞的战争　　091

第四讲　伯里克利与民主帝国　　107
一、雅典的战争决心和策略　　109
二、雅典民主、岛邦心态与国民性　　115
三、帝国的爱人　　125
四、评价伯里克利　　130

第五讲　雅典瘟疫与科西拉内乱　　137
一、雅典瘟疫及其影响　　139
二、科西拉内乱　　147
三、民主派、寡头派抑或掌权者　　155

第六讲　普拉提亚陷落与米提列涅叛乱　　167
一、普拉提亚的陷落　　169
二、米提列涅叛离　　176
三、雅典帝国新方略　　184

第七讲　克里昂与布拉西达　　195
一、麦加拉与波奥提亚　　197
二、克里昂与派罗斯　　203
三、布拉西达的远征　　210

第八讲　尼基阿斯和约与脆弱的和平　225
　　一、和平的达成　227
　　二、伯罗奔尼撒的地缘斗争　236
　　三、米洛斯对话　245

第九讲　阿尔喀比亚德与西西里远征　259
　　一、帝国与远征的必然性　261
　　二、宗教丑闻与僭政往事　272
　　三、雅典内部的斗争　280

第十讲　西西里远征及其失败　289
　　一、西西里远征前史　291
　　二、初战西西里　297
　　三、叙拉古围攻战　305

第十一讲　爱琴海的叛离活动　317
　　一、惨败之后　319
　　二、喀俄斯叛离的失败　322
　　三、米利都及爱琴海战局　328

第十二讲　雅典内乱与政体变更　　　　　　339
　　一、革命前的局势　　　　　　　　　　　341
　　二、四百人与五千人政体　　　　　　　　345
　　余论　爱雅典不爱帝国？　　　　　　　　361

附录一　代际视角下的《伯罗奔尼撒战争史》　367
附录二　译名对照表　　　　　　　　　　　　392
附录三　大事年表　　　　　　　　　　　　　405

后记　　　　　　　　　　　　　　　　　　　408

第一讲

修昔底德和他的时代

一、最好与最坏的时代

公元前5世纪的希腊世界由两场大战塑造，第一场战争是世纪初的希波战争，第二场战争是爆发于世纪后半段的伯罗奔尼撒战争。希波战争的直接结果是波斯帝国从爱琴海周边退回内陆，更为深远的影响是雅典在希腊世界的崛起。从古风时代（Archaic Greece）到希波战争期间，斯巴达一直是希腊世界的领袖，希波战争的进程以及结束后的爱琴海局势实质性地改变了希腊世界的力量对比。雅典凭靠强大的海军逐渐形成对爱琴海地区的支配秩序，成为与斯巴达分庭抗礼的重要一极。以两个城邦为首的两大阵营在公元前431年开启了一场持续27年的伯罗奔尼撒战争，重塑了整个希腊世界。

公元前5世纪是希腊世界最好的时代。希波战争的胜利让希腊世界充满自信和活力：小亚细亚的希腊城邦摆脱了波斯的控制；雅典卫城上建起多座恢宏的神庙；三大悲剧作家埃斯库罗斯（Aeschylus）、索福克勒斯（Sophocles）和欧里庇得斯（Euripides）为后世留下不朽的悲剧著作；旧喜剧作家阿里斯托芬（Aristophanes）也用戏谑的笔触讽刺着城邦中的政客；希罗多德（Herodotus）和修昔底德留下最早的历史著作；环爱琴海地区的智慧之人游走在城邦之间，思考着天上与地上事务的道理；苏格拉底每天在雅典的广场上与年轻人交谈，提醒人们要省察自己的生活；雅典最终建成了民主制度，公民们在公民大会和陪审法庭上讨论着城邦的公共事务，伯里克利在演说中对这一制度进行了高度赞颂。可以说，公元前5世纪的希腊为后世留下了无比灿烂的文明遗产。

公元前5世纪也是希腊世界最坏的时代。希波战争和伯罗奔尼撒战争给整个希腊世界带来深重的灾难。当波斯大军压境时，大多数希腊城邦主动献上"土和水"，臣服并跟随波斯大王作战；温泉关留下了斯巴达三百勇士的美名，代价是全军覆没；雅典卫城多次被波斯大军烧毁；爱琴海的诸多希腊岛邦在摆脱了波斯的统治之后，紧接着又要向雅典纳贡，稍有反抗便招致血腥镇压；伯罗奔尼撒战争期间，大多数希腊城邦都或主动或被动地卷入了战争，杀戮乃至灭绝式屠杀频现；战争之初，雅典暴发了严重的瘟疫；战争期间，城邦内乱像瘟疫一样在希腊世界传播，父子相残，价值体系崩塌。战争不只给战士带来荣耀，还给无数人带去了难以言说的苦痛。

在希腊世界中，公元前5世纪最重要的两个主角，就是雅典与斯巴达。在进入修昔底德之前，有必要对这两个城邦在伯罗奔尼撒战争以前的状况进行简单介绍。

如果用一个词来总结公元前5世纪的雅典，那就是"民主帝国"。雅典在公元前6世纪时还在被城内外各种力量撕扯，并不是一个特别强大的城邦。关键性的变化发生在公元前6世纪与前5世纪之交，雅典先是在斯巴达的帮助下驱逐了僭主（*tyrannos/*

tyrant）家族，并很快（公元前508年或前507年）由克里斯提尼完成了政治整合，在城邦中建立了平等的秩序。希罗多德曾评价说："雅典人就这样强大起来了。显而易见的是，言论的平等是一件绝好的事情。这不只是从这一个例证中，而是从许多的例证中得到证明的。因为处于僭主统治下的雅典人，在军事方面丝毫不强于他们的任何邻人，但是一旦摆脱了僭主的桎梏，他们就成为最优秀的。"[1] 改革之后的雅典，不仅成功挫败了斯巴达的干涉计划，还在不久之后的马拉松战役中，凭自身的力量击败了数倍于自己的波斯大军。在第二次希波战争中，雅典为抗击波斯的希腊联军贡献了半数船只，并在关键的萨拉米斯海战中发挥了重要作用。

希波战争决定性地改变了雅典，既改变了雅典的政体，也改变了雅典在希腊世界中的地位。从城邦内部政体来看，雅典从平等的秩序进一步发展为民主政体，而这很大程度上是因为海军力量的增长。希腊城邦传统的作战方式是重装步兵方阵，重装步兵的装备通常由公民自己购买，所以重装步兵的主体是有一定资产的人，相应的城邦政体更接近中道政体或混合政体。海军则不同，舰船由城邦出资兴建，平民只需要一把子力气便可在船上划桨，而大量平民（demos）乃至贫民加入军队，决定性地改变了城邦的政治力量结构。这一趋势在希波战争后可以看得非常清楚，虽然最初城邦权力掌握在由贵族群体构成的战神山议事会手中，但是城内的政治家开始主动通过恩惠来换取平民的支持。

图 1.1　伯里克利时期的雅典卫城，大英博物馆受托人理事会授权

公元前5世纪60年代末，埃菲阿尔特（Ephialtes）和伯里克利进行了一系列政治改革，剥夺了战神山议事会的大部分权力，将权力转交给了五百人议事会、公民大会和陪审法庭。[2] 到伯里克利时期，雅典最终建立起民主政体：公民参加公民大会和陪审法庭并无财产要求，城邦最终的决策机构是公民大会；公民大会事务由五百人议事会筹备，议事会成员每年轮换。今天看来，雅典的民主制度是直接民主制，其标志并非选举，而是抽签。选举在古代希腊被视为是贵族制的制度，因为选贤与能是选出更优秀的人，而抽签才是真正平等身份的体现。当然，雅典的军事将领是由选举产生的，每年10位，可以连任，伯里克利就连续多年当选为将军，在城邦中拥有显赫的影响力。

根据古代记载，伯里克利会给参加陪审法庭的公民发放津贴。此外，根据普鲁塔克（Plutarchus）的记述："伯里克利把缰绳交给民众，向民众实行讨好政策，在雅典不断地为民众设计很多节日看戏、会餐、游行，用'粗俗的娱乐哄孩子似的'哄着民众，而且每年派出60艘船，载着许多平民，出去航行8个月，都付给工资，让他们学习和操练航海的知识。"[3] 伯里克利时期的雅典之所以能负担如此规模的财政支出，很重要的原因是有盟邦缴纳的贡赋，因为雅典已经不再是一个城邦，而是成了帝国统领。

当希腊联军在海上和陆上决定性地击败波斯军队后，斯巴达本可以继续率领这一反波斯的联盟，但身为联军领袖的斯巴达国王鲍桑尼亚斯（Pausanias）的傲慢和专断逐渐显露出来，盟军中很多人开始控诉鲍桑尼亚斯，并拒绝接受斯巴达派出的继任者多喀斯（Dorcis）担任联军统帅，而是恳求在希波战争中表现卓越的雅典人出任盟主。斯巴达没有继续派人接替，雅典则欣然接受了盟邦的请求。公元前478年（或前477年）冬天，盟邦代表在提洛岛（Delos）开会，成立新联盟，旨在蹂躏波斯领土，为希腊的苦难报仇，还要将那些仍在波斯统治下的希腊人解放出来。这个联盟被现代学者称为"提洛同盟"（Delian League）。提洛同盟中没有伯罗奔尼撒的城邦，基本由爱琴海的岛邦以及伊奥尼亚（Ionia）和卡里亚（Caria）等地区的城邦组成，雅典被推为盟主。同盟有公共的金库，放在提洛岛上。

提洛同盟成立的目的是针对波斯，在成立之初也的确履行了这一职责。但随着时间的推移，波斯的威胁逐渐减弱。公元前449年春天，雅典人和波斯签订了《卡里阿斯和约》(*Peace of Callias*)，明确了小亚细亚的希腊城邦获得自治，波斯和希腊停战。波斯的威胁消除后，雅典没有放弃同盟，反而加强了对同盟的控制。公元前454年（或前453年），伯里克利将提洛同盟的金库从提洛岛迁到雅典卫城。公元前449年（或前448年），一则雅典法令要求关闭各盟邦的造币厂，将雅典的度量衡标准以及货币强加于盟邦。一年以后，克雷尼亚斯法令规定各盟邦的执政官与雅典驻邦督察官要负责确保每年的贡赋按时征收，并送往雅典。至此，提洛同盟已经由一个反击波斯的联盟转变为由雅典控制的帝国，雅典成为霸权城邦，建立起对爱琴海区域的海上支配性秩序。

雅典从克里斯提尼改革和希波战争之后开始快速崛起，而斯巴达从古风时期开始就是希腊世界的头号城邦。斯巴达独特的地位源自强大的城邦实力，仔细考究会发现斯巴达力量的基础既来自其独特的政体结构，也来自复合型的权力支配秩序。从政体结构看，斯巴达在莱库古（Lykourgos）立法之后建立了独特的混合政体。斯巴达设有两个国王，他们分别来自两个世袭家族，负责统领军队发动战争、履行宗教和司法职能；5位监察官（*ephors*）每年一届，通过选举产生，负责监督国王行使职权；长老议事会（*gerousia*），由30位60岁以上的贵族组成（包含两位国王），承担重大事务提案、司法及外交事务决策等职责，也是唯一能够判处死刑或流放的司法组织；公民大会由斯巴达公民构成，偶尔召开，普通公民不能在公民大会上发言讨论，但有通过和否决权。斯巴达的这一政体从公元前6世纪中期到公元前3世纪一直保持稳定，这不仅为同时代的希腊人所认可，而且为后世所称道。概览整个西方思想史，会发现直到19世纪前，欧洲的思想家大都将斯巴达而非雅典视为希腊城邦政体的典范。

除了稳定的政体结构外，斯巴达还拥有多重的权力支配秩序。这一秩序中最核心的是斯巴达城邦，城内公民享有完备的公民权。斯巴达城外面一环则是位于拉科尼亚（Laconia）的庇里阿西人（*perioikoi*），直译就是"住在周边的人"，庇里阿西人往往有独立的城邦和政治机构，只是在对外政策和战争方面要听从斯巴达统率。斯巴达人和庇里阿西人合起来称为拉凯戴孟人（Lacedaemonian），后者在修昔底德的书中被频繁提及。斯巴达还有一个重要的人群黑劳士（Helots），这是斯巴达征服美塞尼亚（Messenia）以及部分拉科尼亚地区获得的奴隶，黑劳士没有自由身，虽然拥有自己的村落，可以结婚，但要向他们的主人缴纳所耕种土地上的一大半产品，就像在重负下筋疲力尽的驴子。上述这三类人基本上构成斯巴达本土的主要人群，主要集中在伯罗奔尼撒的南部地区。

除了三重领土和人群秩序外，斯巴达还维系着一个联盟，它被古代作家称作"斯巴达人和他们的盟邦"，现代学者直接称之

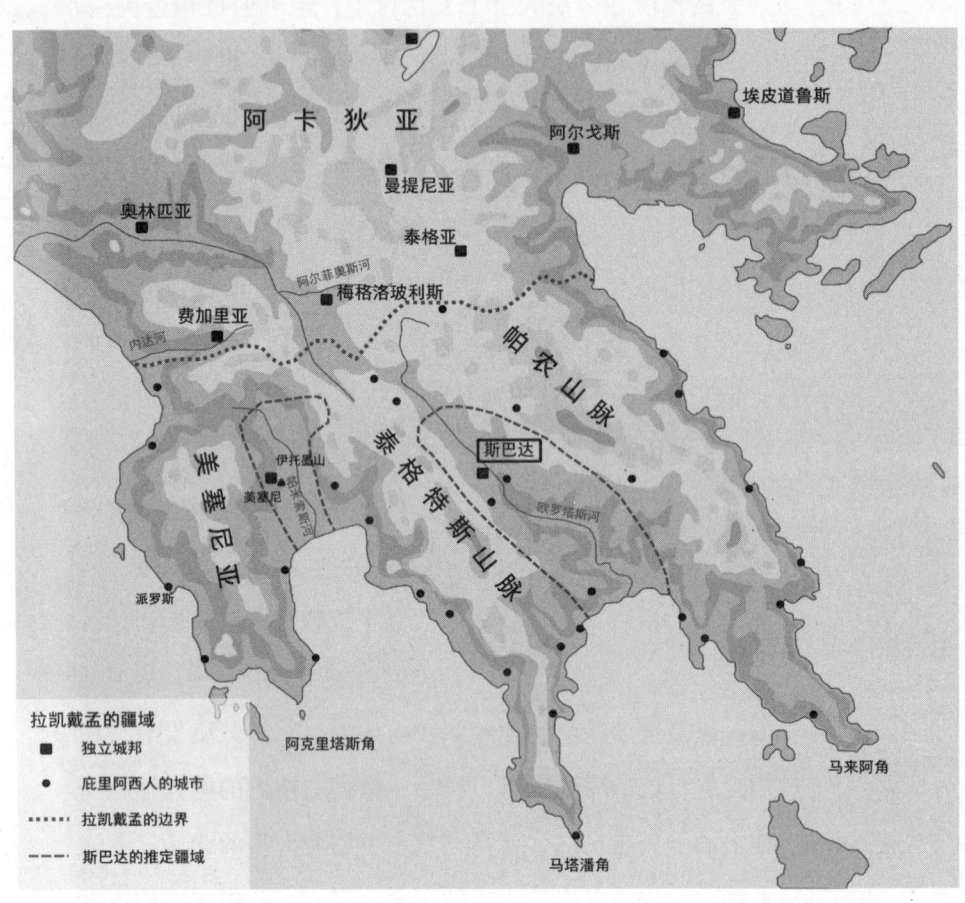

图 1.2 拉凯戴孟的疆域

为"伯罗奔尼撒联盟"。联盟成立的确切时间不可考,学者们推测很可能是在公元前6世纪后半期,在希罗多德所著《历史》一书中,有关于这个联盟集体行动干预其他城邦的事迹。伯罗奔尼撒联盟,顾名思义,成员城邦大都是位于伯罗奔尼撒的陆地城邦,如科林斯就是典型的代表。与后来雅典控制的提洛同盟不同,斯巴达在公元前5世纪末之前通常不干涉同盟城邦的内部事务,同盟城邦也无须向斯巴达定期缴纳贡赋。伯罗奔尼撒联盟的意义更多地体现在共同的外交和军事行动上,联盟城邦和斯巴达有共同的朋友和敌人,跟随斯巴达对外征战。从一些案例来看,斯巴达甚至对整个联盟的行动也没有最终的决定权,如公元前506年前后,斯巴达国王曾号召伯罗奔尼撒人一起攻击克里斯提尼改革后的雅典,并在公元前504年的联盟大会上提出让被驱逐的雅典僭主希皮亚斯(Hippias)重返雅典掌权,但因遭到科林斯等城邦的强烈反对无果而终。[4]

公元前6世纪,斯巴达率领伯罗奔尼撒盟友在希腊本土乃至岛屿上推翻一个又一个僭主政体,恢复了那些城邦的自由。因为这些举动,斯巴达赢得了"解放者"的称号。在希波战争期间,斯巴达在伯罗奔尼撒联盟的支持下,毋庸置疑地成为抗击波斯联军的统领城邦,联军将军也由斯巴达国王担任。到了战争后期,雅典凭靠海军力量在萨拉米斯海战中表现卓越,而斯巴达则在其擅长的陆战中大显身手,在决定性的普拉提亚陆战中,斯巴达率领希腊联军击败了数量三倍于己的波斯军队。在波斯撤军之后不久，斯巴达无意继续统领对抗波斯的联盟，将权力让给了雅典。其中一个很重要的原因就是黑劳士叛乱。黑劳士群体的人数是斯巴达人的数倍，经常在斯巴达遇到重大自然灾害或者在外作战时发动叛乱。黑劳士为斯巴达公民提供了专心军事训练和集体生活的物质基础，却也成了斯巴达政体安全的持久威胁。这就使得斯巴达并不放心长期在外征战，城邦的对外战略总体趋于保守。

以上就是公元前5世纪希腊世界两大势力集团的基本状况，两大历史学家希罗多德和修昔底德就生活在这一时代背景中。希罗多德撰写了他没有亲身经历的希波战争，并在晚年看到伯罗奔尼撒战争的爆发；而修昔底德出生于雅典民主帝国的成型之时，亲眼见证并亲身参与了希腊世界的这场内战，更重要的是，他将这场战争记述了下来。

二、修昔底德其人其书

我们对修昔底德的生平所知甚少，最为可靠的信息还是来自他自己的撰述。学者们通常认为修昔底德生于公元前460年至前455年间，其父亲欧劳鲁斯（Olorus）来自哈里木斯德谟（Halimus）。修昔底德家族富裕而显赫，祖上是著名的将军米提亚德（Miltiades）的后代，米提亚德就是在马拉松战役中指挥雅典人击退波斯大军的将军。米提亚德曾在色雷斯（Thrace）居住过一段时间，而欧劳鲁斯这个名字很可能和色雷斯某部落的王室有关。[5] 修昔底德出身贵族，他的家族（特别是同名的外祖父）在公元前5世纪中叶是伯里克利的主要政敌，这意味着修昔底德祖上并不喜欢伯里克利在雅典推行的民主化改革。但修昔底德不是家族政治立场的坚定捍卫者，他在《伯罗奔尼撒战争史》中给予伯里克利极高的评价，不过他并不是无保留地支持雅典的民主政制，他对克里昂等政客的评价就不高。修昔底德对雅典民主制度的态度极为复杂，对此我们会在书中慢慢展开讨论。

很可能是因为家族与色雷斯的联系，修昔底德在伯罗奔尼撒战争期间（公元前424年）也被派往爱琴海北部领军。他明确说自己在色雷斯一带拥有金矿开采权，并对当地的上层人士很有影响力。[6] 修昔底德本是被派往安菲波利斯（Amphipolis）增援的将军，但因没有及时赶到并守住城池，被城邦流放了20年。正因为被流放在外，修昔底德才有机会了解战争的过程，并将之撰述下来。[7] 修昔底德辞世的确切时间，就更不可知了，可以确定的是他经历了战争的全过程。在《伯罗奔尼撒战争史》第五卷中，他说："这场战争从开始到结束，人们普遍都说，它要持续三九二十七年。战争爆发时，我已届识见成熟之年，从头到尾度过了这场战争。"[8] 在第二卷中，修昔底德清楚提及雅典在西西里远征失败后又支撑了8年，并且提及波斯为伯罗奔尼撒人提供金钱援助，雅典最终陷入内部的纷争。[9] 这些表述都足以证明修

图 1.3　修昔底德像

昔底德活到了战争结束。

相较修昔底德的生平事迹，后世对修昔底德生活时代的智识氛围了解得更多一些。学界做过很多研究来考察荷马、希罗多德、悲剧作家、医学家、智者和苏格拉底等对修昔底德的影响，这些工作无疑是很重要的。但是由于我们对修昔底德个人所知甚少，除了修昔底德在自己的作品中明确讨论、引用或改写其他类型的作品之外，真要判定此类影响是很困难的。往往在一些文本中，我们发现了修昔底德和某位作家的相似之处，但另能发现更多的不同。尽管如此，我们仍能大致还原修昔底德生活的时代中，在雅典城活跃的作家们及整体的思想场域。

在修昔底德出生前后，雅典是希腊世界最繁华的城邦。伯里克利广邀希腊范围内的智慧之人来到雅典，也促成了雅典思想的繁盛。从思想史的角度看，公元前450年以后，希腊思想的确出现了很多令人瞩目的新变化。第一个变化是对宗教的态度，虽然宗教已融入城邦日常生活之中，但开始有作家质疑或者回避宗教议题。这一点对比希罗多德和修昔底德就会有非常直观的感受，在希罗多德笔下，且不论神谕的性质是什么，神谕和梦境等大量出现在他的探究过程中；而在修昔底德笔下，宗教因素仍然存在，但人的因素明显成为更重要的叙事和解释对象。此外，像悲剧作家欧里庇得斯、医学家希波克拉底（Hippocrates）以及新兴起的形而上学讨论都开始将宗教视为人们的信念。

另一个思想趋势是对人和自然探究的兴起。于公元前445年前后上演的悲剧《被缚的普罗米修斯》(*Prometheus Bound*)中，埃斯库罗斯花了很长的篇幅表现人类的进步，以及普罗米修斯如何授技艺于人。公元前442年上演的《安提戈涅》(*Antigone*)中，索福克勒斯书写的第一合唱歌也被称为"人颂"，人除了无法对抗死亡，可以用技术改变整个世界。柏拉图笔下的智者群体，像普罗塔哥拉、高尔吉亚等，游走在城邦间教授年轻公民"德性"（*arete*）和修辞术，以将他们培养为能言善辩的合格公民。在希罗多德笔下，"习俗"（*nomos*）已经成为探究的核心问题之一。[10]同一时期，对"自然"（*physis*）的讨论也在兴起，有些作家将"习俗"和"自然"对立，认为习俗不过是人为的约定，并不符合人性的要求，甚至违反人性（即人的自然）。人应该向真正的自然学习，强者获得他能得到的，弱者则承受他必须承受的，这就是世界运行的法则。在修昔底德记述的一些对话中就能看到类似的主张。不仅如此，还有人更进一步指出弱肉强食是客观存在的，还强调只有依据力量原则行事才合乎真正的"正义"，而人类设定的习俗法律不过是伪善。除了与习俗相对的自然，公元前5世纪还有一大批哲学家开始探究世界的本原以及事物一般性的构造，即事物的诞生、成长和消亡等。

值得注意的是，以上所述这些先锋思想不仅仅是少数人的思想实验，对现实世界也有切实的影响。根据柏拉图和普鲁塔克的说法，伯里克利就经常召集哲学讨论，并曾跟随达蒙（Damon）和阿那克萨戈拉（Anaxagoras）学习诗艺、乐理、修辞学等。我们虽然不知道修昔底德跟随过哪些老师，但可以确定的是他对城邦中上演的悲剧很熟悉，还会在泛雅典娜节（Panathenaea）时步入伯里克利在卫城脚下修建的音乐厅，在比赛现场聆听音乐。修昔底德不仅亲身见闻了城邦中的各种思想争鸣，还给后人留下了永恒的经典著作《伯罗奔尼撒战争史》。通过撰述伯罗奔尼撒战争，修昔底德将自己也融入了时代的思想史，今天我们仍要借由他去理解和还原公元前5世纪后半叶雅典人的政治与精神世界。

《伯罗奔尼撒战争史》撰述的是雅典及其盟邦与以斯巴达为首的伯罗奔尼撒联盟之间的战争。修昔底德说，在战争的一开始他就动手记载，而且如前所述，他经历了战争的全过程，并因在战争期间被城邦驱逐而能更加专心地收集资料，撰述著史。修昔底德的这部书是我们了解这场战争以及公元前 5 世纪晚期的希腊世界最为重要的文献，下面简单介绍这本书的纲要。

后世学者将《伯罗奔尼撒战争史》分为 8 卷：

表 1.1 《伯罗奔尼撒战争史》内容纲要

卷次	时间	内容	备注
一	早期希腊—公元前 432 年	希腊早期历史；战争的原因	
二	公元前 431 年—前 429 年（或前 428 年）	战争正式开始及海陆战争；雅典瘟疫；伯里克利后期	战争的第一阶段：阿基达姆斯战争，公元前 431 年—前 421 年
三	公元前 428 年—前 426 年（或前 425 年）	阿提卡的陆地战争；米提列涅人反叛；科西拉内乱；普拉提亚陷落	
四	公元前 425 年—前 423 年（或前 422 年）	派罗斯战斗；布拉西达北征	
五	公元前 422 年—前 416 年（或前 415 年）	战争第一阶段结束；不安定的和平；米洛斯事件	尼基阿斯和平，公元前 421 年
六	公元前 415 年—前 414 年	西西里远征启动；阿尔喀比亚德事件与雅典的僭政往事	雅典的西西里远征及失败
七	公元前 414 年—前 413 年	西西里战事；雅典战败	
八	公元前 413 年—前 411 年	雅典平定爱琴海叛乱；德凯利亚战争；雅典内乱	未尽的收尾

看这个纲要，首先会发现修昔底德这部书并没有记述战争的全过程。伯罗奔尼撒战争爆发于公元前 431 年，结束于公元前 404 年，但是在书中多次明确提及战争结束日的修昔底德，在公元前 411 年处就收笔了。这一问题自 19 世纪中叶以来引发了学者们无尽的争论，也被学者们称为"修昔底德问题"（the Thucydidean Question）。1846 年，德国学者乌尔里希（F. W.

Ullrich）提出第八卷和第五卷的大部分内容都没有散见于全书并发挥重要作用的演说，说明这两部分很可能是草稿，这表明修昔底德最初认为战争在公元前421年结束了，所以只写了第一卷至第五卷第24节的内容。后来战争在公元前413年重新爆发，修昔底德又改变了观点，完成了米洛斯对话和西西里远征内容的写作（5.84—8.1），在去世前一直都在撰写过程中。这种解释将文本的写作分为早期和晚期两个阶段，也被称为"分离论"，这一解释收获了众多追随者和修订者。与"分离论"相对的是"统一论"，即认为修昔底德从头到尾都有精心的设计，并非后来改动完成，最后如果能完稿的话，全书的结构也是规整严密的。最具代表性的学者是普林斯顿大学教授康纳，他通过逐卷的文本分析试图证明文本是前后紧密衔接的；美国古典学者罗林斯（H. R. Rawlings）提出修昔底德的结构是很清楚的，即战争最初和最后是两个10年，中间有7年的间歇，并且米洛斯事件（5.89—5.91）已经预示了雅典最后的战败。关于文本撰写的争论仍在继续，不过这在根本上是一个不会有标准答案的问题。我们能依赖的就是目前所拥有的文本，对读者而言，在现有文本基础上理解整个叙事的内容和线索永远是第一位的。

除了完整性的争论外，另一个与文本相关的重要话题是文本的性质，即修昔底德究竟是只记录客观的历史还是做了精心的创作？我在《古希腊思想通识课：希罗多德篇》中讨论了希罗多德的探究，提及他被后人视为"历史学之父"，同时也是"谎言之父"。相较于前辈希罗多德，修昔底德的形象正面得多，修昔底德记述的是自己身处的时代，所以准确性有了保障。从古代的哈利卡纳苏斯的狄奥尼修斯（Dionysius of Halicarnassus）到近代的学者兰克（Ranke），都很推崇修昔底德的客观性和准确性。这一情况在19世纪之后开始有些变化，英国著名的希腊史作家格罗特（George Grote）对雅典民主高度推崇，故而开始质疑修昔底德刻意贬低克里昂的做法。进入20世纪，随着考古发现和铭文的出土，修昔底德的文本得以与出土材料作印证研究。以牛津大学为中心的研究传统对修昔底德的记录进行了批判性分析，特别是对修昔底德刻意忽略或直接采信的内容进行了细致辨析，认为修昔底德在诸如战争原因、雅典帝国的性质等很多重大问题上都认识有误。由此，修昔底德作为客观历史记录者的权威就受到严重挑战。

除了将修昔底德作为历史学家对其进行可靠性分析外，20世纪中叶以来，有越来越多的学者将修昔底德视作一位有高超写作技巧的作者，即不只是把他记述的内容当作史料来进行辨析，而是更聚焦在他的文本分析。法国学者罗米伊（Jacqueline de Romilly）1956年出版了影响深远的《修昔底德的历史与理性》（*Histoire et Raison chez Thucydide*）一书［英文版为《修昔底德的心智》（*The Mind of Thucydides*）］，将对修昔底德的关注点从撰写的内容（what）转向了撰写的方式（how），特别是文本在叙述战争时所表现出的一致性和严密性。罗米伊开启的这一研究进路也一直延续到今天，尽管后来的研究方向和侧重点各有不同，但对文本叙事的重视得出了诸多有益的发现。用罗米伊的话说：

> 越是仔细研究修昔底德的著作，就越能发现它结构的精妙。没有哪个词是随机出现的，文本中记述的所有行动都是连贯地组织在一起……每件事都是有意义的，每个要素都被嵌入一个清晰的意义系统之中，在这系统中可以精确看到它们是如何以及为何而出现。[11]

罗米伊的这段话是否有过度之嫌姑且不论，但它体现了阅读经典文本的重要方法，即要努力理解作者写了什么、如何写，以及最重要的——为什么要写这些内容。无论修昔底德是写了一部符合现代标准的史学著作，还是带着个人的偏私创作了一部经典著作，我们都要首先按照他的写作意愿去阅读这本书。那么，如何按照修昔底德的要求去阅读呢？

幸运的是，修昔底德自己给出了一些线索。

三、"永恒的财富"与"道理的真实"

修昔底德在第一卷中明确讲了撰写这部著作的缘由，以及他的期待。特别是 1.1 和 1.20—1.22 这两处文本，是他关于这本书总体写作及方法论的讨论。先来看开篇的这段交代：

> 修昔底德，一个雅典人，在伯罗奔尼撒人和雅典人之间的战争爆发之时，就开始撰述这部战争史了。其之所以如此，是因为他相信这将是一场重大的战争，比之前的任何一场战争都更值得记述。这种信念并不是没有根据的。交战双方在各个方面都竭尽全力来备战；同时，他看到，其他的希腊人在这场争斗中，要么支持这一方，要么支持那一方；而那些尚未参战的希腊人，也正跃跃欲试，准备参与其中。[12]

首先要解释的是开篇的"修昔底德，一个雅典人"，这个表述让我们很自然地想到希罗多德的开篇，也是类似的人名与城邦名——"哈利卡纳苏斯人希罗多德"。修昔底德在这里用第三人称来阐明自己作为撰述者的位置，有学者提出这是为了说明自己是在客观地进行记述，这观点也有几分道理。但是与希罗多德不同的是，修昔底德并非战争的局外之人，那么雅典人修昔底德在撰述这场战争的时候是否有明显偏向雅典的立场呢？我们慢慢进入《伯罗奔尼撒战争史》这本书就会发现，修昔底德除了记述战争进程外，还写下了对人和事的评论，他通过精心的章节内容安排引导读者形成某些观念。那么修昔底德究竟是什么立场呢？修昔底德是否有自己的立场？他如何看待雅典的民主制度，又是如何评价雅典的帝国的？他对斯巴达的态度又是怎样的？越细致地阅读文本，就越会发现这些问题并不容易回答，因为文本中充斥着看似矛盾的表述。这些问题在我们阅读这本书之前就需要提出来，最终的答案恐怕需要读完整本书后才能获知。

其次要解释的是"撰述"这个词。修昔底德这里用的是 συγγράφω（ξυνέγραψε），直译是"把材料收集起来写下来"。我们今天把这本书称作史书，但严格来说不能直接翻译成"历史"。希罗多德的"历史"（historia）实际上是"探究"，"历史"成为 historia 的确定义项是公元前4世纪的事情，所以在修昔底德写作的时候，历史写作还不是一门确定的行当。虽然搜集材料进行写作是历史写作的基本工作，但收集什么样的材料、材料收集是否完整、如何进行材料的拣选、写哪些不写哪些，都是作者首先要面对的问题。所以，在这个意义上，任何历史写作从一开始就注定无法百分百科学和客观，这并不是说所有的写作都是编造，而是说历史写作本身就是高度拣选后的结果。修昔底德写这本书，我们把它当作历史书来读，但是他写的都是真实的吗？我们能直接相信他吗？不能。恰恰是因为不能完全相信他，它有一些非常主观的内容，所以我们才要揣摩写作的线索与肌理。

最后需要解释的要点是修昔底德所撰述的内容，对象很明确是一场战争。值得注意的是，修昔底德这里说的是伯罗奔尼撒人和雅典人这两拨人的战争，而不是斯巴达或伯罗奔尼撒联盟与雅典的战争，是人与人的战争，而非城邦与城邦的战争。这和现代世界对战争的理解不同，今天通常会说"二战"期间德国和法国的战争，或者日本和俄国的战争等，背后的意涵是两个主权国家的战争。但是在修昔底德笔下，他从来不说城邦之间的战争，这源于古希腊人对城邦的独特理解。城邦最核心的是公民，或者说城邦（*polis*）首要的不是"城-邦"（city-state），而是"公民-邦"（citizen-state）。在希波战争期间，雅典人舍弃了卫城和阿提卡，全民搬到萨拉米斯以及舰船上，这并不影响雅典的继续维系，因为只要雅典人在，雅典就依然存在。

修昔底德还紧接着解释了他撰述伯罗奔尼撒战争的理由，那就是这场战争是一场重大的战争。一来，交战双方都处于力量的巅峰期；二来，整个希腊世界因此分裂为两大阵营。这两个原因使得这场战争成为迄今为止最大的一次动荡。对此，有人可能会有反对意见：希波战争难道不是一场规模更大的战争吗？修昔底德并不认同，他给出了两个理由。第一个理由是希波战争看似规模宏大，但持续时间很短，在两次海战和两次陆战之后很快决出了胜负，而伯罗奔尼撒战争旷日持久。第二个理由是伯罗奔尼撒战争带来的灾难是空前的，从来没有这么多城市被攻占，也从来没有这么多人被杀戮，有些是因为战争，有些则是因为城邦中的内乱。[13] 这场战争直接的诱因是一个小城邦埃庇达姆努斯（Epidamnus）发生了一场内乱，就把雅典和斯巴达两个大的城邦，乃至所有城邦都卷进去了，小城邦想中立而不得，所有的城邦都必须选边站。简言之，伯罗奔尼撒战争强度高、范围广、持

023

续时间长、造成的灾难深重，既撕裂了希腊世界，也撕裂了每一个城邦，这些都是修昔底德选择记述这场战争的原因。当然，我们不能简单地从字面上相信修昔底德，即他在战争之初就预知了这场战争是最重大的一场战争，故而要记述下来。一种可能的猜测是他预判这场战争将会改变希腊世界的内部格局，恰好又是自己的亲身经历，便决定将之撰述下来。随着战事的演进，这场战争的独特性逐渐展现出来，也就更加值得书写了。

以上是全书开篇的交代，仅凭这一段话，修昔底德还不能赢得"科学""客观""精确"等殊荣，真正让修昔底德备受古今史家推崇的是他撰述的方法论。虽然说对材料的收集、拣选和撰述都包含了很强的主观因素，但修昔底德还是特别强调了他求真的努力。修昔底德所追求的"真实"究竟是什么呢？我们下面来看他给自己设定的方法论。

修昔底德确定的标准是对所有的材料和说法都要加以检验，从最确凿的证据出发得出结论。为了说明这一点，他讲了两个例子。第一个例子是关于雅典的历史认知的。修昔底德说，雅典公众普遍认为被哈摩狄俄斯（Harmodios）和阿里斯托革同（Aristogeiton）刺杀的希帕库斯（Hipparchos）是雅典的僭主，但这是错误的。修昔底德说的这个故事，是雅典历史上著名的刺杀僭主事件。雅典在梭伦（Solon）立法之后，还是没能逃过僭政的命运，当时的僭主庇西特拉图（Pisistratus）统治着城邦。庇西特拉图的大儿子叫希皮亚斯，希皮亚斯还有个弟弟希帕库斯，后者喜欢上了美少年哈摩狄俄斯。但哈摩狄俄斯早有情人阿里斯托革同，便拒绝了希帕库斯的示爱。后来哈摩狄俄斯和阿里斯托革同在泛雅典娜节上行刺，杀了希帕库斯。这以后，希皮亚斯就更加严厉地统治雅典城。修昔底德经过考察后，认为被刺杀的是僭主的弟弟，当时主政的是他的哥哥希皮亚斯，所以他做了一个纠正。这个纠正的对象主要是希罗多德。

修昔底德给出的第二个例子是关于斯巴达的。有人说拉凯戴孟人的两个王有两票表决权，实际上并非如此，他说事实上两个王只有一票。读过希罗多德的《历史》就会知道，认为两个王有两票实际上也是希罗多德的观点。[14] 此外，希罗多德还提到过拉凯戴孟人有叫作"皮塔纳"的百人队[15]，实际上拉凯戴孟人没有这个组织。举出这两个例子后，修昔底德说："普通人根本就不会去辛辛苦苦探究事情的真相，而是听到什么就相信什么。"[16] 他告诫读者不要相信诗人们和散文作者，因为诗人常常夸大事实，而散文作者追求的是吸引听众，并不重视事实真相。修昔底德很狡猾，他只说了自己不是诗人，也不是编故事的散文作家，但他并没有说自己是哪一类的作家。

修昔底德声称要追求真相，那么他如何做到这一点呢？他也给出了两个说明，一是关于书中大量出现的演说词，二是他辨别材料的标准。

至于不同的人所发表的演说，有些是在战争开始之前发表的，有些是战争爆发后发表的。其中有些是我本人听到的，有些则是别人从别处听到后告诉我的。对我来说，难以原原本本记下演说者的发言。故书中每一个演说人，在我看来，不过说出了我认为的在各种不同场合必需的话罢了。同时，我尽量贴近实际发言的大意。[17]

公元前5世纪的雅典没有录音笔和速记打字机，哪怕是修昔底德亲临公民大会现场，他也无法原原本本地把所有重要的发言记录下来；也没有窃听器，能够让修昔底德一字不落地听到不同阵营的人，特别是伯罗奔尼撒人在联盟会议上的发言和讲辞。修昔底德所追求的并不只是发生过的真实，还要是符合道理的真实。通俗地说，修昔底德的意思是说：我写的虽然不见得每个字都是对的，但足以乱真；虽然我不在开会现场，但是我能够编出合情合理的讲辞。琢磨修昔底德这句话，会意识到"符合道理的真实"能够成立要依赖很多前提条件和设定，比如修昔底德必然要对所有的行为主体都非常了解，不同的行为主体在应对各种问题的时候也有着可被普遍理解的行为动机和逻辑，只有这样才能推测出那些"必需"的话。

此外，修昔底德还交代了评判材料的标准：

> 关于战争当中发生的事件，我不是偶然听到什么就认为值得记下来，也不认为我个人的看法一定准确，我所记

的事，要么是我亲身经历的，要么是从别的亲历者那里听来的，这些我都尽力地探究其中的每一个细节，以求符合事实，即便如此，探寻起来仍费尽艰辛，因为不同的目击者对于同一件事往往有不同的讲述，有的偏袒这一方，有的偏袒那一方，有的仅凭记忆。我的记述没有故事传奇，对听众而言可能难以引人入胜。[18]

这段话也为修昔底德赢得了科学而客观的史家美誉，因为看起来修昔底德会严格地对待材料，以事实为准绳进行筛选。这在文本中有所体现，修昔底德很少给出一个事件的多个版本，更多情况下是明确而笃定地进行叙事。但是，如果我们进一步追问修昔底德甄选材料的过程和标准究竟是什么，我想修昔底德会说："符合道理的真实。"这其实是任何人撰述历史的必然过程，面对着不同的材料和说法，除了严密的事实核查与推理论证外，还需要对人、事、物有非常深入的理解，这其实就要求符合道理。此外，修昔底德是否真的如他自己所言，尽力地探究每一个细节呢？上文提及的牛津大学学者开创的历史研究表明，修昔底德的很多记述存在省略和错误，有一些很明显是故意为之。所以，相较希罗多德，修昔底德只是"显得"更追求材料的真实，一旦回到书写的元层面以及"符合道理的真实"维度，就会发现两个人在追求智慧的道路上更像是同伴而非对手。

在《古希腊思想通识课：希罗多德篇》中，我试图揭示希罗多德对关涉人和秩序的重大问题的思考,指出希罗多德并非聚焦于完全偶然发生的人或者事,他探究的是一些永恒性的问题。同样,修昔底德也不将自己作为记录阿尔喀比亚德起居注的人,而是要探究一些更为根本性的问题。在1.22的最后部分,修昔底德讲出了他撰述这部著作的野心以及对读者的期待:

> 对于那些想要了解过去事件真相的人来说,由于人总是人,过去的事件在将来某个时候会再次发生,或者发生类似的事件,如果他们认为我的著作还有所助益,那么我就心满意足了,我的著作不是想赢得听众一时的奖赏,而是要成为永恒的财富。[19]

需要提醒的是,修昔底德所表达的并不是循环史观,而是说人就是这个样子,不会成为不同性质的另外一个物种,人之为人的那些不变的东西会让过去的事情在未来再次发生。我们可以将人不变的东西称为人性,修昔底德并非秉持简单的人性善或人性恶的立场,而是将人放在与环境的互动之中进行思考。在《伯罗奔尼撒战争史》这本书中,我们会看到人性在各种极端环境下表现出来的力量,其中既有伟大的牺牲,也有卑劣的暴戾。战争如同棱镜,人性像是白光,人性的白光经过战争这一棱镜后,出现丰富的光谱,这光谱既标记了人性的复杂,也标记了人性的限度。

修昔底德与其说撰述了一场战争，不如说是描绘了一个舞台。不同的个体、在不同政体下生活的各个群体在这个舞台上穿梭往来，用自己的言辞和行动向观众展示人和世界的真实。恰恰因为这些符合道理的真实，修昔底德才有信心将他的著作变成永恒的财富。不得不说，修昔底德的自信并非盲目的，2500年后的我们还在用中文研读他的著作，这一事实本身就证明他成功了。

注释

1. 希罗多德，《历史》，5.78。
2. 参见亚里士多德，《雅典政制》，25.1—25.2；普鲁塔克，《伯里克利传》，9.4。
3. 参见普鲁塔克，《伯里克利传》，11.4—11.5。
4. 希罗多德，《历史》，5.91—5.93。
5. 希罗多德，《历史》，6.39。
6. 修昔底德，《伯罗奔尼撒战争史》，4.104—4.105。
7. 修昔底德，《伯罗奔尼撒战争史》，5.26。
8. 修昔底德，《伯罗奔尼撒战争史》，5.26。
9. 修昔底德，《伯罗奔尼撒战争史》，2.65。
10. 关于希罗多德对于习俗议题的讨论，参见张新刚，《古希腊思想通识课：希罗多德篇》，长沙：湖南人民出版社，2021年。
11. Jacqueline de Romilly, *The Mind of Thucydides*, trans. Elizabeth Trapnell Rawlings, Ithca and London: Cornell University Press, 2017, 181.
12. 修昔底德，《伯罗奔尼撒战争史》，1.1。
13. 修昔底德，《伯罗奔尼撒战争史》，1.23。
14. 参见希罗多德，《历史》，6.57。
15. 参见希罗多德，《历史》，9.53。
16. 修昔底德，《伯罗奔尼撒战争史》，1.20.3。
17. 修昔底德，《伯罗奔尼撒战争史》，1.22.1。
18. 修昔底德，《伯罗奔尼撒战争史》，1.22.2—1.22.4。
19. 修昔底德，《伯罗奔尼撒战争史》，1.22.4。

延伸阅读

《伯罗奔尼撒战争史》：

◎中文译本参阅：

1. 修昔底德，《伯罗奔尼撒战争史》，谢德风译，北京：商务印书馆，2018年。
2. 修昔底德，《伯罗奔尼撒战争史》，徐松岩译，上海：上海人民出版社，2017年。
3. 修昔底德，《伯罗奔尼撒战争史》，何元国译，北京：中国社会科学出版社，2017年。

本书对《伯罗奔尼撒战争史》文本的引用和讨论参阅了已有中译文本，部分有改动。

◎英文译本推荐：

1. Thucydides. *The Landmark Thucydides: A Comprehensive Guide to the Peloponnesian War*. Edited by Robert B. Strassler, translated by Richard Crawley. New York: Free Press, 2008. 该书翻译精良，并配有大量地图，对阅读助益良多。

注疏研究推荐：

1. A. W. Gomme, Antony Andrewes, and Kenneth J. Dover. *A Historical Commentary on Thucydides*. 5 vols. Oxford: Oxford University Press, 1945-1981.
2. Simon Hornblower. *Commentary on Thucydides*. 3 vols. Oxford: Oxford University Press, 1991-2008.

公元前 5 世纪历史以及雅典和斯巴达：

1. 西蒙·霍恩布洛尔：《希腊世界》，赵磊译，北京：华夏出版社，2015 年。
2. 晏绍祥：《古代希腊民主政治》，北京：商务印书馆，2019 年。
3. 色诺芬：《色诺芬〈斯巴达政制〉译笺》，陈戎女译笺，上海：华东师范大学出版社，2019 年。
4. 保罗·卡特里奇：《斯巴达人》，梁建东、章颜译，上海：三联书店，2010 年。
5. 祝宏俊：《古代斯巴达政制研究》，北京：中央编译出版社，2013 年。

修昔底德生平和智识氛围：

1. Luciano Canfora. "Biographical obscurities and problems of composition." In *Brill's Companion to Thucydides*, edited by A. Rengakos and A. Tsakmakis, 3-39. Leiden, The Netherlands: Brill, 2006.
2. Tim Rood. "Thucydides and his Predecessors." *Histos* 2 (1998): 230-267.
3. Simon Hornblower. "Intellectual affinities." In *Thucydides*, edited by Jeffrey S. Rusten, 60-90. Oxford: Oxford University Press, 2009.

修昔底德文本的性质讨论：

1. Antony Andrewes. "Indications of incompleteness." In *A Historical Commentary on Thucydides*, edited by A. W. Gomme, Antony Andrewes, and Kenneth J. Dover, vol. 5, 361-383. Oxford: Oxford University Press, 1981.
2. John H. Finley. "The unity of Thucydides' history." In *Three Essays on Thucydides*, 118-170. Cambridge, MA: Harvard University Press, 1967.
3. Jacqueline de Romilly. *Histoire et Raison chez Thucydide*. Paris: Les Belles Lettres, 1956.

4. W. Robert Connor. *Thucydides*. Princeton, NJ: Princeton University Press, 1984.

5. Kenneth J. Dover. "Thucydides 'as history' and 'as literature'." In *Thucydides*, edited by Jeffrey S. Rusten, 44-59. Oxford: Oxford University Press, 2009.

6. 何元国:《〈伯罗奔尼撒战争史〉是如何写出来的?——"修昔底德问题"研究的回顾与思考》,《安徽史学》2015年第5期,第125—135页。

7. 黄洋:《修昔底德的理性历史建构》,《历史教学·高校版》2007年第6期,第7—12页。

8. 彼得·罗德:《修昔底德》,白春晓译,武汉:武汉大学出版社,2021年。

第二讲

希腊的兴起与雅典的崛起

一、希腊的兴起

修昔底德在全书的一开始就告诉读者，他写的是旷日持久、规模宏大的伯罗奔尼撒战争。但是他真正下笔的时候，却没有从战争具体的开端写起，而是从遥远的古代写起。修昔底德为什么要追溯这么久远？此外，希腊古代史（学界将 1.2—1.19 称为考古学时期）材料太过稀少，修昔底德用什么线索来组织这部分内容？他想呈现古代历史中哪些真实的内容呢？下面我们就来看看修昔底德的记述。

修昔底德说，希腊这个地方在最早的时候只有一些散居的人群，古人并没有"希腊"的概念。也就是说，最早居住在这片地区的人没有"希腊人"的认同，甚至没有固定的城邦意识。古时候的人并不固定地居住在一个地方，他们流徙无定，主要的考虑是满足日常需求，维系生存。由于各方面力量不强，生活在一个地方的人们无法建城墙保护自身安全，这就导致了一种奇特的现象：生活在富庶平原的人们，却因为富庶而容易发生内乱，或者引来海盗侵扰；而那些贫瘠之地，则免受内乱和外族劫掠的困扰。

这些富庶的地区包括希腊中部的色萨利（Thessaly）地区、波奥提亚（Boeotia）地区以及除阿卡狄亚（Arcadia）之外伯罗奔尼撒的大部分地区，这些地区也是后来伯罗奔尼撒联盟的主要城邦所在地。雅典所处的阿提卡地区自古贫瘠，却不受内乱所扰。富庶地区的人因为内乱或战争往往会逃难到阿提卡，阿提卡地区人口因此增加，甚至超出土地所能承载的人口数量。之后，这个地方的人不得不前往小亚细亚地区的伊奥尼亚建立移民城邦，阿提卡和小亚细亚沿海地区的城邦后来构成了雅典帝国的主要势力范围。修昔底德通过一小节简单的几句话，表面上描述了早期希腊的贫困与弱小，实际上交代了伯罗奔尼撒人和雅典人及其盟邦从一开始就有不同的资源和权力样态：伯罗奔尼撒联盟所在地区土地富庶，权力斗争频繁；雅典土地贫瘠，但没有安全隐忧，成了希腊地区的避难所，与爱琴海彼岸的城邦有着古老的关联。

根据修昔底德的推断，早期人们只有所在地区的认同意识，并没有"希腊人"的意识，一个重要的证据是《荷马史诗》中没有出现"蛮族"这个称呼。"蛮族"或者"异族"的古希腊语是βαρβαρος（*barbaros*），这也是英文 barbarian 的来源。所谓的 *barbaros* 本义是"不说希腊语的人"，因为希腊人听这些人说话就好似听 ba-ba-ba 一样的声音，后来才慢慢发展出蛮夷的含义。修昔底德基于《荷马史诗》中没有"蛮族"这个概念，来反推当时尚未形成稳定的希腊人认同。特洛伊远征这一集体行动为古代的希腊人彼此熟悉、互通语言提供了契机。早期人们虽然力量弱小，但能够进行联合远征，这说明希腊人逐步兴起，而兴起的奥秘在于海军的出现和壮大。

最早建立海军并统治爱琴海的，既非斯巴达也非雅典，而是

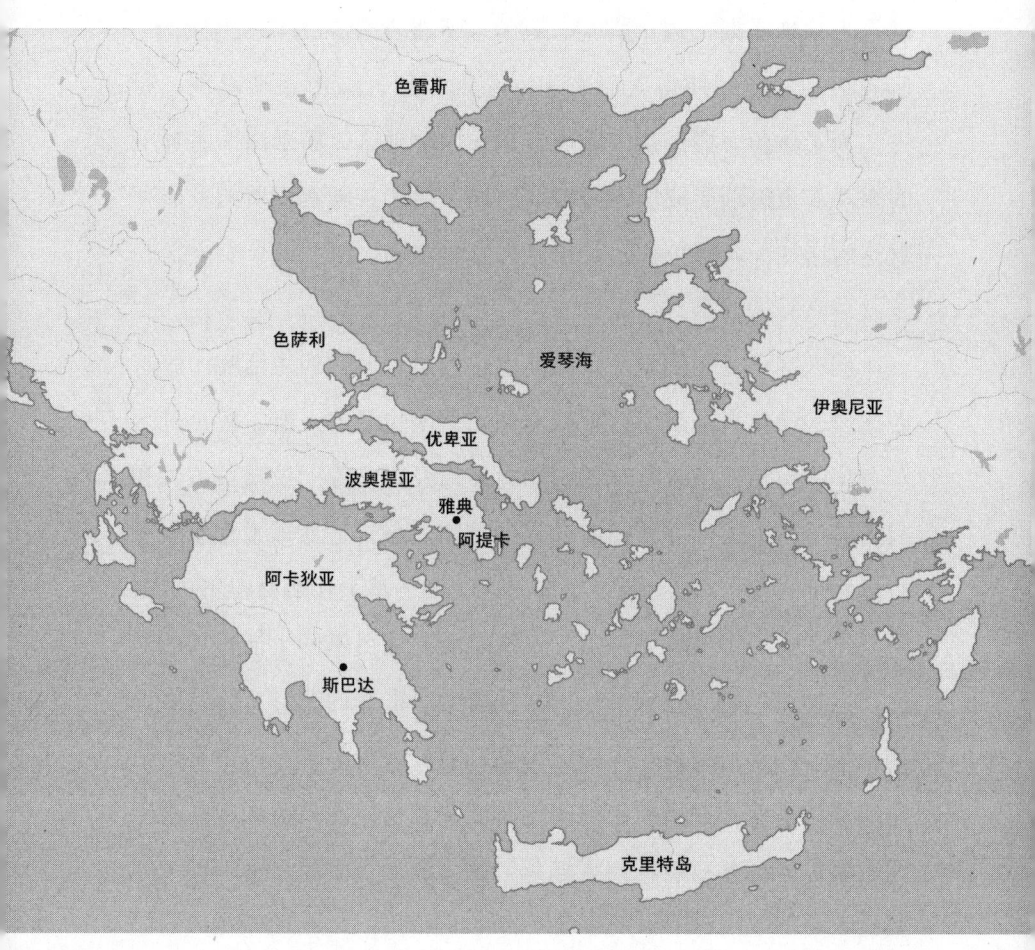

图 2.1 色萨利、阿卡狄亚、波奥提亚等地

米诺斯人（Minoans）。今天的考古发现证实米诺斯文明是爱琴海地区较早的文明体，带有很强的海洋性特征。为了保证自己的贡赋收入，米诺斯人肃清海盗，建立了希腊最早的海洋支配秩序。航海活动的便利使得人们有了财富的积累，城市逐渐出现。原先，为了防备海盗侵扰，城市多建在内陆地区，而米诺斯主导下的海洋安全逐渐形成后，海滨商贸城市增多。随着商贸的发展和财富的增加，城邦也开始动用财力修建城墙，保卫自身安全。

那么这一时期的雅典人和斯巴达人过着怎样的生活呢？修昔底德说，雅典人是最早放下武器开始悠闲生活的人群，甚至过上了奢华的生活，追求特殊的衣服材质以及发饰等；拉凯戴孟人和后来差不多，生活方式没有明显的贫富之分，是最早脱光衣服进行体育训练的人群。[1] 修昔底德的这一表述基于什么材料不可考，但是这几句简单的描述开启了对两个城邦居民不同生活方式的对比，这种对比贯穿整部书，构成理解两个群体的关键。修昔底德评论说，如果拉凯戴孟人的城邦将来有一天废弃了，只留有一些建筑物的基座，那么后世的人们将无法相信拉凯戴孟人曾经主宰在希腊世界威名赫赫的强大城邦，因为散居在平原村落中的拉凯戴孟人并不把钱财用于兴建宏伟的神庙和建筑。[2] 拉凯戴孟人的简朴是自古一贯的，而雅典人喜欢奢华的生活，更不用说伯里克利在卫城修建的恢宏建筑群。修昔底德通过这种对比提醒读者，雅典人和拉凯戴孟人（以及伯罗奔尼撒人）的战争不仅体现为直接的武装冲突，而且二者的生活方式自始就是不同的。

经过早期的散居和米诺斯维系的海洋秩序两个阶段，希腊世界的力量逐渐增强，有能力组织远征军进行特洛伊战争。修昔底德记述特洛伊战争有两个目的：一是说明这场战争表面上很宏大，但实际上不如他要写的伯罗奔尼撒战争；二是重新解释特洛伊远征军的成行。

为什么说特洛伊战争规模不够宏大呢？修昔底德给出的一个重要依据是船队的规模，这来自他对《荷马史诗》的独特的文本解读。《荷马史诗》中提到波奥提亚人有船只1200艘，每艘船载员120人，而菲洛忒忒斯（Philoctetes）的船每艘载员50人。凭借这一叙述，修昔底德解读出荷马这是在告诉世人当时最大的船和最小的船，因为荷马没有提及其他船只所载人数。按照这个人数折算平均值，可以进一步推算得出整个远征军的规模并不很大。除了文本解读外，修昔底德还指出了限制军队规模的决定性因素，那就是缺乏粮食补给。因为粮草缺乏，希腊人不能集中全力攻城作战，而要花精力去别的地方劫掠粮食，这才使得特洛伊战争打了10年之久。所以修昔底德认为特洛伊战争徒有盛名，这场战争之所以被后来的希腊人视为是最重要的，主要是因为诗人们的吹捧。通过修辞和夸张，他们让一代又一代的希腊人觉得这是历史上最宏大的一场战争。

修昔底德还说，阿伽门农（Agamemnon）之所以能够召集起远征军，并不是因为希腊其他地方的首领们遵循之前的誓言，出于某种义务或好意来帮助他，只是因为阿伽门农的力量超过了当时其他的王。为了证明这一点，修昔底德讲述了阿伽门农祖上家族强大的往事，来证明其他地方的王来参加远征军，主要是出于畏惧。《荷马史诗》中的王都是 βασιλεύς（basileus），而阿伽门农除了被称为 basileus 之外，还被称为 ἄναξ（anax），我将它翻译为"王中王"，是最强大的王。修昔底德在这里提出一种新的解释行为动机的原则，即基于实力给他人带来的畏惧，而这恰恰也是他对伯罗奔尼撒战争爆发原因的终极分析。这让我们联想到希罗多德在《历史》第二卷中对《荷马史诗》的讨论，他也辨析了特洛伊战争的真相，他说希腊人的版本都是错的，埃及的版本才是真的。埃及的版本说，帕里斯劫持海伦之后，沿着爱琴海往回走，被大风吹到了埃及，结果阿伽门农带着大军去特洛伊，特洛伊人觉得莫名其妙。希罗多德与荷马竞争，修昔底德也在与荷马竞争，但方式不一样，修昔底德加入了力量的逻辑。

特洛伊战争之后，希腊人依然常常处于迁徙和移居状态之中，经过很长时间，希腊才安享太平，居民不再漂泊不定，定居下来的希腊人还开始向外移民，建立殖民地。雅典人的殖民地位于伊奥尼亚地区和大部分岛屿；伯罗奔尼撒人的殖民地绝大部分在西西里、意大利以及希腊其他一些地区。特洛伊战争后的殖民运动延续并进一步强化了雅典人和伯罗奔尼撒人的分布，也成为后来二者对抗时各自的基本势力分布范围。

希腊人结束漂泊和迁居，实际上开启了城邦定居时代。有了固定的领土之后，城邦日益富足。在希腊发展的这一新阶段，修昔底德关注了两个议题：一是僭主政体；二是海军的发展，特别是新型三层桨战舰的装备。修昔底德记述说，随着城邦财富的增加，僭主政体在大部分城邦中建立起来。僭主是什么？按照经典的教科书讲法，判定古希腊僭主有两个标准：第一是统治者通过非传统的方式获得权力，第二是统治者不按照法律程序来统治。僭主政体曾经是城邦发展过程中的普遍现象，除了斯巴达外，古希腊大部分城邦都曾经历过僭主政体阶段。早期僭主通常由平民推举出来，以推翻贵族阶层对权力的垄断。根据今天的研究，僭主在希腊的历史上曾经发挥过重要的作用，通常第一代僭主都是平民中的优秀者，比如雅典的僭主庇西特拉图统治时，兴建公共设施，编修《荷马史诗》，保留了梭伦的立法等。但僭主政体最大的问题是无法确保后代僭主的品性和能力，以及继续维系和平民的关系。大部分城邦的僭主政体往往因为继任者的暴戾而招致反抗，最终被推翻。修昔底德特意提到，在希腊世界推翻僭主的浪潮中，拉凯戴孟人曾经扮演了重要角色，因为斯巴达独特的政体使其免于僭主政体和内乱，故常常被邀请去推翻外邦的僭主统治，甚至连雅典的僭主也是在斯巴达的干预下被驱逐出雅典城的。所以，在希腊世界中，拉凯戴孟人自古就享有僭主驱逐者的美誉。修昔底德强调这一点也有其深意。在伯罗奔尼撒战争爆发前，雅典也被很多城邦视为压迫希腊世界的僭主城邦，斯巴达则被要求延续其驱逐僭主的优良传统，只不过这次驱逐的不是某个

043

城邦中的僭主，而是希腊世界的僭主——雅典人。

希腊还开始装备海军，更加重视海洋力量。从米诺斯文明到特洛伊战争，希腊的海洋力量不断发展，到了城邦定居时代，战舰体量出现跃升。第一艘三层桨战舰在科林斯建造完成，并成为后来的标准战舰。希波战争前夕，雅典将军地米斯托克利力排众议，将城邦新发现的银矿资源全部用来建造战舰，在后来的萨拉米斯海战中决定性地击败波斯大军，迫使波斯大王薛西斯（Xerxes）仓皇撤回亚洲大陆。雅典凭靠海军力量一跃成为希腊世界中的强权城邦。不仅于此，海军也实质性改变了雅典的政体。原来城邦间作战主要依靠重装步兵，重装步兵需要配备盔甲、盾牌、剑枪，在大多数城邦中这些装备都需要公民自己购买，所以重装步兵多是中产阶级。海军则不需要自己配置装备，只要有力气，在战舰上划船就能成为水兵和海军，200余艘战舰也需要大量的水兵，海军由此成为雅典军队的主力。人数众多的水兵同时也是穷人，他们成了战士，继而要求更大的政治决策权力，所以到公元前5世纪中叶，雅典变成了一个民主的城邦。

以上就是修昔底德关于希腊早期历史的叙述，虽然这部分内容不多，但是他讲的每一件事都有其目的。总结来说，修昔底德首先要证明以前的战争都不如伯罗奔尼撒战争宏大，特洛伊战争虽然旷日持久，但舰队的总体规模和有限的财力说明战争的名声大于实际的状况；希波战争时希腊和波斯力量都要更强，但很快便通过一场海战和两场陆战分出了胜负。其次，修昔底德对希

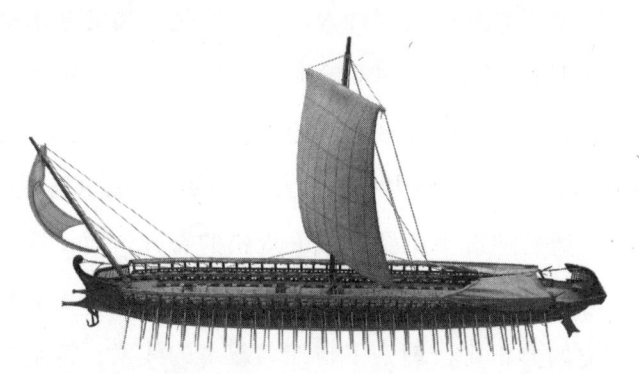

图 2.2 三层桨战舰模型

图 2.3 伦诺曼特浮雕,描绘了雅典三层桨战舰的划手,约公元前 5 世纪末,雅典卫城博物馆藏

腊早期历史的叙述贯穿着一根主线，即海上力量的崛起才是城邦乃至希腊世界兴起的决定性力量。无论是最初的米诺斯还是后来的科林斯和雅典，海军和舰船都保证了军事征服和商贸发展，是实力壮大的保障。修昔底德甚至说，在曾经发生的冲突中，陆上的战争从未导致力量的壮大，因为陆上战争只不过是边境的冲突，通常情况下不会造成大规模的吞并。而土地资源贫瘠的城邦，通过驾船征服了海上遥远的岛屿。最后，修昔底德还在早期历史的分析中，埋下了整部书叙事的线索，特别是对雅典和斯巴达两个城邦早期历史以及生活方式的交代，为即将来临的冲突做了铺垫。更为重要的是，修昔底德对早期历史的分析已经展示出他对历史真实的探寻，特别体现在用权力原则来分析人或城邦的行动。简而言之，修昔底德在希腊早期历史的叙事中预告了他马上要书写的伯罗奔尼撒战争的主要行为体及其行为原则。

二、希波战争与雅典的崛起

在希波战争之前，希腊世界中最强大的城邦当数斯巴达，斯巴达及其领导的伯罗奔尼撒联盟在希腊世界因驱逐僭主的行动而享有盛誉。希腊世界的这一力量格局在希波战争期间开始发生变化，雅典逐步上升成为另一极。

如修昔底德所说，希波战争其实打得很快。第一次希波战争，波斯大王大流士（Darius I the Great）派船直接从海上到了优卑亚岛（Euboea），再从优卑亚岛到马拉松，波斯军队最后在马拉松战役中被雅典军队击败，大流士不久之后就死了。大流士的儿子薛西斯说要继承波斯的传统，即不停地征战和扩张，让波斯的地上边界等同于宙斯在天上统御的边界，他率领大军浩浩荡荡地沿着爱琴海岸一路推进到希腊本土。在此过程中，沿路大多数希腊城邦都主动投降臣服。希腊联军的主力是斯巴达统率的伯罗奔尼撒联盟和雅典人，联军的统帅由斯巴达国王出任。第二次希波战争中有诸多在战争史上留名的战役，比如温泉关战役，斯巴达三百勇士全部牺牲，连斯巴达的国王也牺牲了。一路南下的波斯军队直接穿过波奥提亚平原，占领了雅典。雅典人放弃城邦，登上舰船，希望在萨拉米斯进行海战。

在这个危急时刻，伯罗奔尼撒的城邦都认为不应该在萨拉米斯打海战，应该在科林斯修筑防御的城墙，在陆地上阻挡波斯。雅典将军地米斯托克利力挽狂澜，劝说诸邦在萨拉米斯打海战，因为海域比较狭窄，对波斯大军不利，在陆地上打波斯，一旦失败，就彻底输了。但是众多城邦不愿意接受地米斯托克利的建议，说波斯大军马上就要打到科林斯地峡了，穿过地峡就直捣各个城邦的老窝，非常危险。当时希腊一共有375艘舰船，其中180艘是雅典提供的，但海军统帅是斯巴达人，地米斯托克利没有决定权。这时候，地米斯托克利像奥德修斯一样狡猾，他派自己的心腹去见波斯大王。心腹假意表示地米斯托克利想为波斯大军效力，派他前来报信说希腊大军准备从萨拉米斯离开，到科林斯地峡去，波斯应该趁现在主动发起进攻。地米斯托克利通过这种方式，让波斯人先进攻，希腊人于是不得不迎战，两军在萨拉米斯打了一仗，最终希腊海军赢得了胜利。薛西斯赶紧撤军，在陆地上跑了45天回到了波斯。萨拉米斯海战就此成为希波战争的转折点，虽然后来又进行了两场陆地战争，斯巴达在陆地战争中发挥了关键性作用，但雅典人弃城登船的气魄为雅典赢得了巨大声望。

值得注意的是，以上雅典的丰功伟绩没有出现在修昔底德笔下，修昔底德没有详细介绍希波战争的进程，以及雅典在其中发挥的重要作用，只是在伯罗奔尼撒战争爆发前以及战争进程中，于各个利益相关方的论辩中有所提及。在第一卷中，修昔底德这种刻意省略是要向读者传递一种总体的印象，即将关注点集中于希波战争后雅典如何积极谋划崛起大业，逐步成长为让斯巴达恐惧的力量。下面，我们进入修昔底德关于雅典崛起的记述。[3]

波斯军队从雅典撤离后，雅典人回到城邦，开始重建城市和城墙，修城墙这一举动让斯巴达开始警觉。今天我们对修城墙没有特别的感觉，但是在古代，修城墙是一个重大的信号。古代世界尚没有火炮，攻城非常困难，一个城邦修了城墙，基本上就形成了一个堡垒。斯巴达人听闻此事，立马派人劝雅典人不要修筑

图 2.4 地米斯托克利胸像，意大利罗马奥斯提亚考古博物馆藏

城墙，并劝说雅典人，如果波斯人再次打来，包括雅典人在内的全体希腊人都可以将伯罗奔尼撒作为退守之地。修昔底德对此的解释是，斯巴达不希望任何城邦修筑城墙，而且斯巴达盟邦惧怕雅典新近形成的强大海军，以及在希波战争中展示出来的勇敢气概。

地米斯托克利此时已是雅典最有影响力的政治家，他采用了缓兵之计，让雅典人把他派往斯巴达说明情况，他在斯巴达尽可能拖延时间，暗中让雅典人赶紧把城墙修起来，成为既成事实。城墙修好之后，地米斯托克利便向拉凯戴孟人交代说，雅典拥有城墙对雅典是好事，对整个希腊盟邦也是好事，因为这有利于希腊的防卫；如果要求雅典拆除城墙，那么所有盟邦都要拆除城墙。拉凯戴孟人见木已成舟，也只好接受现状。修昔底德说，因为修建得仓促，城墙上什么石头都有。今天在雅典城仍能看到部分城墙遗迹。

地米斯托克利的战略不仅于此，他还建议雅典将城墙修到比雷埃夫斯港（Port of Piraeus）。为城邦修建城墙还可以理解，将雅典与比雷埃夫斯港连在一起则是有特别的想法了。地米斯托克利主张，雅典既然已经成为强大的海权城邦，就应该强化自己的海权优势，利用好比雷埃夫斯得天独厚的港口。地米斯托克利的这一系列主张是连贯的。他是第一个提出要让雅典大力发展海上势力的政治家。当年雅典和埃吉那（Aegina）冲突时只有50艘左右的舰船，地米斯托克利利用银矿的钱财为雅典建造了200艘战舰。本来是对付埃吉那的海军，结果在对付波斯人的时候用上了，还发挥了关键性作用。希波战争后，雅典就更要维系自己的海洋优势。修昔底德分析说，地米斯托克利之所以致力于发展海军，是因为他看到波斯国王的军队从海上来比从陆地上来容易得多，所以他认为比雷埃夫斯港比雅典城更重要。地米斯托克利总是劝雅典人，一旦陆地上步步紧逼，就下到比雷埃夫斯港，用海军和敌军对抗。雅典的崛起在根本上是海洋帝国的崛起，而促使这一转变发生的核心人物就是地米斯托克利。等到第二卷伯里克利出场的时候，我们就可以明确地认定，雅典是一个基于海权的民主帝国。民主、海洋、帝国这3个词能够连在一起，都是地米斯托克利的功劳。地米斯托克利修建

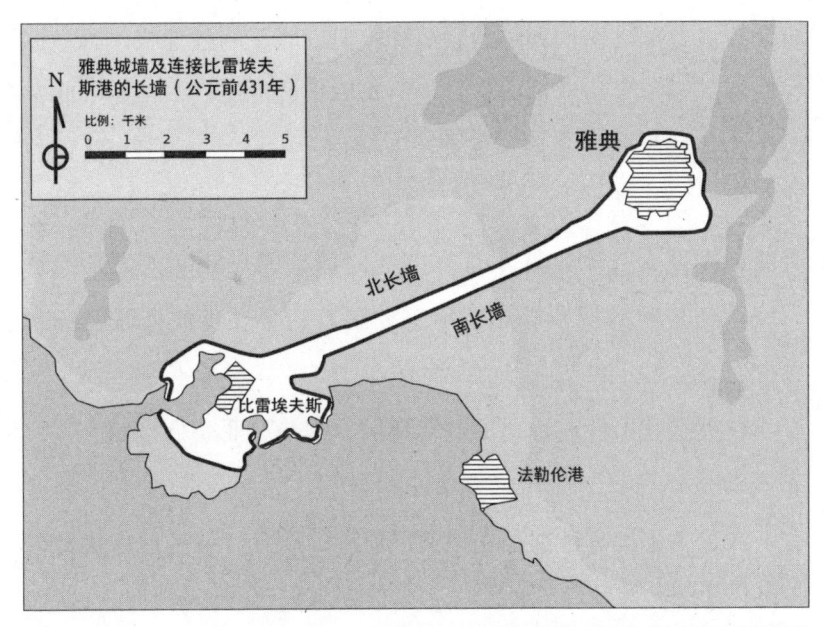

图 2.5 雅典城墙以及连接比雷埃夫斯港的长墙

的城墙以及连接比雷埃夫斯港的长墙（当时尚未完工），的确在伯罗奔尼撒战争爆发后发挥了重要作用，因为伯里克利后来制定的主要战争策略就是让雅典人全部搬到城墙内居住，避免在陆地上与伯罗奔尼撒人正面对抗，并且利用海军对伯罗奔尼撒沿海地区进行侵扰。港口也成为战时维系雅典供给的海上航线的重要保障。

如果说城墙的修建体现出地米斯托克利想要振兴雅典的野心，那么希波战争后抗击波斯联盟领导权的转移[4]，真正促成了雅典在爱琴海区域主导地位的形成和巩固。在希波战争中，抗击波斯的主力军是伯罗奔尼撒联盟和雅典，联军的领导权一直掌握在斯巴达手中。虽然雅典贡献了一半以上的海军，但是海上联军的统帅依然是斯巴达将军优利比业德斯（Eurybiades）。在陆地战场，斯巴达王鲍桑尼亚斯统率希腊陆军，在普拉提亚战役中歼灭波斯军队，还率领联军远征塞浦路斯，围攻波斯人占领的拜占庭，到战争后期斯巴达还牢牢控制着这个反击波斯联盟的主导权。

　　转折点就出现在鲍桑尼亚斯身上。鲍桑尼亚斯行事暴虐，大家控诉鲍桑尼亚斯更像一个僭主而非将军，甚至有人指控他通敌。修昔底德没有详细记述鲍桑尼亚斯的腐化，从其他古代材料中可以得知，鲍桑尼亚斯学了很多波斯人的作风，特别是波斯大王的作风。这很容易理解，原本斯巴达人艰苦朴素、纪律严明，和波斯大王打仗之后发现，波斯将军们过着锦衣玉食的生活。相比起来，斯巴达人整日埋头训练，当国王也只不过是比别人多领一份饭，多领的一份还要拿来赏人，简直太过清苦。看到波斯大王的生活，鲍桑尼亚斯难免要仿效。斯巴达把鲍桑尼亚斯召回审判后，又改派多喀斯接任统帅，但盟邦已经不接受这一安排，斯巴达就不再派人了。修昔底德在这里评论说："（拉凯戴孟人）担心派出的人变质了，就像他们在鲍桑尼亚斯身上看到的那样；另外，他们想从与波斯人的战争中解脱出来。他们认为雅典人胜任领导之职。"[5]

　　一方面，拉凯戴孟人出于种种原因不愿意继续担任联军统

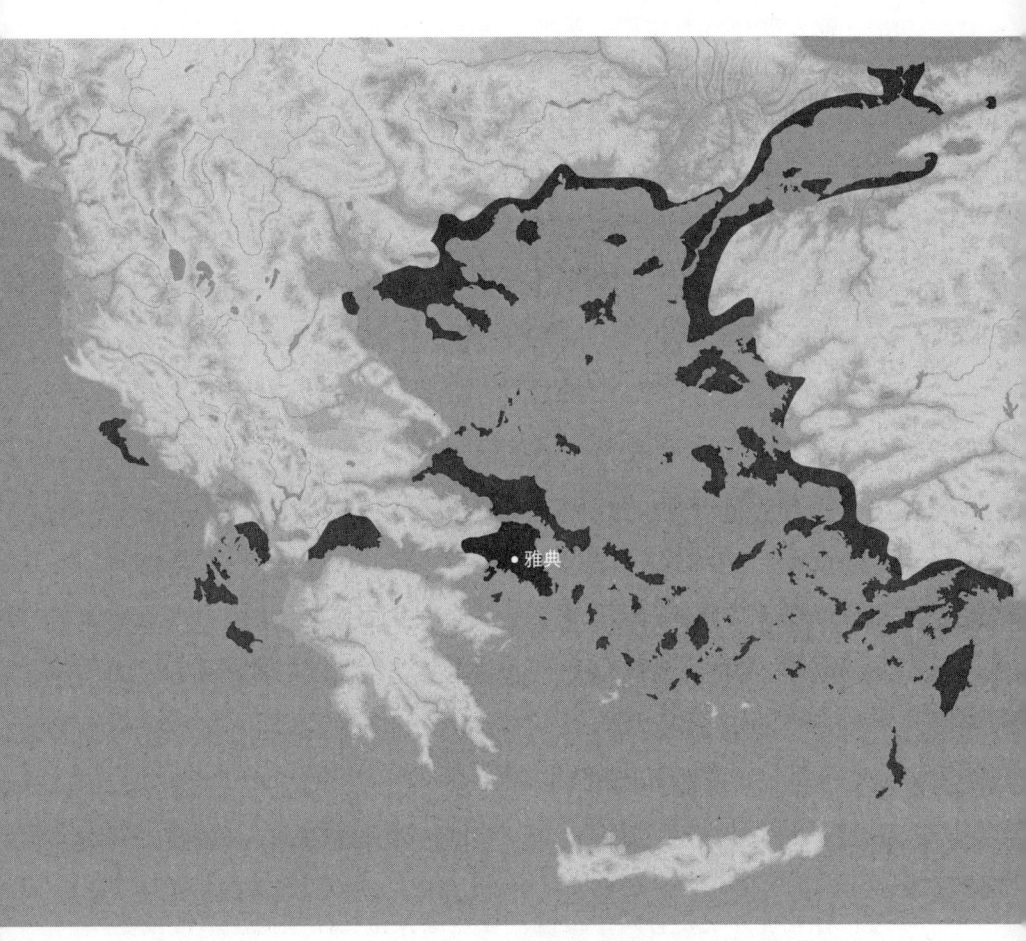

图 2.6 提洛同盟分布图，深色部分为提洛同盟的范围

帅，另一方面，盟邦请求在希波战争中表现卓异的雅典领导盟邦。于是，雅典人就从拉凯戴孟人手中接过领导权。需要注意的是，修昔底德没有讲明，雅典人接手领导的盟邦与原来希波战争中的希腊联军并非一个同盟，两者的关键区别在于，伯罗奔尼撒同盟的城邦没有留在新同盟中。新同盟成立是在提洛岛上开会议决的，雅典领导的新同盟被现代学者称为"提洛同盟"。提洛同盟主要由爱琴海沿岸的伊奥尼亚地区、卡里亚地区、赫勒斯滂（Hellespont）地区的希腊人城邦以及岛屿城邦组成，这些城邦离波斯最近，感受到的威胁也最为迫切。修昔底德说，这一新联盟的目标是要蹂躏波斯领土，报复过去遭受的侵略。

雅典领导的新联盟要共同对抗波斯，需要军需保障。联盟确立了一套规则，明确规定哪些盟邦提供金钱，哪些盟邦提供战舰。雅典在这个时候第一次设立希腊财务官的官职，负责接受贡款，盟邦要向联盟捐钱，在提洛岛上建立公共的金库。这些盟邦起初是独立自主的，雅典人领导大家一起开会商议。随着时间的推移，事情慢慢起了变化，同盟逐渐变成雅典主导的帝国，提洛岛上的金库也被搬到了雅典卫城，提洛同盟的建立成了雅典崛起的重要机制保障。在波斯战争之后，伯罗奔尼撒战争之前，雅典人的对外事务主要有两个维度：一是确保盟邦体系稳定，带领盟邦进行与波斯人以及内部反叛城邦的战争；二是与伯罗奔尼撒联盟成员的冲突。

三、提洛同盟的内外行动

公元前477年,在雅典政治家客蒙领导下,提洛同盟军队围攻了被波斯统治的爱昂(Eion),第二年便从波斯手中将爱昂夺下,城中居民沦为奴隶。同年,同盟军队攻陷海盗城邦叙罗斯岛(Scyros),岛民也沦为奴隶,雅典在岛上建立了军事殖民地。几年之后,雅典率同盟出征优卑亚岛上的卡里斯图城(Carystus),这个城邦既不是被波斯统治,也非海盗城邦,只是在之前的希波战争中支持过波斯。此次行动使卡里斯图城加入同盟,开始向同盟缴纳贡赋,这是雅典第一次强迫城邦加入提洛同盟。公元前470年前后,提洛同盟的创始成员纳克索斯(Naxos)退出同盟,却遭到雅典的拒绝,雅典率盟军围攻了纳克索斯。修昔底德对此评论说:"这是第一个被奴役的盟邦,这种做法违反了盟约。后来,此类事情就络绎不绝了。"[6] 一旦加入同盟便不能退出,雅典通过联盟来奴役其他城邦的事情由此开始,屡见不鲜。

在修昔底德看来,盟邦叛离的原因主要是拖欠贡款,没有提供规定数量的战舰,或拒绝参加军事行动。相比于派兵出战,盟邦更愿意缴纳金钱以替代战舰,结果雅典人利用这些钱财增强了自己的海军力量。因此,雅典人不再像以前那样受盟邦拥戴,而盟邦在叛离雅典时,却发现自己已经无力与雅典对抗。通过这一系列活动,提洛同盟的性质也在逐渐发生变化,这在塔索斯

（Thasos）与雅典的矛盾中看得更加清楚。修昔底德记载，塔索斯人本来在色雷斯地区拥有商站和矿山，因此与雅典人发生了争执。塔索斯人要叛离雅典，招来雅典人的进攻，雅典人在海战中取得胜利，登陆塔索斯岛，开始围城。围了3年，塔索斯人被迫与雅典人达成协议：拆毁城墙，交出战舰，偿付规定数额的战争赔款，照样缴纳贡款，放弃大陆上的土地和矿山。

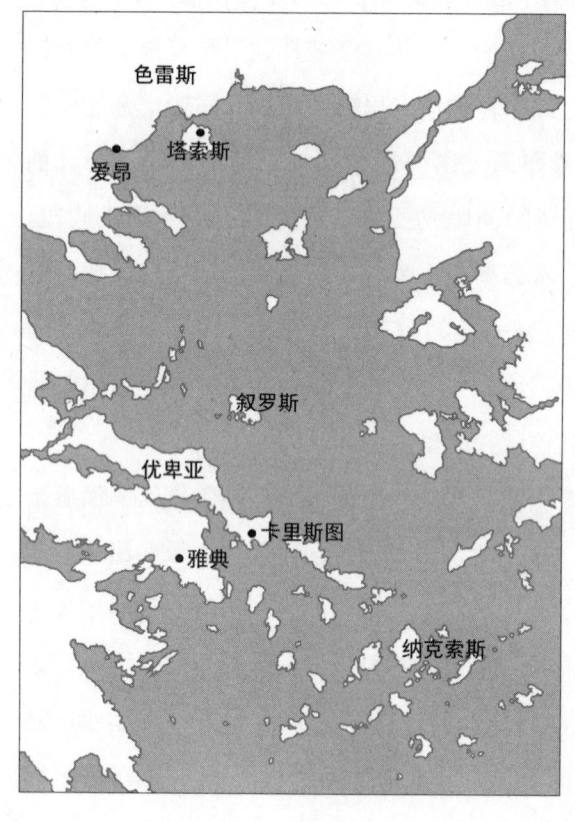

图 2.7 爱昂、叙罗斯、卡里斯图、纳克索斯的地理位置

修昔底德还记载了伯罗奔尼撒战争爆发前，伯里克利参与的两次大规模镇压叛离行动。公元前447年，优卑亚叛离雅典，伯里克利率军前去镇压。最终，雅典军队征服了全岛，将赫斯提埃亚人（Hestiaeans）赶出家园，将他们的土地据为己有，雅典派1000名雅典人迁居优卑亚，其余地区则按投降的条件处置。[7]修昔底德对这次征服着墨不多，但从其他古代材料可知，此次镇压非常暴戾而残酷。现存两则铭文材料显示，被镇压的优卑亚的卡尔基斯人（Chalcideans）要向雅典人宣誓：

我不会以任何方式或手段叛离雅典人，无论是在口头上还是在行动上，我也不会服从任何造反的人；如果有人造反，我将向雅典人告发他，而且我将向雅典人支付我劝他们同意的任何贡品。我将成为最好和最公平的盟友。如果有人对不起雅典人民，我能够并且将帮助和捍卫雅典人民，我将服从雅典人民的命令。[8]

除了发誓，伯里克利统率的军队对优卑亚肯定也采取了其他残酷的措施，因为40年后，雅典担心同样的惩罚会落到自己头上。公元前405年，雅典在羊河战役中最终败给斯巴达，消息传到雅典城后，色诺芬记述道："那天晚上，没有人睡觉，所有人都在哀悼，不是为失去的人，而是为他们自己，认为他们将会遭到像他们对待拉凯戴孟人的殖民地弥罗斯人（Melians）那样的待

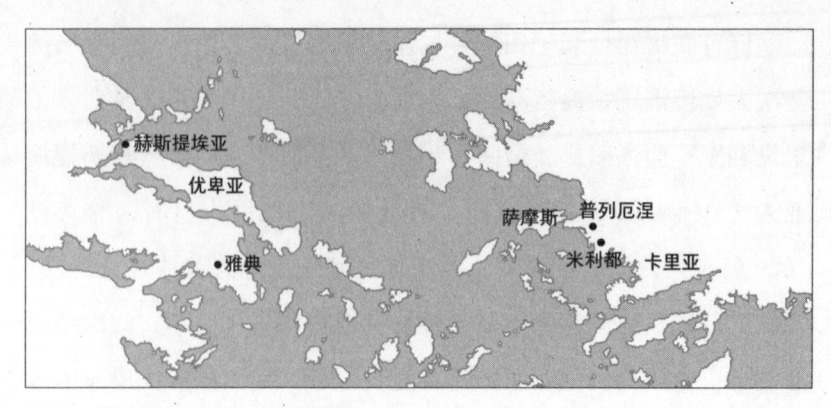

图2.8 镇压优卑亚反叛、征战萨摩斯

遇,以及他们对赫斯提埃亚等城邦人的处置方式。"[9] 修昔底德没有记述伯里克利如何处置赫斯提埃亚人,但记载了雅典人对待弥罗斯人的方式:将成年男性全部杀死,妇女儿童卖作奴隶,并派500名殖民者在该地殖民。[10] 由此,伯里克利对优卑亚镇压的残酷程度可见一斑。

另外一次大规模军事干预是公元前440年至前439年针对萨摩斯岛(Samos)的征战。当时萨摩斯人和米利都(Miletus)人因为争夺普列厄涅(Priene)爆发战争,米利都人在战争中失利,便跑到雅典痛斥萨摩斯人。从萨摩斯以私人身份来的一些人也同声斥责,想要改变萨摩斯的政体。于是雅典人派出40艘战舰前往萨摩斯,在萨摩斯建立了民主政体,之后便返回了。部分逃走的萨摩斯人联合城内的贵族,纠集一些雇佣兵在夜晚攻击萨摩斯,控制了雅典留下的官员,宣布萨摩斯叛离雅典。伯里克利得知此事后，和其他9位将军率44艘战舰前往萨摩斯，与萨摩斯进行了激烈的海战，最终雅典取得了胜利。后来又经过旷日持久的封锁与战斗，到第九个月，萨摩斯人投降，条件是萨摩斯拆毁城墙，提供人质，交出战舰，按照规定的期限分期偿付雅典人的战争费用。[11]

在控制盟邦的同时，雅典在早期还进行了一系列反击波斯的军事行动。如公元前466年（或前469年），客蒙率军在优律梅登河（Eurymedon）附近大败波斯军队，俘获和摧毁的腓尼基人战舰达200艘之多，[12]这一战的胜利实际上终结了波斯在爱琴海区域的威胁。在这之后，提洛同盟再一次对抗波斯帝国就是在埃及的征战。[13]当时与埃及毗邻的利比亚国王伊纳洛斯（Inarus）鼓动埃及大部叛离波斯大王。伊纳洛斯成为统治者后，便召来了雅典人，雅典和盟邦的200艘战舰前往埃及，攻打孟菲斯城（Memphis）。雅典最初顺利控制了埃及，但波斯大王随后派军队从陆地上进军埃及，成功击败了埃及人及其盟友，将希腊人从孟菲斯逐出，将他们封锁在普罗索庇提斯岛（Prosopitis）上，围攻了一年多。最后，经过6年的战争，雅典人的远征事业灰飞烟灭，只有少数远征军保住了性命。公元前454年，埃及重新回到波斯人的手中。根据修昔底德的记载，希腊联军损失了共250艘战舰、4万至5万名船员，雅典人及其盟邦对埃及的大规模远征以失败告终。提洛同盟对波斯主动战争的胜利到此结束。

公元前451年，客蒙结束10年的流放，回到雅典。客蒙继续他的对外战略，即对斯巴达友好，出击波斯。公元前451年，客蒙亲率200艘战舰出征塞浦路斯，将其中60艘派往埃及去支持那里的起义者，剩下的船则围攻塞浦路斯东南沿海的启狄坞（Citium）。不幸的是，公元前450年，客蒙在当地去世，在他死后，雅典人放弃围攻启狄坞。但在同年，雅典人在塞浦路斯岛的萨拉米斯与敌军进行战斗，大获全胜。之后舰队与埃及的舰队会合，撤回到雅典，塞浦路斯再次回到波斯人手中。

自此以后，修昔底德的记述中不再有提洛同盟主动出击波斯的内容。在这场战斗后一年，即公元前449年春天，雅典人和波斯签订了《卡里阿斯和约》。负责议和谈判的是客蒙的妹夫卡里阿斯（Callias）。根据狄奥多罗斯（Diodorus）的记载，和约规定：

> 位于亚细亚地区的希腊人的所有城邦都将获得自治；任何波斯节度使不可以进到离雅典3天海路的地方；波斯战舰不可以进入斐萨利（Phaselis）与库雅奈礁石（Cyanean）之间的水域；只要波斯国王与手下将领遵守这些约定，雅典人就不可以进攻国王统治下的任何地区。[14]

结合古代史料，我们可以认为，公元前449年基本可以视为希波战争的最终结束。自此以后，波斯不再寻求控制爱琴海以及赫勒斯滂地区的希腊人城邦，雅典则同意放弃进攻波斯帝国领土。修昔底德为何没有提及这一重要的条约不得而知，但这一和约给提洛同盟带来了合法性的问题：波斯威胁不再，为何还要维系这一联盟？哪怕雅典后来将提洛同盟转变为雅典帝国，凭靠强大的实力控制着帝国盟邦，但关于合法性的质疑始终笼罩在霸权之上。

四、希腊战争

雅典在率领提洛同盟反击波斯的同时，开启了与斯巴达等伯罗奔尼撒联盟城邦的紧张关系。修昔底德记载了雅典在希腊本土最为重要的几场冲突，雅典与斯巴达彼此信任的公开解除起源于一次邀约合作。

上一讲中曾提到，斯巴达在很早的时候征服了美塞尼亚地区，将当地的很多人变成黑劳士，即成为农奴，让他们为斯巴达提供粮食。黑劳士保证了斯巴达人能够专心军事训练，但也成为斯巴达的不安定因素，使得斯巴达不愿长期在外作战或者远征，希波战争后斯巴达主动交出盟军领导权也有这一层考虑。

公元前464年，斯巴达发生了地震，大量斯巴达人伤亡，黑劳士抓住机会开始反叛，前往伊托墨山（Ithome）。拉凯戴孟人陷入和伊托墨山反叛者旷日持久的战争中，便向盟邦以及雅典人求援。此时雅典城内最有影响力的政治家是亲斯巴达的客蒙，雅典便派客蒙率大军前去支援。结果，前来支援的雅典军队还没开始帮忙，就被斯巴达劝退了。拉凯戴孟人对雅典人进取而勇于革新的品性（*to tolmeron kai ten veoteropoiian*）感到担忧，害怕雅典人待久了会被黑劳士说服，改变立场转而支持黑劳士，便让雅典人回去，把其他盟邦的援军留下来。雅典人极为愤怒，觉得受到了拉凯戴孟人的侮辱。

斯巴达人和雅典人之间的分歧，是什么性质的分歧？斯巴达人纪律严明，强调服从命令，雅典人的性格里却带着革命性。客蒙带着雅典大军来了以后，斯巴达人发现他们无法理解雅典人。这在古代世界里是很重要的事。战争表面上看是两拨不同的人在斗争，他们穿着不同的衣服，操着不同的语言，但更深层次的，是两种生活方式的斗争，这两种生活方式不能够互相理解。雅典和斯巴达虽然都是希腊城邦，但一个是平等的秩序，一个是混合的政体，两种政体之下的生活方式是不一样的。政治制度不只是外在的制度，它会塑造人的观念，深刻地影响我们的生活方式。有不同的政治制度，就有不同的生活方式。雅典处在平等的秩序下，他们过的是一种斯巴达人无法理解的生活。雅典人如此自由散漫，把斯巴达人影响了怎么办？所以斯巴达和雅典第一次公开的分歧，不是他们的利益之争，而是城邦品性的分歧，是生活方式的分歧。

回到雅典之后，雅典人就放弃了原来与拉凯戴孟人的反波斯同盟，不仅如此，还转而和拉凯戴孟人的敌人阿尔戈斯（Argos）人结为盟友。当伊托墨山的反叛战争到了第十年的时候，双方都不愿再坚持，反叛的黑劳士便和拉凯戴孟人达成协议，黑劳士永远离开伯罗奔尼撒。结果雅典人接受了这批人，把他们以及他们的妻子和孩子安置在诺帕科都（Naupactus）。这个港口城市的地理位置非常重要（如图2.9），斯巴达或者是盟军其他城邦的船，要想出海，这是必经之地。

雅典和斯巴达虽然公开有了嫌隙，但还没有发展到直接冲突的境地。但是，在此之后，伯罗奔尼撒联盟的城邦开始与雅典爆发正面的冲突，并导致拉凯戴孟人与雅典人直接交战，史称第一次伯罗奔尼撒战争（公元前460年—前445年）。所以，早在公元前431年爆发的伯罗奔尼撒战争之前，双方已经有了小规模冲突。

第一次战争始于麦加拉（Megara）人和科林斯人的冲突。麦加拉位于雅典的西南方，与科林斯隔海峡相望（如图2.9）。麦加拉人和科林斯人因为边界纠纷发生战争，两个城邦本都是伯罗奔尼撒联盟的成员，但是在科林斯人的紧逼下，麦加拉人叛离了拉凯戴孟人，转而与雅典人结成同盟。正所谓，敌人的敌人就是朋友。雅典人立马派兵驻守麦加拉在科林斯湾的港口佩岬（Pegae），并将麦加拉与尼塞亚（Nisaea）用城墙连接起来。这样一来，雅典就接纳了一个从伯罗奔尼撒叛离的城邦，并控制了伯罗奔尼撒通往阿提卡地区的陆上要道。从地缘安全上看，雅典控制了麦加拉，就有了一重安全保障，能免于伯罗奔尼撒人的陆地进军。

修昔底德评论说，雅典人的这一系列举动是"科林斯人对雅典人产生强烈仇恨的最初的和最主要的原因"。[15] 这句话有两层含义：一是说科林斯和雅典在历史上关系并没有如此敌对；二是说伯罗奔尼撒战争爆发的直接原因中，科林斯人实际上最为积极地鼓动拉凯戴孟人开战。第二点在下一讲中会具体阐述。

科林斯和雅典在历史上的关系，在希罗多德的《历史》中有详细记载。公元前6世纪末，雅典在斯巴达的帮助下驱逐了僭主家族，后来克里斯提尼掌权，雅典实力上升，斯巴达带着伯罗奔尼撒联盟军又想打压雅典，甚至提出要帮助雅典恢复僭主制。在出兵之前，斯巴达把希皮亚斯召过来，召开了伯罗奔尼撒联盟大会，提出要把希皮亚斯送回雅典，扶持他当僭主。这个时候，科林斯人发言，痛陈革命家史，说科林斯人在历史上被僭主害惨了——科林斯有一个著名的僭主，非常暴虐。这位僭主曾经派使者向当时米利都的僭主取经，问新上任的僭主应该如何统治城邦，米利都的僭主见了使者，一言不发，把他带到了城外的庄稼地里，一边问使者的来意，一边把地里最高的庄稼全部剪掉，剪完之后就带使者回宫殿了。使者一头雾水，回去跟科林斯僭主汇报说那个人是个疯子，不停地问同样的问题，非但不作答，还把最好的庄稼都糟蹋了。科林斯的僭主一听就明白了，这是要把城邦中最优秀的贵族全部杀掉。他就照办了。科林斯人提及僭政的

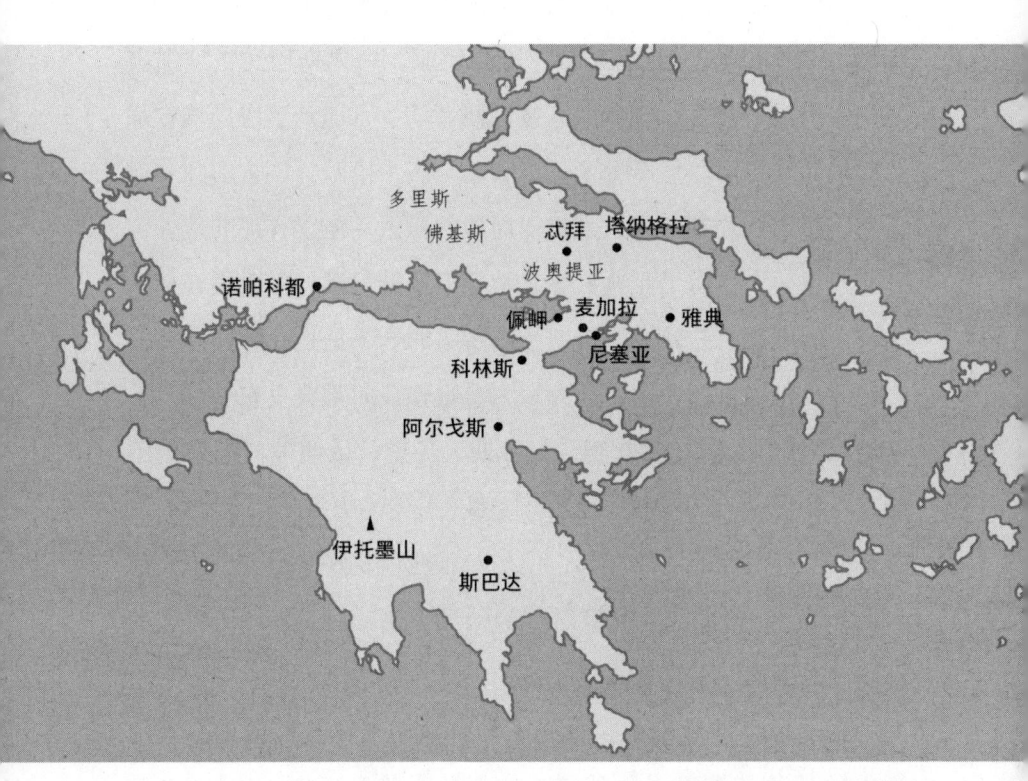

图 2.9 伊托墨山、诺帕科都、麦加拉、科林斯等地

往事，意在批评斯巴达为了压制雅典，竟要在雅典扶植一个僭主。科林斯人说完之后，其他城邦也纷纷反对，拉凯戴孟人的动议也就被否决了。

这件事之后不久，波斯大王大流士派使者到希腊，要求诸城邦献上"土和水"，也就是要求城邦臣服。结果斯巴达把波斯来的使者扔到了井里，雅典就直接把使者杀了，但到了海岛埃吉那的时候，埃吉那欣然奉上了"土和水"表示臣服。埃吉那和雅典不和，想引入外部力量，来抗衡周边的压力。但埃吉那的地理位置非常重要，往南是雅典，往北就是伯罗奔尼撒，如果埃吉那成了波斯的城邦，它就成了波斯控制希腊的一个据点。雅典和斯巴达便要攻打埃吉那。埃吉那海军力量很强，而雅典只有50艘船，这时候科林斯支援了20艘，科林斯人还说，依照他们的习俗不能够免费提供，就象征性地收一毛钱。所以在历史上，科林斯虽然是伯罗奔尼撒的重要城邦，但是对雅典很友好，至少在公元前6世纪前后，曾数次在关键时刻帮助过雅典。但二者在历史上的友好关系到此时就彻底终结了。

麦加拉事件后不久，雅典人与科林斯人以及其他伯罗奔尼撒人的战争就爆发了。雅典人的舰队在哈利厄斯（Halieis）登陆，与科林斯人和埃皮道鲁斯（Epidaurus）人发生战斗，科林斯人取胜。此后，雅典人和伯罗奔尼撒的舰队在刻克律帕勒亚（Cecryphaleia）附近的海面上展开海战，雅典人取胜。在此之后，雅典和埃吉那之间又发生了战争。在埃吉那的海面上，一场大规模海战爆发，双方的盟邦都到场助战，雅典人取胜，夺得了对方70艘战舰，还下船登岸去攻打其城市。紧接着，发生了一场与科林斯平分秋色的战斗，[16]双方都树立了胜利纪念柱。到此为止，雅典人已经与科林斯、埃皮道鲁斯和埃吉那3个伯罗奔尼撒城邦开战，但斯巴达还没有直接参与进来。

正在这时，佛基斯（Phocis）人对希腊中部的多里斯城（Doris）发动攻击，而多里斯城与斯巴达有亲缘关系，斯巴达人将多里斯视为自己的故乡。斯巴达人听说故土遭受攻击，立即派兵前去援助，这支大军包括1500名拉凯戴孟人的重装步兵和一万名伯罗奔尼撒联盟的重装步兵。修昔底德记载，在强迫佛基斯人讲和之后，伯罗奔尼撒大军准备返回伯罗奔尼撒。但雅典已经控制麦加拉，拦截了陆上通路，所以，大军决定停留在波奥提亚，考虑最佳的返程之路。

前面我们讲过，雅典从平等的秩序转变为民主制，似乎很顺畅，这种顺畅的历史叙事基本上都是有问题的。怎么可能呢？前面有一个目标，大家奔着目标就去了吗？没有什么反动的力量吗？没有各种力量的制衡吗？肯定是有的。就在此时，修昔底德说，雅典城中有些人偷偷邀请拉凯戴孟人，希望他们推翻雅典的民众统治，并停止修建长墙。也就是说，雅典城内出现了叛国者，内部的政治斗争混乱导致有人开始打外部力量的主意。这时候，雅典人决定要进攻拉凯戴孟人，一来考虑到他们还在为回伯罗奔尼撒犯愁，二来怀疑有人要推翻民众统治，所以派兵出击。

公元前457年，双方在塔纳格拉（Tanagra）爆发正面冲突。拉凯戴孟人及其盟邦取得了这场战斗的胜利，但是双方都伤亡很大，拉凯戴孟人只能从麦加拉强行杀回伯罗奔尼撒，雅典的寡头集团也没能政变成功。两个月之后，雅典人再次出征，重新占领了波奥提亚。之后，雅典人又迫使埃吉那人投降，拆除城墙，交出战舰，向雅典缴纳贡款。

关于斯巴达这次远征的动机，修昔底德的解释是支援多里斯人。但若只是为了支援多里斯人，似乎并不需要如此规模的军队，如此兴师动众，肯定另有想法。修昔底德没有提及太多，古代文献以及现代学者的研究中提到了其他原因，对照这些原因，可以更好地理解修昔底德的叙事目的。

除了支援多里斯人外，拉凯戴孟人还有两个明确动机。第一个动机是宗教原因，即和雅典争夺在德尔菲（Delphi）的影响力。德尔菲是希腊最神圣的地方，希罗多德的《历史》写到，希腊的王要干大事之前，都要去德尔菲求神谕。德尔菲的事务并非由一个城邦负责，而是由安菲提温尼同盟（Amphictyonic League）负责。安菲提温尼同盟有诸多权力，甚至可以号召对某些城邦进行神圣战争，所以控制这个同盟也就拥有了实际上的政治影响力。修昔底德提到公元前449年，"拉凯戴孟人出征进行了一场所谓的神圣战争，占领了德尔菲的神庙，将其交给了德尔菲人。等他们撤退之后，雅典人出征，占领德尔菲，将其交给佛基斯人"。[17] 这一事件说明当时雅典人和拉凯戴孟人都非常重视德尔菲，但是修昔底德只用一句话带过，弱化了宗教因素在战争中的影响力。这也是他在整本书中贯穿的一个原则。

拉凯戴孟人的另外一个动机是想在波奥提亚地区搞力量均衡，即想支持忒拜（Thebes），让忒拜成为平衡雅典的力量。忒拜和雅典可谓世仇，早在公元前519年，忒拜便试图控制波奥提亚地区，曾进攻普拉提亚（Plataea）人，普拉提亚人向雅典人求援。雅典人出兵，成功帮普拉提亚人击退忒拜人，两者从此结下了世仇。后来，忒拜人一旦有机会便出兵参与对雅典的进攻，希波战争时期，忒拜人和波斯勾结在一起，为波斯军队攻打希腊提供便利。所以，在第一次伯罗奔尼撒战争期间，拉凯戴孟人和盟军来到波奥提亚地区时，忒拜和斯巴达一拍即合。扶植忒拜控制波奥提亚的霸权，无论对忒拜还是对斯巴达都是最佳的战略目标，可以制衡并夹击雅典，就如同雅典人和伯罗奔尼撒的阿尔戈斯人结盟来制衡拉凯戴孟人一样。对拉凯戴孟人的这一动机，修昔底德丝毫未提，这一有意的忽略原因不可知，但后果是确定的，那就是减弱了斯巴达主动遏制雅典的战略考量，让读者对雅典在陆上的扩张形势有更深刻的印象。

回到修昔底德的叙事，雅典对波奥提亚的控制并没有维持太久，在公元前446年春天，波奥提亚地区寡头政权复辟，重新占领了奥尔科门内（Orchomenus）和夏龙尼亚（Chaeronea），其他地方的寡头派也开始蠢蠢欲动，希望摆脱雅典的控制。雅典派托尔弥德（Tolmides）率兵前去收复失地，以期恢复雅典的影响力，但雅典军队惨败,最终雅典撤出整个波奥提亚地区,波奥提亚人重获独立自主。雅典人的失败也引发了一系列叛离活动,前面提到的优卑亚叛离就发生在波奥提亚失利之后不久。

公元前446年夏末秋初,斯巴达人与雅典人签订了"三十年和约",[18]并在当年冬天宣誓生效,雅典同意放弃在伯罗奔尼撒的所有据点,实际上表明雅典放弃了陆上帝国的努力,斯巴达在希腊大陆的地位得到承认;此外,斯巴达也实际承认了雅典的海上帝国。从这个角度来说,第一次伯罗奔尼撒战争结束了希波战争之后雅典在海陆两方面扩张所导致的希腊安全困局,斯巴达和雅典通过一系列冲突和试探确立了双方各自基本的势力范围。但是,希腊世界两极之间的均衡并未通过和约得到确立,第二次伯罗奔尼撒战争还是在10余年后爆发。

注释

1. 修昔底德,《伯罗奔尼撒战争史》,1.6。
2. 修昔底德,《伯罗奔尼撒战争史》,1.10。
3. 参见修昔底德,《伯罗奔尼撒战争史》,1.89—1.118。
4. 参见修昔底德,《伯罗奔尼撒战争史》,1.94—1.95。
5. 修昔底德,《伯罗奔尼撒战争史》,1.95。
6. 修昔底德,《伯罗奔尼撒战争史》,1.98。
7. 修昔底德,《伯罗奔尼撒战争史》,1.114。
8. Athenian relations with Chalkis, *IG* I3 40.
9. 色诺芬,《希腊史》,2.2.3。
10. 修昔底德,《伯罗奔尼撒战争史》,5.116。
11. 修昔底德,《伯罗奔尼撒战争史》,1.115—1.117。
12. 修昔底德,《伯罗奔尼撒战争史》,1.100。
13. 修昔底德,《伯罗奔尼撒战争史》,1.104,1.109。
14. Diodorus Siculus, *Library of History*, trans. C. H. Oldfather. Cambridge, MA: Harvard University Press, 1935, 12.4.5.
15. 修昔底德,《伯罗奔尼撒战争史》,1.103。
16. 修昔底德,《伯罗奔尼撒战争史》,1.105.5。
17. 修昔底德,《伯罗奔尼撒战争史》,1.112。
18. 修昔底德,《伯罗奔尼撒战争史》,1.115。

延伸阅读

希腊早期史：

1. Hans van Wees. "Thucydides on Early Greek History." In *The Oxford Handbook of Thucydides*, edited by Sara Forsdyke, Edith Foster, and Ryan Balot, 39-63. New York: Oxford University Press, 2017.

雅典五十年崛起史（*Pentekontaetia*）：

1. 西蒙·霍恩布洛尔：《希腊世界》，赵磊译，北京：华夏出版社，2015年，第三章。
2. 唐纳德·卡根：《伯罗奔尼撒战争的爆发》，曾德华译，李隽旸校，上海：华东师范大学出版社，2019年，第一、二、三编。卡根对修昔底德较少提及的雅典和斯巴达内部政治斗争有较为清晰的梳理，有助于理解这两个城邦在对外政策和战略中的表现。
3. 普鲁塔克：《希腊罗马名人传》（上册），陆永庭、吴彭鹏等译，北京：商务印书馆，1990年。与本讲相关的是《地米斯托克利传》《客蒙传》《伯里克利传》。
4. Diodorus Siculus. *Library of History*, trans by C. H. Oldfather. Cambridge, MA: Harvard University Press, 1935。狄奥多罗斯提供了修昔底德之外的叙事和分析，可与修昔底德对照阅读。
5. Lisa Kallet. "The Pentecontaetia." In *The Oxford Handbook of Thucydides*, edited by Sara Forsdyke, Edith Foster, and Ryan Balot, 63-80. New York: Oxford University Press, 2017.

第三讲

走向战争

战争的原因是古希腊史家的一个重要关切，无论是希罗多德还是修昔底德，都花费许多精力讨论战争的原因。希罗多德曾经在《历史》的开篇直接告诉读者，他所做的探究除了要记载人类的丰功伟业，最重要的就是探究希腊人和异族战争的原因，所以在一定意义上，整部《历史》都是在交代战争发生的深层逻辑。希罗多德将希波战争的原因归到波斯大王所依循的扩张习俗之上，即继任大王的薛西斯依循波斯帝国的扩张习俗，哪怕在希腊世界不构成波斯安全威胁的情况下，也要寻找借口发动战争。与希罗多德相比，修昔底德则把战争原因放在实力争夺之上，这也使得修昔底德在当代国际事务中出现的频率更高。21世纪初以来，"修昔底德陷阱"这一名词逐渐成为热门词汇，被用来界定大国间必然冲突的规律。虽然修昔底德未必想到自己的名字在两千多年后会被加上"陷阱"二字，但好事者信誓旦旦地说修昔底德目光如炬，早已看清人类事务的真相。这一切都来自修昔底德对伯罗奔尼撒战争原因的分析：雅典人实力的上升引起拉凯戴孟人的恐惧。

希波战争以后，雅典取代了斯巴达，成为抗击波斯新联盟的领导者，在希腊世界的地位骤然上升。在此期间，雅典与斯巴达以及伯罗奔尼撒联盟发生了断断续续的正面冲突，冲突的结果是"三十年和约"的达成，实际上确立了斯巴达和雅典分别对陆地和海洋的主导权。公元前446年，双方订立了这一和约，15年后，雅典人便和伯罗奔尼撒人爆发了长达27年的战争，史称伯罗奔尼撒战争。修昔底德说：

> 我首先要记载的是，他们撕毁和约的原因（*aitiai*）、相互责难的理由（*diaphorai*）以及分歧所在，以使后人明了希腊人中间发生的如此大规模战争从何而起。我相信，战争真正的原因（*tēn alēthestatēn prophasin*），尽管不太为人所知，是势力壮大的雅典人，引起了拉凯戴孟人的恐惧，从而迫使（*anagkasai*）他们开战。以下就是双方所公开陈述的、责难对方的理由，他们正是根据这些理由撕毁和约和开战的。[1]

修昔底德的这段话首先区分了战争的直接原因和真正原因。直接原因就是战争双方相互指责抱怨的理由和借口，修昔底德使用的词是 *aitiai*，这些抱怨和责难的记述主要围绕科西拉（Corcyra）事件和波提代亚（Potidaea）事件展开。而真正的原因则是雅典实力上升导致斯巴达的恐惧，修昔底德使用的词是 *prophasis*，这体现在他对雅典在希波战争之后崛起的记述中，上一讲已经讨论了这部分内容。基于这两层原因，修昔底德认为这场战争必然会爆发。

修昔底德给出的原因一定是成立的吗？未必。但我们的目的是理解修昔底德。如果我们的目的设定为理解这段历史的话，那么修昔底德是一个重要的史料来源，但他未必是最真实的，他有自己的判断。比如古希腊史专家唐纳德·卡根（Donald Kagan）

就明确说修昔底德是错的,他提出在战争爆发前的一段时间内,雅典的实力并没有明显增强、雅典帝国也没有继续扩张等观点。[2] 假设我们找到一些确凿的材料,发现修昔底德写的和这些材料有冲突,那我们的任务是要解释他为什么要扭曲一些事实,或者忽略一些事实。跳出这本书,发生在公元前431年的伯罗奔尼撒战争到底是怎么爆发的、是不是必然爆发,这些是可以有争议的,但在修昔底德这里没有争议。

一、科西拉和波提代亚

1. 科西拉事件

修昔底德先是讲了几个小的争端,从中可以看到两大霸权城邦是如何一步步被引入一场直接的对抗中去的。

修昔底德记述的第一个争端以科西拉为中心展开,但争端真正的发端在科西拉的殖民地埃庇达姆努斯。埃庇达姆努斯位于亚得里亚海(Adriatic Sea)东海岸,科西拉以北100多英里的地方(如图3.1),没有人会想到,这个距离雅典和斯巴达都很遥远的城邦,其内乱竟然会引致希腊两大阵营兵戎相见。

修昔底德说,埃庇达姆努斯内乱多年,一些邻近蛮族的侵扰也加剧了战祸，结果城邦中的民众和有权势的人爆发了冲突。"民众"的古希腊语是 δῆμος（*demos*），民众统治对应的政体就是民主制，这里与"民众"相对的词是"有权势的人"，修昔底德使用的词是 δυνατός（*tous dunatous*），指城邦中有实力的人或者权力比较大的人。需要注意的是，修昔底德非常小心地使用这些词，他并没有将"有权势的人"称为"贵族"。在古希腊语中，贵族统治或贵族政体的本义是"最优秀的人统治"，也可翻译成"贤人统治"或"贤人政体"，所谓"最优秀"指的是才能和德性卓越。修昔底德在书中非常注意区分"贵族""寡头""有权势的人"，在有些地方甚至明确说，寡头派会声称自己是最优秀的人，但实际上并非如此。埃庇达姆努斯这场内乱的双方是民众与有权势的人。

民众将这些城邦中有权势的人驱逐了出去，被驱逐的人便和蛮族联合起来攻打城邦。城邦中的民众见势便派使节到母邦科西拉求援，希望母邦不要坐视不管，能帮助他们斡旋，以结束与蛮族的战争，但科西拉人拒绝了他们的请求。埃庇达姆努斯人又去科西拉的母邦科林斯寻求帮助，科林斯答应了。事情就从陌生的埃庇达姆努斯一步步到了我们相对熟悉的科林斯：埃庇达姆努斯是科西拉人建立的殖民地，科西拉又是科林斯人建立的殖民地。

"殖民地"这个词在古希腊语中是 αποικία（*apoikia*），直接含义是"远离家乡的居住点"，中文"殖民地"或英文 colony 并不能很好地将该词的古希腊语含义翻译出来。修昔底德在希腊早

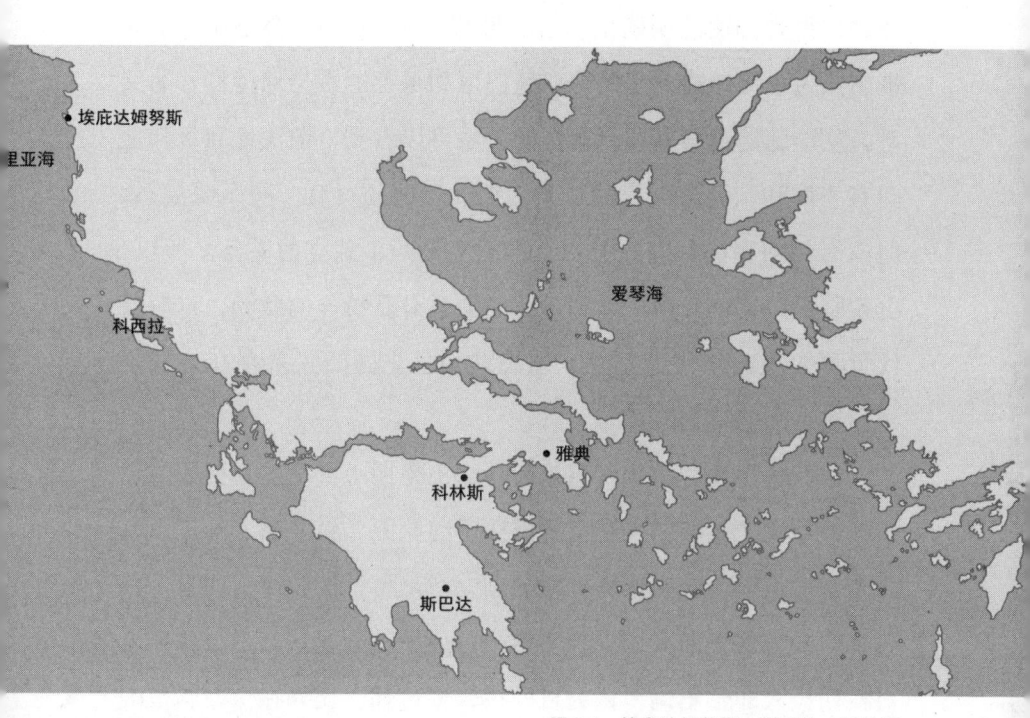

图 3.1 埃庇达姆努斯、科西拉、科林斯

期史中提及了希腊殖民地的一些情况，比如早期雅典人移居到爱琴海对面的伊奥尼亚地区，以及希腊人定居后在地中海范围内的殖民运动。根据现代学者的研究，古希腊的殖民运动基本集中在公元前8世纪至前6世纪。殖民地的建立多是要先去德尔菲求得神谕，得到神谕的明确指示后，母邦（*metropolis*）会委派一个人带领众人去某地建立殖民地，殖民地和母邦通常会保持良好的关系。从埃庇达姆努斯和科西拉的关系可以看到，殖民地和母邦之间有族群和宗教意义上的联系，彼此可能还存有一些亲缘关系，但没有剥削和被剥削的关系，本质上是两个独立的城邦。所以，古希腊殖民运动、殖民地和母邦的关系有其特殊的意涵，这与近代世界史上的殖民地建立、殖民地和宗主国的关系存在一些差异，这是需要特别注意的一点。

修昔底德没有交代科西拉为什么拒绝插手埃庇达姆努斯的事务，但是讲了科林斯人愿意施以援手的原因。科林斯人的理由有两个：一是因为埃庇达姆努斯的创立者是科林斯族裔，而且一些科林斯人和多里斯人也参与了这个殖民地的创建；二是科林斯人对科西拉人非常不满，认为科西拉轻慢母邦，比如在全希腊范围的集会上，科西拉人不按惯例给予母邦特权，也不像其他殖民地那样让一位科林斯人享有首先献祭的尊荣，反而蔑视他们。科西拉人之所以敢于这么做，修昔底德的解释是科西拉实力强大。科西拉的财力堪与希腊人中最富有者媲美，其军事力量甚至有过之而无不及，尤其是海军力量，他们拥有120艘三层桨战舰。科西拉、科林斯和雅典是希腊世界舰队最多的3个城邦，科西拉的战舰数量比科林斯还多，仅次于雅典。因此，科西拉人觉得自己可以保持独立自主。

科林斯人答应了埃庇达姆努斯人的请求，派出定居者和护卫军队。科西拉人得知消息后大怒，立即派舰队围城，要求埃庇达姆努斯人接回他们之前驱逐的人，并遣返科林斯来众。科林斯人得知科西拉围城的消息，便开始准备远征军。科林斯人还布告国内，将在埃庇达姆努斯建殖民地，所有愿意前去的人一律享有平等的权利。同时，科林斯还请求伯罗奔尼撒诸邦支援海军，一并前往埃庇达姆努斯与科西拉开战。结果科西拉人大获全胜，击败

图 3.2 普尼克斯山（Pnyx），雅典举行公民大会的地方

科林斯舰队，迫使埃庇达姆努斯人投降。失败后的科林斯人便赶紧回去召集规模更大的军队，并借助自己在伯罗奔尼撒联盟中的位置在联盟内招募海军。

科西拉人听闻科林斯人备战的消息，也开始惊慌，因为科西拉人与雅典人、拉凯戴孟人都没有结盟。面对威胁，科西拉去找雅典求援，科林斯听说此事后，也立马派使节前去雅典公关。雅典就此事召开公民大会进行了一番讨论。

公元前5世纪中期，雅典的民主政体最终定型，公民大会成为最重要的公共决策机构，雅典的内外政策大都需要经过公民大会的讨论乃至辩论才能议决。要在公民大会上说服民众支持某项政策，需要发言人有理有据有修辞，成功诱导民众投票支持。除了公民大会，雅典在公元前6世纪设立了陪审法庭，如果有人起诉你，你要在法庭上陈述申辩，由陪审员们投票决定你有罪或者无罪。大家最熟悉的一个案例当数苏格拉底的申辩，苏格拉底在伯罗奔尼撒战争之后被人控诉不虔敬、败坏青年，他便在法庭上为自己的哲学生活展开最后的申辩，结果还是被雅典人投票宣判死刑。因此，在希腊世界，尤其是在雅典，修辞学是一门很重要的学问，有很多事情都要靠修辞说服民众，让民众投票做出决定。修昔底德在书中记述了大量公民大会上的辩论和修辞。科西拉人和科林斯人在雅典公民大会上的交锋就是这本书里的第一次辩论。

科西拉人现在来找雅典帮助，可谓临渴掘井，要想说服雅典人就必须用好处说话,所以科西拉人一上来先用修辞铺垫:"雅典人啊!要是有人求援于他人,而此人既非其友,自己又未曾有大恩惠于对方——我们今天就是这样的人——那么,他一定要让对方相信,首先,接受他的求援是有好处的,或者至少不会带来什么损失;其次,对方的恩惠将被永远铭记。"[3] 这是非常高超的表达方式。科西拉人站在雅典人的立场上来想,先交代虽然彼此之前没什么交往,但此次前来肯定是对雅典有利的。接下来,科西拉人先示弱:"现在科西拉人派我们来请求你们做盟友……此前,我们有意避免与人结盟。现在,我们到这里来向别人求援,就是因为这个方针,我们在眼下与科林斯人的战争中陷入了孤立。对外不结盟以免因外邦的决策而同遭祸患,以前被我们认为是明智之举,现在看来则是不智的表现和势单力薄的缘由。"[4] 科西拉人反省了自己的不结盟政策,开始亡羊补牢。科西拉人意识到仅靠自己的力量恐怕无法抵挡伯罗奔尼撒城邦的进攻。换言之,科西拉如果还能勉力维系的话,也不会主动解除自己的中立、不结盟状态。

科西拉人下一步则要说明结盟会给雅典人带来的好处:"首先,你们援助的是受害的一方,而不是残害别人的一方。其次,在我们生死攸关的时候,你们接受了我们的求援,这就让你们有大恩于我们,对此,我们将永远铭记。"[5] 科西拉人先给雅典人戴上道德的高帽,说明答应结盟在道德上是正义的,会被科西拉人感激。而实质性的好处是第三点:"第三,我们拥有一支仅次于你们的海军。请你们想一想：如果你们把我们的求援看作带给你们力量，它包括很多的财物和我们的感恩戴德；这种力量不请自来，不冒风险，又没有半点花费，而且又让世人看到你们慷慨助人的美德，还有被援助者的感激以及你们势力的增强，那么，这种让你们的仇敌更痛的好事，天底下哪里去找？"[6]科西拉人用实力说话，表明自己实力强大，结盟有百利而无一失。

但是，哪怕科西拉海军再强大，拥有希腊世界最强海军的雅典又有什么动机来蹚这摊浑水呢？科西拉人紧接着，就更进一步阐明雅典人和科西拉人结盟不仅是有利的，而且是必需和紧迫的：

> 如果你们当中有人认为，这场让我们对你们有用处的战争不会到来，那么他的判断就有误了。同时，他也没有认识到：拉凯戴孟人由于害怕你们的势力壮大急欲开战，以及你们的仇敌科林斯人，他们对拉凯戴孟人很有影响力，现在先向我们下手，下一步就要轮到你们了；科林斯人不想让我们联手把他们当作共同的敌人，也不想两个好处一个都得不到，即要么祸害我们，要么增强自身。我们要先下手为强，我方恳请结盟，贵方予以接受，我们双方与其在让他们图谋得逞后陷入被动，不如早作谋划。[7]

科西拉人太聪明了，他不说他们和殖民地埃庇达姆努斯及其母邦科林斯发生了纷争，而是直接将拉凯戴孟人提了出来。科西拉人环顾整个希腊世界发现,和科林斯人、拉凯戴孟人有最大利益冲突的一方是雅典,所以必须要来找敌人的敌人做盟友。并且,科西拉人知道,只提科林斯并不足以说服雅典人接受结盟,必须把问题升级到与拉凯戴孟人的冲突才行。所以,除了修昔底德的记述之外,科西拉人第一个说出雅典和拉凯戴孟人必有一战。如果雅典人和拉凯戴孟人必有一战,那么雅典人与科西拉人结盟就是必需的。不仅于此,针对雅典可能的顾虑,科西拉人也预先加以解释:"你们接受我们为盟友,用不着撕毁与拉凯戴孟人的和约,因为我们不是你们和他们双方的盟友。该和约载明,任何尚未与人结盟的希腊城邦可以自由加入他们所愿意的那一方。"[8]所以,接受科西拉人的结盟邀约是有利于雅典的,因为双方有共同的敌人,而这是作为盟邦相互忠诚最好的保证。

在发言的最后一段,科西拉人如同掌握了读心术,说公民大会上的一些雅典人可能还在犹豫,即认为和科西拉人结盟的确能带来好处,但又担心破坏和拉凯戴孟人的和约。科西拉使节对这部分人士进行了最后的心理攻关:雅典人和科西拉人结盟只会增强雅典的力量,并且这是个零和博弈,雅典力量的增强必然导致敌人的害怕。除了拥有强大的海军,科西拉地处特殊的海上交通要道,控制着通往意大利和西西里的航路。如果雅典人不对科西拉人施以援手,科西拉一旦被科林斯人控制,那么雅典海军的压倒性优势就体现不出来了。这就是科西拉人在雅典公民大会的发言,总结而言,即科西拉人秉持着赤裸裸的实力和利益原则,呼吁雅典认清敌人和朋友。

科西拉人说完之后,轮到科林斯人发言。如果说科西拉人强调实力原则,那么科林斯使节则重视正义。科林斯使节首先让雅典人不要听信科西拉人对不结盟政策的解释,说它听起来冠冕堂皇,其实背后行为非常邪恶。科林斯人说,科西拉之所以不结盟,是因为他们不想让盟邦发现他们邪恶的行为。而且,其他的殖民地都很爱戴母邦,没有一个像科西拉这样不尊重科林斯的。

针对和约的问题,科林斯使节强调,虽然和约允许缔约方之外的城邦加入任何一方,但这并不适用于科西拉,因为科西拉是在加害其他城邦。对科林斯人来说,科西拉人挑明的道理也是成立的,科林斯人现在和科西拉人是仇敌,如果雅典人帮助他们,那么雅典人就变成了科林斯的敌人。在科林斯人看来,雅典人这么做对不起科林斯,因为科林斯曾经帮助过雅典。

除了两个城邦间的过往,科林斯人还提出自己坚持捍卫希腊世界的行为规范和盟邦法则,即支持雅典人和拉凯戴孟人有权惩戒各自的盟邦。当萨摩斯人背叛雅典的时候,伯罗奔尼撒人曾提议援助萨摩斯人,但是科林斯人投票支持了雅典人。所以,就捍卫希腊"国际法"的角度,雅典人此时也应该坚持希腊人的行为规范,而不是开破例的坏风气。与科西拉人赤裸裸的利益原则不同,科林斯人的发言不断要求公义,捍卫道义,并基于此要求雅典人履行各种义务。

雅典人召开了两次公民大会,听取双方的发言,在第一次大会上，他们较为倾向科林斯人的发言，第二天又改变了主意，倾向于科西拉人的观点。这是雅典公民大会上经常出现的情况，头一天决定了一件事，第二天又反悔了。那么，公民大会是靠谱还是不靠谱呢？在这本书中会不断看到类似的民意摇摆，这也被很多学者用以证明雅典的民主运行机制存在弊端：民意难以捉摸，民众易变且容易被煽动。但从相反角度看，也可以说公民大会的决策有自己的纠正机制，这恰恰是民众审慎的表现，关键是要看最终的决策是否符合雅典城邦的总体以及长远利益。我们读修昔底德，要尤为关注他如何描写雅典民众的表现，他到底是如何看待雅典的民主政体的。回到这一次的公民大会，雅典最终的立场是倾向于科西拉人，但不是和他们结成攻守同盟，而是防御同盟，即科西拉和雅典或者各自的盟邦遭到攻击时，双方互相援助。雅典人一方面想要科西拉的好处，另一方面又不想得罪科林斯人。修昔底德在此评论说明了雅典人的真实想法："在雅典人看来，他们与伯罗奔尼撒人终有一战，所以不想将拥有如此强大海军的科西拉拱手让给科林斯人，而想让他们斗个你死我活，两败俱伤。等到必须一战的时候，科林斯人和其他海军强邦已经虚弱无力了。"[9]修昔底德的评论是不是雅典人的真实想法不得而知，但它明确告诉读者，科西拉人在公民大会上预言的战争是雅典人的共识。

雅典人接纳科西拉人为盟友，派了10艘战舰前往援助。希波战争前，雅典还没有大规模的海军，就曾派出15艘战舰去援助米利都叛离波斯，如今雅典坐拥希腊世界最强大的海军，却只派出10艘战舰，到战斗后期也只加到20艘，而科林斯那边有150艘船。通过对比，可以看出雅典的态度，只是象征性表示一下，并不想真的卷入这场战争。但是这件事产生了一个实际的后果，就是雅典和科林斯在海上发生了正面冲突。因为对科西拉的援助，雅典人在休战期间与科林斯人开战了，对科林斯人而言，这成为与雅典人的战争的第一个责难理由。

2. 波提代亚和麦加拉争端

第二个责难理由也来自科林斯的殖民地，这次是科林斯在爱琴海北部的殖民地波提代亚。波提代亚本是科林斯的殖民地，每年的执政官都是从科林斯派来的；但它又向雅典缴纳贡款，是雅典帝国的一分子。这种双重关系使得波提代亚能获得双边支持，但在外部环境恶化时，也容易成为受害方。科西拉海战后，雅典和科林斯的冲突公开化，雅典人必须要防范爱琴海北岸的盟邦叛离，而这一地区最大的风险来自波提代亚。雅典人为了防止科林斯人和马其顿王劝说波提代亚叛离雅典，进而引起整个色雷斯地区盟邦的叛离，就命令波提代亚人拆除面向帕列涅（Pallene）半岛的城墙，交出人质，并且将科林斯人每年按惯例派来的官吏驱逐出去，以后也不准再接受。

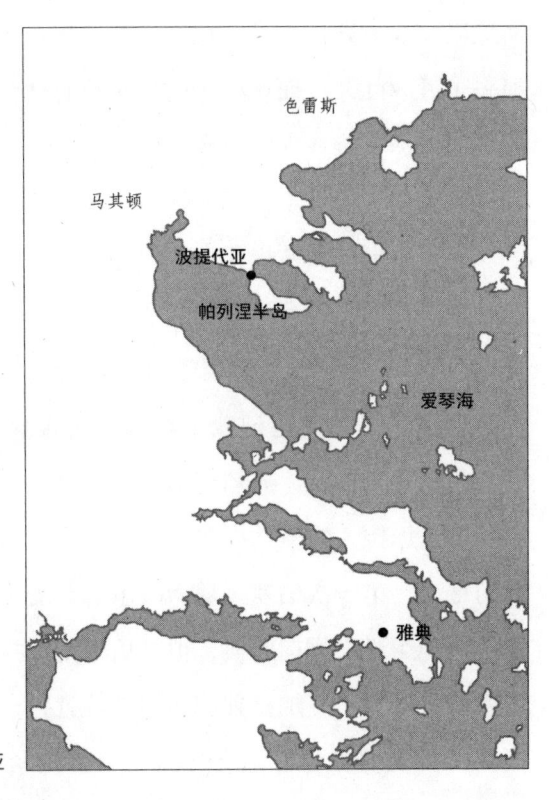

图 3.3 波提代亚

　　波提代亚人派遣使节前往雅典和斯巴达。他们希望说服雅典人不要改变双方的关系，但没有取得满意的结果，雅典舰队反而开始围攻波提代亚。拉凯戴孟人则给了波提代亚人明确的支持，并许诺如果雅典人攻打波提代亚，他们就侵入阿提卡。得到斯巴达的许诺，波提代亚人抓住机会，联合卡尔喀狄刻（Chalcidice）人一起叛离了雅典。雅典知道后，马上让舰队开赴马其顿（Macedonia）海岸，科林斯也赶紧派出 2000 人的军队赶赴色雷斯地区，双方开始在这一地区不断增兵。正式交战后，波提代亚损失了近300人，而雅典人的损失只有他们的一半。波提代亚有城墙的保护，雅典人只能选择围城，占领了城外的阵地。科林斯人见状，又一次坐不住了，开始劝说拉凯戴孟人与雅典人开战。

科西拉事件和波提代亚争端是修昔底德主要记述的两个"责难理由"，除此之外，还有两个事件，修昔底德只是简略提及，甚至并没有视之为"责难理由"，这就是"麦加拉禁令"和埃吉那自治。修昔底德记载了埃吉那对雅典的抱怨，但抱怨的起因、内容等未提及，只知道斯巴达后来曾要求雅典恢复埃吉那自治。[10]麦加拉人的事件，普鲁塔克和阿里斯托芬等古代作家有更多的记述。第一次伯罗奔尼撒战争前，麦加拉就曾经因为和科林斯的边境纠纷而倒向雅典，但之后，麦加拉又重新加入了伯罗奔尼撒联盟。由于麦加拉独特的地理位置，一旦它和雅典或科林斯任何一方交好，都必然会导致另一方的紧张。伯里克利颁发了"麦加拉禁令"，禁止麦加拉人使用雅典帝国的港口以及雅典的集市广场，理由是麦加拉人冒犯了圣地，非法侵吞边界地区未用界碑标记的土地，给逃亡的奴隶提供庇护。[11]这些理由肯定只是借口，关于禁令的真实原因修昔底德没有交代，甚至对整个禁令的颁布、争论和细节都矢口不提。我们在修昔底德笔下只能得知伯里克利支持这一禁令，以及斯巴达在战前要求雅典撤销禁令，以至于有学者认为麦加拉禁令是诱使战争爆发的重要导火索。修昔底德故意如此轻描淡写，有很多种解释，卡根对此曾经提出一个颇有道理的说法：修昔底德认为，从雅典成为帝国开始，战争就不可避免了，战争爆发并非因为他钟爱的伯里克利固执地坚持某项政策，拒绝撤销麦加拉法令。[12]

总结来看，修昔底德给出的战争直接原因主要是科西拉和波提代亚事件，这两个事件主要是科林斯人与雅典人的冲突，而非拉凯戴孟人与雅典人的正面交战。从原则上讲，双方仍受到"三十年和约"的束缚，也尽量避免在休战期直接发生战争冲突。但波提代亚围城战之后，科林斯人和埃吉那人怂恿斯巴达开战，拉凯戴孟人将同盟中声称受到雅典戕害的城邦都召集起来，让他们参加斯巴达的公民大会（而非伯罗奔尼撒联盟会议），提出对雅典的控诉。就这样，战争一步步趋近了希腊世界权力的两极。

二、言辞的战争

1. 国民性与战争必然性

在斯巴达公民大会上，盟邦代表纷纷发言，指责雅典戕害盟邦，批评斯巴达迟疑不定。恰好，雅典的一个使团因为别的事情来到斯巴达，斯巴达公民大会上的这场交锋也是战前双方在言辞上展开的战争。

科林斯人首先发言指出，雅典人挖走了科西拉，而科西拉拥有一支规模宏大的舰队，这支舰队本可以成为伯罗奔尼撒联盟的力量，现在却成了雅典的盟军。在爱琴海北岸具有重要军事战略意义的波提代亚，现在也遭受雅典人及其盟邦的围困。科林斯人将所有这些的责任都推给了斯巴达。不仅如此，斯巴达在希波战争后一直对雅典采取绥靖政策，先是允许他们加固城墙，后来又允许他们建造长墙，面对雅典的步步紧逼，斯巴达次次退让。科林斯人进一步批评斯巴达的整体策略，想激怒在场的斯巴达人："拉凯戴孟人啊！希腊人中只有你们事事无为，面对他人的进逼，你们不是用实力，而是用犹豫不决来保卫自己，也只有你们不是趁仇人羽翼未丰，而是等他们实力加倍增长之后再予以剪除，然而人们盛赞你们可以信赖，恐怕名不副实吧！众所周知，波斯人过去从大地的另一端开向伯罗奔尼撒，一路上就没有遇到你们什么像样的抵抗，现在雅典人不像波斯人那样远在天边，而是近在咫尺，对其所作所为，你们却视而不见，你们不愿意主动出击，而是坐等对方进攻。"[13] 科林斯人不仅指责斯巴达当下的迟疑，还连带批评了他们在希波战争中的表现，这与事实大相径庭，希波战争中的陆战主要还是拉凯戴孟人领导的。需要注意的是，科林斯人没有提及雅典明显破坏和约的举动，以上的这些抱怨都是基于实力和地缘分析。

仅指出这些还不够，科林斯人进一步分析了拉凯戴孟人和雅典人的国民性。这是科林斯人，也是修昔底德第一次将雅典人和斯巴达人的性情做比较。国民品性也是贯穿修昔底德整部书写作和分析的一条重要线索。全书第八卷的最后记载道,在一次关键的机会中,斯巴达未能趁机将雅典击败,修昔底德将原因归结为国民性,提出雅典人和伯罗奔尼撒人性格悬殊,使得伯罗奔尼撒人成了雅典最好的战争对手,一次又一次错过拿下雅典帝国的良机。[14]我们先看科林斯人如何分析二者的差异:

> 你们与他们之间存在的巨大差异,你们从来都没有认识到。你们没有考虑过这些将与你们作战的雅典人是些什么样的人,以及他们与你们怎样处处迥异。他们倾向革新,敏于谋划,并把心中的想法付诸实施;而你们倾向于保守既有的东西,墨守成规,连最必要的行动都不采取。再有,他们敢做超出自己能力的事,孤注一掷,面对危险满怀希望;而你们所做之事配不上自己强大的实力,连万无一失的判断都不相信,在危险面前认为自己毫无解脱的希望。还有,他们行事迅速,你们迟疑拖沓;他们四海为家,你们安土重迁;他们四海为家是为了获得什么东西,你们若外出,就担心国内现成的东西受损。战胜敌人时,他们穷追猛打;被敌人打败时,他们毫不气馁。而且,他们为了自己的城邦甘愿捐躯;他们的心灵却完全是自己的,任由其自由发展。如果没有将心中的计划付诸实施,就像自己个人遭受了损失一般。如果事情得手,他们就把它当作实现目标的一小步;如果尝试了

一番，失败了，他们反而有了新的希望，去弥补损失。希望就等于拥有，只对雅典人才是这样，因为他们很快着手实现心中的计划。就这样，他们终其一生吃大苦，耐大劳，冒危险，几乎不享受手中果实。因为他们贪得无厌。他们把履行自己的职责看作唯一的节日，对于他们来说，辛苦忙碌不算什么，平安无事倒成了不幸。因此，如果有人下结论说，他们生来就是自己不安宁又让别人不得安宁的人，那么他说得太对了。15

科林斯说的雅典人，就像一个精力充沛、咄咄逼人的人，失败了也不气馁，拼命地勃发进取，搅得世界不得安宁。科林斯人所要传达的信息很明确，那就是不只要看雅典目前采取了哪些具体的行动、实力如何，而要看清雅典人的真实面目。性格分析的要害在于，雅典人的国民性决定了他们生来就是"生命不止，折腾不息"，面对这样的对手，战争是不可避免的，斯巴达不能心存任何侥幸。而斯巴达人正好是雅典的镜像，墨守成规、犹豫不决，打波斯还没打完就先撤了，把帝国拱手让给雅典。斯巴达永远担心国内事务受损，这主要是指对黑劳士群体叛乱的提防。总结来说，斯巴达人行事风格落后于雅典人，治国方面也不如雅典人富有革新性。雅典人在各方面都更能体现出先进性。科林斯人为斯巴达人和雅典人做了性格画像，这种画像略带夸张和简化，但是作为大会上的修辞，足以产生很好的效果。

在结束发言之前,科林斯人明确要求斯巴达人必须立即入侵阿提卡,履行对波提代亚人的承诺。如果斯巴达不这么做,科林斯人就退出与斯巴达的联盟。他们最后还提出历史责任,对在场的斯巴达人加以训诫:"你们的父辈将伯罗奔尼撒同盟交给你们,你们要努力带好城邦,使之更加强大。"[16] 科林斯人的发言从开始的控诉抱怨,一路升级,到结束的时候基本成了命令、威胁和训诫。科林斯人的目的很明确,激怒斯巴达人,特别是刺激那些坚持绥靖政策的斯巴达人。

2. 雅典的实力逻辑

这个时候,雅典恰好也有使者在斯巴达,雅典人也要说话,为自己的城邦进行解释和辩护。在敌对的盟邦大会上,面对如此多的攻击,雅典人选择述说那些大家都认可的事,就是历史。

雅典人首先阐述了雅典在希波战争中的作用,以及对希腊世界,特别是伯罗奔尼撒人的贡献。雅典人说在马拉松战役中,雅典人仅靠自己的力量击退了来犯的波斯大军。之所以要强调雅典独立抗击波斯,是因为当时雅典人曾派使者前去斯巴达求援,不巧的是,根据斯巴达的习俗,他们不能在望月之前出去作战,月圆之后才能出兵。结果,斯巴达在望月之后派了2000人急行军前去援助,到达马拉松后发现战役已经结束,雅典完胜。无论斯巴达当时真实的动机是什么，客观事实是在第一次希波战争，也就是马拉松战役中，雅典孤军奋战，以少胜多。

关于第二次希波战争，雅典人也强调了自己遭受的伤害，以及在战争中，特别是海战中的贡献。萨拉米斯海战之前，波斯大军烧了雅典的卫城和神庙。伯罗奔尼撒联盟的人都想着要在科林斯地峡作战，而不想在萨拉米斯打仗。雅典的将军地米斯托克利力主在萨拉米斯海战，一举击败了波斯海军，之后，薛西斯撤回了大部分军队。雅典人说他们贡献了3种最有益的东西：数量最多的战舰（在400艘希腊战舰中，雅典的战舰占了近2/3）、最精明的将军地米斯托克利、最无畏的决心（雅典人放弃城市，毁坏家产，登上舰船，舍命一搏）。

希罗多德在《历史》中有记述，在第二次希波战争中，雅典人和伯罗奔尼撒人虽然组成抗击波斯的联盟，但双方各有计划。伯罗奔尼撒人希望守住科林斯地峡关隘，将主要精力放在科林斯的防卫建设上。萨拉米斯海战之后，薛西斯返回波斯，留下玛尔多纽斯（Mardonius）和30万大军在陆地上继续攻打希腊。这个时候雅典人刚回城，就去向斯巴达求援。结果斯巴达人又在过节，不能派兵，10天之后才给答复，且在这10天里，斯巴达人把科林斯地峡的城墙修好了，更不用管雅典了。雅典人再一次登上了萨拉米斯的战船，卫城再度被焚烧。所以雅典人可以说自己牺牲巨大，卫城被薛西斯蹂躏了一次，被玛尔多纽斯蹂躏了一次，就为了保护伯罗奔尼撒的人，使伯罗奔尼撒诸城邦免受波斯大军的侵犯。雅典人说："你们原先的城邦人烟依旧，回去之后还可以尽享……我们原先的城邦却不复存在了，我们挺身而出，抱着一线希望为她冒险一战。我们拯救了自己，进而拯救了你们。"[17]

雅典使节强调雅典在希波战争中的重要作用，目的是证明雅典帝国的正当性。"拉凯戴孟人啊！想一想我们在战争中表现出的昂扬的斗志和机敏的决断，难道我们配不上拥有一个帝国（ἀρχῆς, archē）吗？"[18] 雅典人不仅认为自己配得上拥有帝国，还要证明这个帝国最初是斯巴达拱手相让的，不是雅典通过武力获得的，因为斯巴达不愿意继续攻击波斯残余军队，所以盟邦找到雅典，恳请雅典人领导他们。从此以后，雅典才一步一步将帝国扩张成今天的样子。因为维系了这个帝国而遭受嫉恨，这对于雅典来说是非常冤枉的。雅典一方面的确是因为做了维护自己利益的事情而招致控诉，但另一方面，这局面并不能怪雅典，如果斯巴达当初没有拱手让出联盟领导权，那现在遭到嫉恨控诉的就是斯巴达人了。

雅典使节出奇地坦率而直白，对雅典维系帝国的意图和手段并无任何遮掩。雅典人说：

驱使我们的首要的是恐惧，接着是荣誉，最后是利益。等到我们招惹了大多数盟邦的仇恨，有些背叛了又被制服了，你们也就对我们不再友好，猜疑我们，与我们不和。这个时候我们再冒险放松对盟邦的控制，似乎不是万全之策，因为那些背叛的城邦会转而投靠你们。[19]

雅典人直陈自己的行为动机：恐惧、荣誉和利益，这3个动机构成了雅典人行为的基本逻辑。后来英国著名的政治哲学家托马斯·霍布斯，也是《伯罗奔尼撒战争史》第一个完整英译本的翻译者，对这三重动机高度重视，并用在《利维坦》(*Leviathan*)一书对人性的分析之中。对于雅典人来说，帝国是被送上门的，而一旦接受了帝国，由于3种最难以克服的因素——恐惧、荣誉和利益，就无法放弃帝国了。雅典人实际想说的是，此乃人之常情，雅典人的所作所为没有什么奇怪的，换作任何一个城邦都会这么做。

接下来，雅典人第一次公开表达了他们的"现实主义"主张：

弱者受制于强者，是永远通行的。还有，我们认为自己有资格统治盟邦，而且你们一直也是这么认为的，直到现在你们盘算了自己的利益之后，才开始大谈正义。然而，人们只要有机会用强力获取利益，野心就不再需要正义的掩饰！如果有人依据人的自然统治别人，并能展示超出他们的权力所能允许的更多的正义感，那这些人是值得赞扬的。如果别人在我们的位置上，我们认为，相形之下必将能凸显我们的温和程度。但是我们所表现出的公正却给我们带来了不公正的批判，而非赞美。[20]

这段话将"恐惧、荣誉和利益"3个行为动机背后的原则进一步明确，那就是权力原则，或者说实力原则。在雅典人看来，这个世界的运行逻辑就是根据力量大小来建立支配和统治关系，强者统治弱者，而正义则是道德幌子，用于掩饰自己的野心，或者只有在实力不足的时候才讨论正义。如果有足够强大的权力，还愿意正义地对待被统治者，那么就太令人敬佩了。雅典人这段话涉及公元前5世纪前后希腊思想界的一个关键性争论——权力与正义的关系问题。有一部分人提出，人类社会所遵循的正义和道德原则，本质上是弱者的契约。比如法律是如何产生的呢？先是你伤害了别人，获得了很多好处，然后你又被别人伤害，在这些经历之后，稍加计算，发现被伤害的痛苦远远大于伤害别人带来的快感和好处，于是人们制定法律，约定不要互相伤害。可人一旦有力量伤害别人，又能避免受别人伤害，那么还会愿意受法律和道德的约束吗？

柏拉图在《理想国》(*The Republic*)第二卷开头曾经讲过一个故事。吕底亚（Lydia）这个地方有一个人叫巨吉斯（Gyges），是给国王放羊的。有一天地震了，出现一个地穴，他下到洞穴里头，看到了一个巨人的尸骨，尸骨上有一个戒指，他拿了下来戴到手上。在拨弄这个戒指的时候，他发现只要把戒指转向自己，他就能隐身，转向外面又会显身。巨吉斯就利用这个神奇的戒指，杀了国王，娶了王后，自己当了国王。这枚戒指实质上指代一种绝对的权力，即做什么事情都不会受惩罚的权力。那么试问,如果你有了这枚戒指,你想干点什么?但凡你有一丝丝邪恶的念头,都说明雅典人是对的。你之所以不做很多事,不是因为不想,而是因为没有能力去做。一旦你有能力做,而且不会受惩罚或者不被发现,那你就不会在乎正义。正是在这一意义上,雅典人说,如果有这么大的权力,还能正义地对待别人,那么这人应该被赞美,雅典恰恰是拥有了强大的力量还能很温和地对待盟邦,应该被表扬才对。

那么,雅典如何"公正地"对待盟邦呢?通过盟约和法律诉讼。雅典人说其他拥有霸权的城邦,直接诉诸暴力统治,反而不会引起盟邦的抱怨;雅典平等地对待盟邦,大家才不愿接受雅典人的领导。甚至,雅典将自己与波斯对比,说他们遭受波斯人大得多的祸患,都能忍受,相反却难以忍受雅典人的统治。雅典人的直率让人震惊,他们似乎并不介意被视作继波斯之后新的压迫者,而是基于自己的实力,将这视为正常的人间真相。在发言的最后,雅典人警告斯巴达人,即便斯巴达推翻了雅典帝国取而代之,人们因为畏惧雅典而对斯巴达产生的好意也会很快消失。管理海洋帝国并不是斯巴达擅长的,拉凯戴孟人的习俗和其他希腊城邦格格不入,真的接手帝国后,反而会受到外面习俗的反向影响,这恰恰是斯巴达非常介意的。雅典人劝说斯巴达人不要草率地决定开战,因为这很可能会给斯巴达人带来意想不到的危机。

雅典人发言结束后,斯巴达人要求所有外邦人都退场,开始内部讨论。斯巴达国王，睿智而审慎的阿基达姆斯（Archidamus）发言，试图劝说斯巴达人不要着急开战。阿基达姆斯首先分析了战争的艰巨性，虽然拉凯戴孟人陆军强大，但是对手拥有强大的海军，要建立一支规模和战斗力对等的海军并非一朝之功。而且雅典有海上运输线，哪怕是不断蹂躏阿提卡的土地，也无法迫使雅典人投降。所以，阿基达姆斯提出可以暂缓开战，先进行外交交涉，无效的话，再经过两三年的准备，才有足够的战舰和金钱资源支撑大战。至于科林斯人对拉凯戴孟人性格的指责，阿基达姆斯说，那恰恰是在表扬拉凯戴孟人的明智和清醒，斯巴达有悠久的自由和光荣的传统，那都是建立在拉凯戴孟人优良的国民性基础之上。

阿基达姆斯不断劝说，不要因为某些城邦和人的利益，而将整个同盟卷入一场无法预料的战争。但是，斯巴达内部并不只有这一种声音。监察官斯忒涅拉达斯（Sthenelaidas）在最后的发言中，简单直接地主张斯巴达人不能再迟疑，必须马上表决，要全力反击雅典。因为他的监察官职权，他的话说完后就可以直接交付公民大会表决，结果大部分人认为和约已经被破坏，罪责都在雅典人。这样一来，斯巴达就做出了关键性的决定，准备开战。修昔底德再次加以评论："（斯巴达）与其说是被盟邦的发言所说服，不如说是害怕雅典人势力日益强大，他们看到希腊的大部分地区已落入雅典人之手。"[21]

除了史实描写，修昔底德将大量的篇幅留给了演说，呈现当时的人如何讨论。两个城邦或两个国家要开战，是硬实力的对抗，很多历史分析都会强调这一点。但是修昔底德还要看处于某种特定格局之下的各个城邦如何看待这件事情。哪怕彼此之间有很多利益冲突，但只要不把对方当成敌人，双方就有合作的可能。通过辩论演说，我们可以看到，一件事情在不同的群体眼中呈现出多重面相。硬实力很重要，但人们的观念、利益、情感等掺杂其中，也会影响事情的走向。

当然，这还只是斯巴达公民大会的决议，要真正和雅典帝国开战，还需要召集伯罗奔尼撒盟邦开联盟大会，就是否开战进行表决。公元前432年8月，伯罗奔尼撒联盟召开大会，科林斯人在会前悄悄派人前往每个城邦，要求这些盟邦投票支持战争，并且在大会上也做了主旨发言，鼓动战争。最终，联盟投票结果是多数城邦支持战争。一年之后，决定性地改变希腊世界格局的伯罗奔尼撒战争正式开始了。

注释

1. 修昔底德,《伯罗奔尼撒战争史》,1.23。
2. 唐纳德·卡根,《伯罗奔尼撒战争的爆发》,曾德华译,李隽旸校,上海:华东师范大学出版社,2019年,第341页。
3. 修昔底德,《伯罗奔尼撒战争史》,1.32。
4. 修昔底德,《伯罗奔尼撒战争史》,1.32。
5. 修昔底德,《伯罗奔尼撒战争史》,1.33。
6. 修昔底德,《伯罗奔尼撒战争史》,1.33。
7. 修昔底德,《伯罗奔尼撒战争史》,1.33。
8. 修昔底德,《伯罗奔尼撒战争史》,1.35。
9. 修昔底德,《伯罗奔尼撒战争史》,1.44。
10. 修昔底德,《伯罗奔尼撒战争史》,1.139。
11. 修昔底德,《伯罗奔尼撒战争史》,1.139。
12. 唐纳德·卡根,《伯罗奔尼撒战争的爆发》,第269—271页,第364—367页。
13. 修昔底德,《伯罗奔尼撒战争史》,1.69。
14. 修昔底德,《伯罗奔尼撒战争史》,8.96。
15. 修昔底德,《伯罗奔尼撒战争史》,1.70。
16. 修昔底德,《伯罗奔尼撒战争史》,1.71。
17. 修昔底德,《伯罗奔尼撒战争史》,1.74。
18. 修昔底德,《伯罗奔尼撒战争史》,1.75。
19. 修昔底德,《伯罗奔尼撒战争史》,1.75。

20. 修昔底德,《伯罗奔尼撒战争史》, 1.76。
21. 修昔底德,《伯罗奔尼撒战争史》, 1.88。

延伸阅读

战争原因:

战争原因的分析是中外学界研究的重点,对学界的众多观点,卡根和罗宾逊均有介绍和辨析;针对"修昔底德陷阱"的提法,国内史学界和国际关系学界也有针对性回应,以下仅列举部分文章,挂一漏万。

1. 唐纳德·卡根:《伯罗奔尼撒战争的爆发》,曾德华译,李隽旸校,上海:华东师范大学出版社,2019年,第四、五编。
2. 晏绍祥:《雅典的崛起与斯巴达的"恐惧":论修昔底德陷阱》,《历史研究》,2017年第6期,第109—125页,第191—192页。
3. 李隽旸:《恐惧抑或默许——斯巴达战前海洋战略再考》,《世界经济与政治》,2017年第3期,第108—123页,第159—160页。
4. 熊文驰:《"五十年危机":战争何时"必然"到来?——修昔底德〈伯罗奔尼撒战争史〉片论》,《外交评论》,2013年第5期,第1—18页。
5. Peter J. Rhodes. "Thucydides on the Causes of the Peloponnesian War." *Hermes* 115, no. 2(1987): 154-165.
6. Eric W. Robinson. "Thucydides on the Causes and Outbreak of the Peloponnesian War." In *The Oxford Handbook of Thucydides*, edited by Sara Forsdyke, Edith Foster, and Ryan Balot, 115-124. New York: Oxford University Press, 2017.

演讲:

1. 罗毕舍克:《雅典人在斯巴达的演说》,《修昔底德笔下的演说》,斯塔特编,王涛等译,北京:华夏出版社,2012 年,第 45—65 页。
2. Christopher Pelling. "Thucydides' Speeches." In *Thucydides*, edited by Jeffrey S. Rusten, 176-187. Oxford: Oxford University Press, 2009.

第四讲

伯里克利与民主帝国

一、雅典的战争决心和策略

伯罗奔尼撒联盟大会决定开战后，战争没有立即爆发，斯巴达至少派出3批使节前往雅典提出种种抗议，修昔底德说斯巴达这是为了寻找开战的最佳理由。既然斯巴达已经决定要发动战争，只是在为开战寻找借口，那么斯巴达使节带来的要求必然是雅典人无法接受的。

斯巴达使节第一次的要求是让雅典人驱逐"被女神诅咒的人"，这要求初看上去很奇怪，因为这件事情与雅典在200多年前的一次政变有关。根据修昔底德的分析，斯巴达实际上是想针对伯里克利，因为伯里克利的母亲一方与此事有关联。伯里克利此时已经是城邦的领导者，也是当时最有影响力的人，还是坚决的主战派。如果雅典将伯里克利驱逐，斯巴达就解决了一个重要的对手。即便雅典人不愿意驱逐伯里克利，等战争开始后，雅典人也会将战争的原因部分地归咎于伯里克利。但雅典人针锋相对，让斯巴达驱逐因泰纳鲁斯（Taenarus）的波塞冬神庙事件而遭神诅咒的人，还要驱逐被黄铜宫的雅典娜所诅咒的人。雅典人要针对的是鲍桑尼亚斯，鲍桑尼亚斯后来与波斯人和黑劳士勾结，最后被关在雅典娜神庙中饿死。雅典人是想提醒大家鲍桑尼亚斯作为联盟统帅的恶劣行径，而雅典才是更合适的领袖。

斯巴达后面两次的要求则简单具体。第二次，他们要求雅典人从波提代亚撤军，允许埃吉那独立，撤销麦加拉法令。雅典人没有答应任何一项，斯巴达的使团便下了最后通牒："拉凯戴孟人希望维持和平，如果你们让希腊人独立自主，和平就可以继续。"[1] 雅典人就此事召开公民大会，讨论是战是和，城邦内两派声音都有。伯里克利就在这次公民大会中出场了，他是坚决的主战派，在公民大会上对雅典人阐明了战争的决心和策略。

伯里克利一上来就跟雅典人说："我还是老观点，不要屈服于伯罗奔尼撒人。"[2] 他说拉凯戴孟人没有遵守"三十年和约"，因为和约规定，如果有争端，应该提交第三方仲裁，同时双方维

图 4.1 伯里克利大理石胸像，铭文为"伯里克利，桑提普斯之子，雅典人"，罗马时代复制品，梵蒂冈博物馆藏

持现状。但现在拉凯戴孟人不要求仲裁,而雅典人如果提交仲裁,他们也不接受,而是直接派人过来命令雅典人要怎么做。伯里克利还为自己颁布的"麦加拉禁令"进行辩护,斯巴达使节屡次提及让雅典撤销这一法令,但是伯里克利告诉雅典人,不要以为战争爆发是因为这道禁令,这只是个借口。一旦雅典人接受要求,撤销了法令,就说明雅典人畏惧拉凯戴孟人,对方会得寸进尺。所以,雅典人必须放弃幻想,决定一战。

接下来,伯里克利分析了双方的资源。伯罗奔尼撒人耕种自己的土地,没有多少财产,并且缺乏长期作战和海外作战的经验,所以没有能力给战舰配备人员,或长期向外派遣陆军。相较而言,雅典有更多的钱财和资源。伯罗奔尼撒人及其盟友有能力在一场战役中取胜,却没有能力跟一个体制与其迥异的强邦进行战争,因为伯罗奔尼撒联盟的机制不够健全:"他们没有一个统一的议事厅,因此不能立即采取紧急措施;他们每个城邦都有平等的投票权,且属于不同的民族,所以,各邦只顾自己的利益。"[3]所以,伯罗奔尼撒联盟的集体决策很容易只顾各自利益,而忽视同盟的整体利益。与之相对,雅典帝国的优势就很明显了,因为雅典拥有绝对的主导权。

不过,伯罗奔尼撒人最大的困难还是钱财的匮乏,这使得他们任何行动都会迟滞。伯罗奔尼撒人陆军强大,而雅典的海军足以保卫自己并侵扰敌军。相比陆军,航海技术的学习和训练难度更大。如果伯罗奔尼撒人动用奥林匹亚(Olympia)和德尔菲的金库去雇用外邦水手,也不足惧,因为雅典的舵手总量具有压倒性的优势。

具体到作战战略,伯里克利的想法是放弃陆地上的正面决战,利用海军优势蹂躏伯罗奔尼撒的土地。"如果他们从陆上侵入我们的领土,我们将驾船驶向他们的土地。"伯里克利说,"必须以最接近岛民的立场来考虑问题,抛弃土地和房屋,在海上和雅典城设防。"[4] 这是雅典在希波战争中的经验,希波战争强化了雅典的海洋意识,而现在,雅典又有了城墙和连接比雷埃夫斯港的长墙。伯里克利预先提醒雅典人,不要因为城外的土地和房屋被伯罗奔尼撒人蹂躏和破坏而被激怒,大家可以抛弃土地和房屋,搬到雅典城内居住。"房屋和土地不能获得人,而人能够获得房屋和土地。"[5] 对伯里克利来说,保住雅典人才是最主要的,因为雅典完全可以靠海上供给线补给,而这是海洋战略核心之所在。伯里克利非常清晰地将雅典人与伯罗奔尼撒人的战争界定为海权和陆权的战争,并且提出,只要雅典"在战争期间不拓展帝国的范围,不主动招惹祸患,我相信我们将最终胜出"。[6] 伯里克利的这一告诫富有深意,在他死后,雅典在公元前415年发动了对西西里的远征,结果遭遇惨败,极大削弱了雅典的实力。

伯里克利的发言非常有说服力,他说完之后,雅典人就觉得他的建议是最好的,按他的话回复了斯巴达使节:雅典人绝不会听任斯巴达人发号施令,但是愿意按照和约规定,就争议问题提交仲裁。在这之后,斯巴达就再也没派使节前来。"三十年和约"维系了14年后,大战一触即发。修昔底德对战前的氛围有一段有趣的描述:

> 双方都雄心勃勃,热衷于战争……况且,在当时的伯罗奔尼撒和雅典都有很多年轻人,他们从未经历过战争,因而踊跃参战。希腊其他地方的人们对于这两大巨头之间的战争都兴奋异常……人们普遍对拉凯戴孟人抱有好感,特别是因为他们宣布要让希腊获得自由。每个人和每个城邦都急于尽力用言语和行动帮助他们,都认为事情非我莫济。大多数人对于雅典十分愤怒:他们有的希望从雅典的统治中解放出来,有的则担心落入雅典之手。[7]

修昔底德的第一个洞察是,在伯罗奔尼撒战争前夕,希腊世界实际上完成了代际更替。参加过希波战争的那一代人已经过世或已到暮年,整个希腊世界中都是没有经历过大战洗礼的年轻人,他们对战争的暴戾与残酷并无亲身的体悟,对战争充满了向往。修昔底德的这一洞察是极为睿智的,类比20世纪的两次世界大战,通过一些私人回忆录和研究可知,在第一次世界大战前夕,各国的年轻人对战争也是充满了激情,参军热情高涨。一旦亲历了战争,当第二次世界大战来临的时候,人们对战争的态度就发生了巨大的改变。代际的革新是理解人类政治、战争等事务的重要角度,人类的经验似乎不可能直接遗传,总是要靠自己的亲身体会方能觉知。

修昔底德的第二个洞察是,雅典在当时的希腊世界普遍不受欢迎,而斯巴达又被赋予了希腊解放者的重任,只不过这一次要驱逐的,不是各个城邦内部的僭主,也不是前来入侵的波斯大军,而是失去合法性的帝国统领雅典。

希腊世界也因为雅典和斯巴达分成了两个对立的世界,各自有众多盟邦。粗略来讲,斯巴达及其伯罗奔尼撒联盟主要是陆地强国,雅典帝国成员主要是环爱琴海的岛邦。

在正式开战之前,伯里克利让雅典城外的人都搬到城墙和长墙内居住,不在城外列兵作战。雅典人舍弃了田地作物,任由伯罗奔尼撒人践踏。为了说服大家不要担心这些损失,伯里克利强调雅典的力量来自盟邦缴纳的贡款:

> 盟邦每年平均缴纳600塔兰特[8]给雅典,这还不包括其他收入;此时,卫城里还有6000塔兰特的银币(总数一度高达9700塔兰特,从中开支修建了卫城的前门和其他建筑,以及出征波提代亚)。另外,私人和城邦奉献给神的物品、游行和竞技会上的神圣器物以及同样性质的、缴获的波斯战利品,上面都有没有盖钱币戳的金银,加起来不少于500塔兰特。除了卫城上的,其他神庙里的金银也不少,都是可以使用的。万一陷入绝境,甚至雅典娜女神像上的金子也是可

以用的，雅典娜神像上有40塔兰特精炼过的金子，都是可以取下来的。[9]

在人力方面，雅典在开战前有13000名重装步兵，这还不包括16000名驻守在要塞和城垣上的防守人员；1200名骑兵；1600名步兵弓箭手；300艘能服役的三层桨战舰。这基本就是雅典战前的总体实力。凭靠这些数字，修昔底德足以有把握说这是有史以来最有实力的两大阵营之间的战争。

战争正式开始后，双方的战略都比较明晰。斯巴达王阿基达姆斯率领伯罗奔尼撒联军穿过科林斯地峡，入侵阿提卡，蹂躏农田。伯里克利则坚持不出城与来军进行陆地战争，伯罗奔尼撒人一直等到军需耗尽，才撤回伯罗奔尼撒。雅典的出击方式是派船舰绕行伯罗奔尼撒，侵扰沿海各地。这种模式是战争第一阶段最具代表性的方式，双方没有大规模的正面冲突，伯罗奔尼撒人进行陆战，雅典及盟邦则进行海上侵扰。伯里克利这种战略是要利用雅典丰厚的资源来打持久战，消耗对手的财力和物力。

二、雅典民主、岛邦心态与国民性

第一年的战争没有太多值得大书特书的战斗，但是第一年战争结束后，雅典按照惯例给阵亡将士举行的国葬却留名千古，因为伯里克利在国葬仪式上发表了著名的演说。伯里克利的阵亡将士葬礼演说被后世称为"民主颂"，即对雅典的民主制度有极高的称颂，这一演说成为19世纪以来人们推崇雅典的重要依据。在这段演说中，伯里克利既作了"民主颂"，也作了"帝国颂"，二者相互依存。先看国葬演说的前半部分。

为阵亡将士举行国葬是雅典的惯例，一方面是表达对公民战士的哀悼，予以他们殊荣；另一方面则是城邦打造和加强集体认

图4.2 伯里克利葬礼演说，菲利普·福尔兹（Philipp Foltz）绘，19世纪

同的重要手段，因为所有的葬礼仪式和演说都面向死者家属以及城邦中其他公民。[10] 我们小学课本中的《为人民服务》，是毛泽东同志 1944 年 9 月 8 日在张思德同志追悼会上发表的演讲。《为人民服务》的最后一段说："今后我们的队伍里，不管死了谁，不管是炊事员，是战士，只要他是做过一些有益的工作的，我们都要给他送葬，开追悼会。这要成为一个制度。这个方法也要介绍到老百姓那里去。村上的人死了，开个追悼会。用这样的方法，寄托我们的哀思，使整个人民团结起来。"直到今天，每逢重要的纪念日，国家领导人都要向人民英雄纪念碑敬献花圈。一方面是纪念先烈，另一方面要让当下的人不断强化国族认同，凝聚国民精神。对于共同体来说，用这样的仪式来建构集体认同或集体记忆，是非常重要且必需的。

伯里克利首先强调先辈留下的伟业。面向雅典公民，伯里克利无须像在斯巴达公民大会上一般历数雅典在希波战争中的英勇表现，而是将重点放在雅典何以能拥有及维持帝国："我想阐明使我们达到目前状况所依赖的原则（*epitedeusis*），以及是怎样的城邦政体（*politeia*）和民众品性（*tropoi*）使我们获得这一伟业的。"[11] 伯里克利说，品性、城邦的政体和民众的生活方式，使得雅典成为今天这样一个拥有巨大权力的帝国。上一讲中提到，修昔底德花了大量篇幅介绍科林斯人对斯巴达人和雅典人品性的对比，这也是修昔底德进行战争分析的核心主线。将视野进一步放宽，会发现古希腊政治理论家们普遍地会将政体和生活方式放

图 4.3　卡拉米科斯（Kerameikos）考古遗址

在一起讨论。柏拉图在《理想国》中将政体与生活方式紧密联系在一起，认为政体会塑造生活方式，比如寡头政体中的人们会更爱钱财，同时生活方式的变化也会带来政体的变更，二者相互支撑。从思想史的脉络来看，伯里克利以及修昔底德在公元前 5 世纪后半叶就已经对这一问题有非常明确的认知了。

伯里克利接下来对雅典的民主制度以及雅典公民的品性进行了高度褒奖，这段"民主颂词"非常重要：

我们的政体（politeia）不是效法邻邦的礼法实践（nomous）；相反，我们是他们的榜样，而不是对他们的模仿。我们将之称为民主政体（democratia），因为城邦的治理以多数人而不是少数人的利益为依归。处理私人争端时，法律面前人人平等；公共职位则依才能而定，并非按照等级而是按照个人的才能；贫穷从来不构成参政的障碍，公民无论身份有多低，都能为城邦贡献力量。我们以自由的精神处理城邦的公共事务和日常琐事争端。我们的邻人按照自己的喜好行事，我们不会恼怒；我们也不会给他们难看的脸色，此脸色尽管不能真正伤害他们，但令人不快。在私人交往中，我们宽以待人；在城邦生活中，我们由于敬畏而成为最守法的人，服从当政者和法律，特别是那些帮助受害者的法律，以及那些不成文的，但是如果违反就会遭到普遍鄙夷的法律。[12]

伯里克利将雅典的政体明确称为"民主政体"，即民众（demos）统治（cratos），这一政体并不是为了少数人的利益，这就与寡头政体（即少数人统治）形成了对立。需要注意的是，民主制也不是为了全体人的利益，而是为了多数人的利益。在参政方面，梭伦曾按照财产标准将雅典公民划分为4个阶层，并规定了出任公职的身份要求，但到了伯里克利时期，财产不再是硬性条件。当然，伯里克利这里强调的是任人唯贤，虽未必是真相，但意思是很明确的，即民主制度能够让有才能的人为城邦服务。

伯里克利强调民主政体的施政原则是法律面前人人平等，并且有自由和宽容的精神处理公共和私人事务。这里提到的"法"既可以指成文法，乃至城邦的制度，也可以指未成文法，即习俗，但是用的词都是一个：νόμος（nomos）。"自由"这个概念比较复杂，它在希腊历史上有着漫长的演变过程。简单地说，在荷马史诗时代，"自由"并不是个重要的词汇，这个词真正成为政治概念主要是因为自由的丧失，即个人成为奴隶或者城邦被奴役。在梭伦立法改革时期和希波战争期间，"自由"这个词更加频繁地出现在文献之中，因为梭伦立法所要应对的危机是很多自由人因债务丧失自由身份，而波斯人的入侵使得城邦整体的自主性遭受威胁。古代人的自由更多地强调拥有自由身份的公民参与城邦事务，雅典人的自由还添了一层作为帝国统治者的自由。需要注意的是，古代人的自由和现代国家的自由有着较大的区别，现代政治中的自由更多地强调个人权利不受公共权力干预的意涵。如严复翻译19世纪英国哲学家约翰·密尔（John Stuart Mill）的名著《论自由》（On Liberty）时，因为找不到合适的中文对应，便意译为"群己权界论"，即公共权力和私人权利之间的边界不能随便逾越。回到伯里克利这里，自由更多地指公民们可以自主而公开地参与城邦公共事务。

在民主政体下，伯里克利对政体的信心来自于公民的杰出表现：

我们爱好精美之物却不失节俭；我们爱好智慧却不至于柔弱。我们把财富当作行动之资，而不是夸耀之资。一个人贫穷不是耻辱，他不努力摆脱贫穷才是耻辱。一个雅典公民既操心私人事务又操心城邦事务，即使那些关注私人事务的人对于城邦事务也不乏判断。只有我们雅典人，才认为不参与公共事务的人不是闲适之人，而是无用之人。我们雅典人要说能立法创制的寥寥无几，但都能对于城邦事务做出明智的判断。我们不把辩论当作行动的障碍，而把行动之前没有通过辩论而获得教益当作一大损失。我们行动起来敢于冒险，而在行动之前又能仔细思考；别的人由于无知就鲁莽行动，一思考却又犹豫不决。明明知道战争的可怕和和平的甜蜜，却不避危险，挺身而出，这种精神是最卓越的……一言以蔽之，我认为，我们整个城邦是全希腊的楷模。在我看来，我们当中的每一位公民，自身优秀，不假外求，各种各样的行动都胜任愉快，并取得荣耀。[13]

　　伯里克利并没有具体介绍民主政体的各项制度，这也不是修昔底德关心的重点。伯里克利所强调的是公民对公共事务的参与，只有积极参与公共事务的人才能被称为"人"，因为公共生活才是公民的生存意义世界。这并非伯里克利的发明，往前溯源，希罗多德在《历史》中记载了梭伦讨论幸福的故事，在梭伦眼中，世界上最幸福的人是与城邦紧密绑定在一起的；[14] 把时间推后,苏格拉底在公元前399年的法庭上为自己申辩的时候,还要特意解释自己为什么不热衷参与政事,因为他要保存性命,将哲学作为政治,提醒雅典人要关心什么样的生活方式才是最好的。[15]伯里克利强调积极参与城邦公共事务,不仅仅标榜一种权利和态度,而且提出民主的政治参与能够培养良好的政治判断。伯里克利说,雅典城有立法者才能的人并不多见,在雅典的历史上有此才能的不过梭伦和克里斯提尼而已,但是每一个人都能对城邦事务做出明智的判断,因为他们日常非常频繁地参与城邦公共事务,在实践中学习,在参与中发展了能力,慢慢也具有了实践智慧。在所有的这些公共实践中,最突出的方式就是辩论。"我们不把辩论当作行动的障碍,而把行动之前没有通过辩论而获得教益当作一大损失。"也就是说,雅典人在做出任何重大的城邦决策之前一定要辩论。辩论是最好的政治教育,磨刀不误砍柴工,民众恰恰是通过辩论发展起参与城邦事务的能力。换言之,在伯里克利口中,民众不是乌合之众,他们能够通过辩论说理来进行自我训练,从不同的观点中辨析选择出最符合城邦利益的决策。民主参与塑造了合格的民众,而民众具有明智的能力后能更好地在民主制度下做出良好的决策。

在民主制度下,雅典人可以悠游自在地生活,面临危险的时候也可以勇敢应敌。雅典人虽然不像拉凯戴孟人那样常年在严厉的纪律和强迫下锻炼勇武之气,但可以从自己的生活方式中生出同样的勇敢精神。伯里克利说,雅典现在所享有的国力就是由民主制度以及民众的生活方式而来的。在这个特殊的场合下对雅典民主制度的赞颂必然有修辞的成分,但是这也点出了一个核心问题,那就是民主制度下公民是否能做出符合城邦利益的明智决策。在修昔底德的笔下,对这一问题的讨论并非以政治哲学的方式进行,而是通过一件件具体的事情来展示,所以最后需要以雅典人在这场战争中的总体表现来检验伯里克利的发言。

伯里克利说:

> 我们的力量不仅令今人称奇,而且将令后世赞叹,这一点有很多事例可证,且绝对不乏见证人。我们不需要荷马的歌颂,也不需要其他任何诗人的、取悦于一时的诗篇,它们的真实性将由于人们的怀疑而受损。我们以大无畏的精神闯入每一片海域、每一块陆地,所到之处一同留下胜利或失败的永久纪念。[16]

这种"大无畏的精神"正是科林斯人对雅典人的描述。雅典人的这种精神是从哪来的?雅典人一开始就是这样的吗?以勇敢无畏的精神闯入未知的海域和陆地是不是民主政体塑造的呢?这是我们需要追问的。伯里克利之前强调的雅典人的品性基本都体现在城邦内部事务上,这种向外的开拓性和冒险精神似乎并不能直接从民主的决策方式和生活方式中推导出来。要回答这一问题,就必须将讨论的主题从民主政体推进到海上帝国。

修昔底德在第一卷中介绍希腊兴起时，提出核心的推动力是海洋力量的兴起，而雅典是受益最大的城邦。海洋力量也反过来塑造着雅典人的品性，伯里克利对此洞若观火，虽然雅典在阿提卡地区有超出普通城邦数倍规模的疆域，但是伯里克利不断提醒雅典人要将自己定位为岛民，不完全依赖于固定规模疆域的产出，将船舰能够通达的地方都视为可以依靠的范围。正是在这一考虑之下，雅典人既可以退回到城墙和长墙之内，又能够从整个爱琴海乃至更大范围内寻求保障。这必然会要求和鼓励雅典人生出不屈不挠的冒险和探索精神。

在演说的最后，伯里克利褒扬了为国牺牲的将士，但这场演说是讲给活着的人听的，他对雅典人有什么要求呢？前面说了民主，接下来他要说帝国了。"要日复一日地把目光放在雅典伟大的力量上，成为她的爱人（erastas）。"[17] Erastas 是代表古希腊男同性恋的词，即要像追求一个小伙子那样去爱帝国，这是一种强烈的爱欲。伯里克利要求雅典人不仅要爱雅典，还要爱帝国！为什么呢？在为城邦阵亡将士举办葬礼的场合，伯里克利的演讲更多的是要鼓舞士气，宽慰牺牲将士的家属，勉励雅典人继续为城邦出力奋战，并没有回答"爱帝国"这个问题。幸运的是，修昔底德并没有丢下这个问题不管，而是在他所记述的伯里克利最后一个演讲中讲出了"民主—帝国"的深层逻辑。

三、帝国的爱人

在战争的第二年,令伯里克利意想不到的事情发生了,雅典爆发了严重的瘟疫,这场瘟疫前后持续了五六年,给搬进雅典城墙内的人们造成了大规模的死亡,伯里克利自己后来也因为瘟疫而身故。与此同时,伯罗奔尼撒人从陆地上入侵阿提卡,在雅典城外蹂躏土地。在内忧外患之中,伯里克利依然坚持不出城作战,而是继续派舰船去伯罗奔尼撒海边巡游。这个时候,雅典人对伯里克利开始心生抱怨:

> 在伯罗奔尼撒人第二次入侵阿提卡之后,由于土地再遭蹂躏,瘟疫与战争同时降临,雅典人思想上起了变化。他们指责伯里克利劝他们开战,使他们陷入困境。他们急于想与拉凯戴孟人讲和,还派出了使节,不过劳而无功。他们完全没了主意,于是将矛头指向伯里克利。[18]

伯里克利看到局势骤然变化,便召集公民大会,做了最后一次演说,以坚定雅典人坚持战争的信心。这次演说不像前一个那么意气风发,用修辞包裹着真相,而是坦诚直率地剖开"民主—帝国"的内在逻辑,特别是将帝国对雅典的重要性直白地点了出来,告诫甚至是警告雅典人不能放弃帝国。

伯里克利在演讲的一开始训导雅典人："既然城邦可以为个人遮风挡雨，而个人却没有能力为城邦遮风挡雨，那么，每一个人当然应该去保卫她，而不应当像你们现在所做的那样——你们由于自家所遭受的厄运而惊慌失措，便置全体的安全于不顾；不仅指责我这个建议开战的人，还指责投票赞成开战的你们自己。"[19]虽然伯里克利在"民主颂"中讲的全都是民众正面的品性，但是他其实知道民主制下民众态度容易反复，在这个时候，他要通过劝说来说服民众。伯里克利斥责民众意志动摇："我还是我，立场没有改变；而你们的立场发生了变化。因为你们在没有受到战争的伤害时，听从了我的劝告；等灾难降临，你们就反悔了，认为我的劝告错了，那是你们意志薄弱之故。"[20]民众心态的变化主要是因为突遇大灾，人总是容易被眼前的痛苦所笼罩，伯里克利便为民众打气鼓劲。雅典是一个伟大的城邦，民众又生活在"民主颂"提到的生活方式中，就必须能够经受最严重灾难的考验，不辱没前辈的英名。但是，只给民众"喝鸡汤"并不足以令他们改变心智，必须从道理上让民众意识到什么才是符合自己利益的做法：

> 我还要指出一点，这一点你们似乎从来没有认识到，你们有一个优势，它由你们的帝国范围的广大而来，这个我从前一直没有提及。如果不是看到你们被灾难击倒，过分消沉，我现在也不愿提及，因为这种观点有些自我吹嘘。你们

认为我们帝国的范围仅限于盟邦，我要说的是，人类可以利用的有两大区域：陆地和海洋，其中之一就在你们的绝对掌握之中，它不仅包括你们现在控制着的那部分，更包括你们想要占据的部分。以你们现有的海军实力，不论是谁，波斯国王也好，当今世界其他任何民族也好，都不能阻止你们到处航行。与这种威力比起来，自家的房屋和土地——你们现在失去了它们，觉得它们很重要——就显得微不足道了。为它们痛苦是不合理的，不要把它们当回事，它们不过是家里的园子、财富的点缀；而应该认识到，如果我们能捍卫自己的独立自主，并保持下去，这些东西很容易收回。但是，如果你们屈服于人，甚至已经得到的东西也会失去。你们的先辈历经千辛万苦拥有了这个帝国，不靠从别人那里继承，而且将她保持住再交给了你们……你们城邦所享有的帝国的荣耀，是你们全都引以为豪的，你们理应维持于不堕。要追求这一荣耀就要不避艰辛。不要以为你们只是在为一个问题而战，即自由还是受奴役，还有帝国的丧失以及招致过去受你们统治的人仇视的危险。在目前的危急关头，如果你们有人出于害怕和想安逸自在，要当一个诚实的人，因而放弃这个帝国，那么为时已晚。因为今日你们拥有的帝国已像僭主之治，取得她也许是不正义的，放弃她则肯定是危险的。[21]

这段话回答了为什么雅典人要做"帝国的爱人"。首先，海洋以及海洋力量所支配的资源是雅典的国力之本。只要维持海军力量，阿提卡地区的农田被毁只是眼前的痛苦，城邦可以凭借海上供给线维系生存，并通过持久战获得最终的胜利。为了安抚民众，伯里克利甚至不惜调整立场。在战争之前的公民大会上，他提出雅典只要在战争期间不扩张帝国，一定能取得最后的胜利，而在民众被临近的困境折磨时，伯里克利说雅典的海军可以到达一切地方进行扩张。伯里克利未必就是改变了他的战略，但此时他需要给雅典人希望和信心。所以，做帝国的爱人，特别是做海上帝国的爱人是确保战争胜利的关键。

其次，也更为重要的是，雅典人已经无法放弃帝国。伯里克利直言，雅典帝国的统治已经是僭政。帝国的荣耀只是虚名，甚至按照修昔底德的描述，在战前的希腊世界中，雅典帝国并不享有任何积极的声望，大多数城邦不喜欢雅典，帝国的荣耀更多是说给雅典公民听的。在抗击波斯的使命结束后，雅典维持提洛同盟，并将同盟转变为雅典帝国，这已经失去了合法性，被希腊世界众多城邦所敌视，那为什么雅典还非要维持这个帝国体系呢？用伯里克利的话说，获得这个帝国是不义的，但放弃帝国是危险的。

一来，雅典所有的力量都来自海上，放弃帝国意味着回到贫瘠的阿提卡地区重新思考营生问题，这是雅典难以承受的。二来，帝国是雅典民主制度不可失去的支柱。伯里克利向公民大会指出，雅典是希腊世界最富有、规模最大的城邦，这才是帝国给雅典带来的实实在在的好处。雅典的民主制度已经离不开整个帝国盟邦的供养。伯里克利在"民主颂"中自豪地说，雅典的公民不会因为贫困而无法参与公共事务，这是因为伯里克利用盟邦贡款为雅典的陪审员发放津贴，为公民看戏发放看戏津贴。按照古代其他材料的记载，伯里克利还资助大量的平民出海训练，让广大的平民获得切实的经济利益。伯里克利是财政转移支付的行家里手，通过将帝国财富在城邦内再分配，他自己也获得了民众稳定的政治支持。雅典的民主制度以及民众的富裕生活，其基础是帝国，伯里克利深知其中的利害关系，所以劝说雅典民众不要因为一时的痛苦而给自己招致更大的灾难。伯里克利实际上在说，公元前5世纪中后期的这一代人自小就生活在帝国的体系之中，享受着盟邦供养的成果而不自知，根本不知道放弃帝国对个人以及城邦究竟意味着什么。

当伯里克利把"民主—帝国"的逻辑赤裸裸地讲出来之后，雅典人顿时明白了要害所在。伯里克利再一次显示了他在城邦大事上的睿智，他知道什么样的话能够说进雅典民众的心里。雅典人知道自己已经承受不起丧失帝国对民主制度的冲击，所以不求和了，反而比以前更热心于战争。不过，毕竟身处战争之中，公民们的城内外资产都受到损害，为了排解怒气，他们对伯里克利课以一笔罚金。事实上，伯里克利当时遭遇的挑战远远大于这里所说的一笔罚金，但修昔底德轻描淡写，把伯里克利塑造成了一个能够很好地引导雅典民众的政治家的形象。此后不久，雅典民众又选他做将军，将城邦事务全盘托付给他。民众选来选去，觉得在城邦全体人民所需要的人中，伯里克利还是最优秀的。雅典民众的辨别能力是从哪里来的？我们每天也会接触到各种各样的信息和观点，针对同一件事的不同观点往往看起来都是有理有据的，如何辨别这些意见？雅典人的公民大会就在处理这种问题。民众态度的反复，一方面显示了极端情况下民众的易变；但是另一方面也说明，民众仍能判定对自己和城邦有利的决策和政治家人选。这两部分都是民主的组成部分。在伯里克利时期，阵亡将士葬礼演说中的"民主颂"固然把民主制度描述得太过理想，但随即而来的瘟疫和求和危机仍能在伯里克利的引导下平稳度过。

四、评价伯里克利

瘟疫给雅典带来重大的伤害，最重要的损失之一就是伯里克利。在战争爆发后2年6个月，也就是公元前429年9月，伯里克利染病去世。修昔底德对伯里克利给予高度评价，说伯里克利在战前的和平时期，守中适度地治理着城邦，并使得雅典达到了鼎盛。战争开始之后，他也正确评估了雅典的实力，制定了明确的战略。修昔底德的家族与伯里克利曾是政敌，但修昔底德并没有因为家族的政治立场而掩饰对伯里克利的褒扬。

在修昔底德看来，伯里克利是能够驾驭民众的杰出政治家。如果说伯里克利的"民主颂"着重强调了民众这一部分，那么修昔底德对伯里克利最终的评价则将他政治家的角色补充完整："雅典在名义上是民主政体，实际上权力掌握在第一人手里。"[22]伯里克利因其能力和正直能够领导民众，而非由民众领导他。修昔底德的评价很容易引发对雅典政体的疑问，雅典究竟是民主政体还是君主政体？换言之，雅典政体中究竟是某个特定的政治家说了算，还是民众投票说了算呢？这个问题很难给出非黑即白的简单回答。在民主制度下，政治家（或者煽动者）和民众是相互需要、相互制约的，一方面，民众需要伯里克利这样的人就城邦大事给出明确而睿智的意见，不同的意见在公民大会上竞争，由民众投票；另一方面，任何政治人物想成为有影响力的政治家，想将自己的意见转化为城邦的决策，都必须依靠民众的力量，在公民大会上说服民众，获得支持。

在政治家和民众的双向关系中，一个关键的问题是，政治家是出于对城邦利益的考量来发表见解、说服民众，还是出于自己的野心，为了自己的政治地位而故意取悦民众，甚至不惜牺牲城邦利益？在修昔底德看来，伯里克利是雅典少有的一心为公的政治家，他的继任者们则"彼此半斤八两，却个个渴望争得第一，对于城邦事务，他们的原则是投民众之所好"。[23]这一重要政制上的结构性原因给雅典带来了一系列灾难。雅典政体可以分析的面向还有很多，修昔底德在这里着重强调了卓越的政治家对城邦的正面作用,他在书中还记述了民众对政治家的多次反制,我们留待雅典发动西西里远征时再做深入讨论。

修昔底德还非常认可伯里克利为战争制定的总体战略:"雅典人如果耐心应对,照料好自己的海军,战争期间不扩张自己的帝国,不做威胁城邦安全的事,就能最终胜出。但是,他们不仅反其道而行之,而且在似乎与战争无关的事情上,他们治国理政着眼于个人野心和私利,给盟邦,也给他们自己造成了伤害。他们的治理如果成功,只会给他们个人带来荣誉和利益;如果失败,就会在战争方面给城邦造成损失。"[24] 这方面最大的失败就是雅典发动的西西里远征,远征失败后,雅典失去了陆军和大部分海军舰队,城邦内还出现了纷争。

通过修昔底德对伯里克利的评论,可以明确感受到他对伯里克利的欣赏与支持,以及对之后雅典政治家的失望。伯里克利在公元前5世纪60年代登上雅典的政治舞台,稳定了自己的政治地位之后,逐步将雅典打造为盛极一时的民主帝国。如此重要的政治人物因为瘟疫不幸过早离开了雅典和希腊的政治世界,但是修昔底德在卷一末尾和卷二中不惜笔墨,详细记载了伯里克利的3次重要演说,向我们展现了雅典民主帝国的真相。总结来看,修昔底德笔下的伯里克利对民主帝国的处境有着清醒而深刻的认知。伯里克利知道帝国的维系已经在希腊世界中不得人心,但是雅典的民主制度和雅典人的生活又无法离开帝国的支撑。对于伯里克利来说,他必须尽最大可能将不义的雅典帝国维系下去,这不仅是在保帝国，还是在保雅典。在这个意义上，伯罗奔尼撒战争既是雅典和斯巴达之间的战争，也可以视为雅典想尽办法维系帝国的一段历史。伯里克利在战争之初就退场了，而雅典民主帝国的希腊悲剧式的处境才刚刚开始。

注释

1. 修昔底德,《伯罗奔尼撒战争史》, 1.139.3。
2. 修昔底德,《伯罗奔尼撒战争史》, 1.140。
3. 修昔底德,《伯罗奔尼撒战争史》, 1.141。
4. 修昔底德,《伯罗奔尼撒战争史》, 1.143。
5. 修昔底德,《伯罗奔尼撒战争史》, 1.143。
6. 修昔底德,《伯罗奔尼撒战争史》, 1.144。
7. 修昔底德,《伯罗奔尼撒战争史》, 2.8。
8. 1塔兰特(talent)相当于27.6千克。在雅典的重量单位中,1塔兰特 = 60米纳(mina);1米纳 = 100德拉克马(drachma) = 460克;1德拉克马 = 6奥波尔(obol) = 4.6克;1奥波尔 ≈ 0.77克。
9. 修昔底德,《伯罗奔尼撒战争史》, 2.13。
10. 关于雅典国葬演说的系统研究,参见 Nicole Loraux, *The Invention of Athens: the Funeral Oration in the Classical City*, trans. Alan Sheridan, New York: Zone Books, 2006.
11. 修昔底德,《伯罗奔尼撒战争史》, 2.36.4。
12. 修昔底德,《伯罗奔尼撒战争史》, 2.37。
13. 修昔底德,《伯罗奔尼撒战争史》, 2.40—2.41。
14. 参见张新刚,《古希腊思想通识课:希罗多德篇》,长沙:湖南人民出版社,2021年,第43—51页。
15. 柏拉图,《申辩篇》, 31c4—33a5。
16. 修昔底德,《伯罗奔尼撒战争史》, 2.41。
17. 修昔底德,《伯罗奔尼撒战争史》, 2.43。

18. 修昔底德,《伯罗奔尼撒战争史》, 2.59。
19. 修昔底德,《伯罗奔尼撒战争史》, 2.60。
20. 修昔底德,《伯罗奔尼撒战争史》, 2.61。
21. 修昔底德,《伯罗奔尼撒战争史》, 2.62—2.63。
22. 修昔底德,《伯罗奔尼撒战争史》, 2.65.9。
23. 修昔底德,《伯罗奔尼撒战争史》, 2.65.10。
24. 修昔底德,《伯罗奔尼撒战争史》, 2.65。

延伸阅读

历史背景：

1. 普鲁塔克：《希腊罗马名人传》之《伯里克利传》。
2. Peter J. Rhodes. "Democracy and Empire." In *The Cambridge Companion to the Age of Pericles*, edited by Loren J. Samons II, 24-45. Cambridge: Cambridge University Press, 2007.

伯里克利及其演讲：

1. Hermann Strasburger. "Thucydides and the Political Self-Portrait of the Athenians." In *Thucydides*, edited by Jeffrey S. Rusten, 191-219. Oxford: Oxford University Press, 2009.
2. Joseph Vogt. "The Portrait of Pericles in Thucydides." In *Thucydides*, edited by Jeffrey S. Rusten, 220-240. Oxford: Oxford University Press, 2009.
3. A. B. Bosworth. "The Historical Context of Thucydides' Funeral Oration." *The*

Journal of Hellenic Studies, vol. 120(2000): 1-16.

4. 柏拉图:《美涅克塞努斯篇》(*Menexenus*)。在该篇对话中,苏格拉底借伯里克利的情妇阿斯帕西娅(Aspasia)之口,做了一篇阵亡将士葬礼演讲,可视之为柏拉图与伯里克利的对话。

第五讲

雅典瘟疫与科西拉内乱

一、雅典瘟疫及其影响

修昔底德在全书开头,强调了伯罗奔尼撒战争给希腊世界带来的巨大苦难,他说:

> 伯罗奔尼撒战争不仅持续了很长时间,并且在整个过程中,给希腊带来了空前的痛苦。过去从来没有过这么多的城邦被攻陷和破坏,有些是被野蛮人摧毁的,有些是由内部冲突造成的;从来没有过这么多流亡者或被杀害者——有些是因为战争本身,有些则是由于内乱。过去人们传说的种种事情,极少被事实所证实,现在也不再是无法置信的了。比如地震的区域比过去大得多,也更强烈;日食比以前人们记忆中的更加频繁了;有些地方发生了干旱并引起饥馑;最后是杀人甚众、给人们带来最大伤害的瘟疫。所有的这些灾祸随着这场战争一齐降临了。[1]

在伯罗奔尼撒战争期间,天灾人祸并发。在这一讲中,我们将考察一场天灾和一次内乱,这两次灾难都发生在战争初期。修昔底德对雅典瘟疫的记载紧接在葬礼演说之后,他似乎有意将伯里克利总结的雅典人的品性与雅典人在瘟疫中的表现对照起来,令我们对"民主颂"有更为全面的认识。

这次瘟疫最初发端于埃塞俄比亚，后又传至埃及和利比亚，以及波斯帝国的大部分领土。因为伯里克利让雅典人都搬到城墙内居住，只保留比雷埃夫斯港与外界保持沟通，同时作为重要的海军基地，所以瘟疫最早到达雅典的比雷埃夫斯港。按照今天的经验，哪怕没有外部疫病的传播，大量人口聚集在城内，也极易引发公共卫生事件。当瘟疫从港口传到雅典城之后，死亡人数大大增加。修昔底德细致地描述了发病过程以及病症：

> 如果有人生病，最后都染上了这个病。其他人身强体健，没有明显的原因，突然头部高烧，两眼红肿。口腔内部，包括咽喉和舌头，立即变成血红色。呼吸不自然，并且呼出臭气。接着，就是打喷嚏和嗓音嘶哑。时间不长，痛苦下移至胸部，伴有剧烈的咳嗽。一旦此病入心脏，那里便天翻地覆。然后将医生所命名的各种胆汁呕吐得一干二净，痛苦不堪；大多数患者还干呕，并且强烈抽搐。这种呕吐症状有些患者持续较短，有些持续很长时间。身体摸起来不烫，看起来不苍白，而是微微泛红，青黑色，皮肤出小水泡，还有溃疡。身体内部高热，连最轻薄的外衣和细麻布衬衣都不能穿，只愿意一丝不挂，最喜欢跳进冷水里。很多无人照料的患者就跳进蓄水池去了。他们受着干渴的折磨，老是喝不够，多喝和少喝都一样。他们还一直被躁动不安和失眠所困扰。一直到此病最严重的时候，患者身体的能量没有被耗

尽，反而经受住了痛苦，令人惊奇。所以，大部分患者在身体发烧后的第七天或第九天死亡，死时还有一些体力。如果闯过这一关，此病下移至腹部，严重的溃疡便随之出现，还伴随排水样大便的腹泻。大多数患者死于腹泻引起的身体虚弱。此病从头部开始，然后逐渐扩展至全身。如果有患者大难不死，其身体突出的器官常常不会幸免并留下印记。生殖器、手指和脚趾都遭侵袭，许多幸存者失去了这些器官，有些甚至失去了双眼。有些患者身体一痊愈就患上遗忘症，什么都忘记了，连自己和朋友都不记得了。此病的一般特性很难描述或者预料，它对每一位患者的攻击都超过了人类本身所能承受的限度。在以下的方面，非常明显，它与其他任何一种我们熟悉的疾病都不一样。即平素爱吃人尸的鸟类和四脚的兽类——许多尸体没有掩埋——要么不靠近尸体，要么吃了之后就死掉了。证据是，不论是在尸体旁边还是别的地方，这种食尸肉的鸟明显不见踪影了；犬类由于与人类生活在一起，便于观察，这种情况更为明显。[2]

之所以如此细致地描述瘟疫症状，修昔底德说，是为了后人如果再遇此疫，能够事先有所了解。修昔底德也感染过疫病，好在得以痊愈，但大部分人就没有他这么幸运了。疫病是致命的，同样严重的是疫病对人和社会造成的影响。对此，当下的世人有深刻的体认，因为截至2022年，我们已经连续3年被新冠疫情

图 5.1 学者依据卡拉米科斯众人墓中发现的颅骨，复原的一位死于瘟疫的 11 岁女孩头部体貌，女孩被学者称为 Myrtis，雅典国家考古博物馆藏

影响，经历了从疫情早期爆发到今天常态化防疫的全过程。早期恐惧未知病毒，探索性地应对疫病，疫情引发社会乃至全球的思想波动，对此我们都有切身的经验。在公元前 5 世纪末的雅典城，人们的悲惨遭遇更加触目惊心，对社会秩序和道德价值的颠覆更加剧烈。

修昔底德记载，对于这场疫病，人们找不到有效的治疗方案，有的病人因无人照料去世，有些虽然护理得很好，但仍无法避免死亡。从修昔底德的描述来看，雅典当时并没有正确的防疫观念，他提到染病的濒死者身体压着身体，一些半死不活的人在街上打滚，麇集在所有的泉水旁，渴望喝到水。用现代的观点来看，这无疑是污染了城邦水源，会加速瘟疫的传播。瘟疫带来的死亡威胁甚于战场，为国杀敌牺牲尚能鼓舞人的勇气和决心，而人一旦感染了疫病，则直接放弃了生存的信心和希望。不仅对于个人，瘟疫给社会关系也带来了颠覆性影响，因为防疫的要求有悖人伦关系，人们越是想尽到自己作为朋友、亲人、家人的义务，就越容易被感染。修昔底德观察到，当时雅典城中那些自以为有勇气和责任感的人，他们以抛弃朋友为耻辱，所以不顾惜自己的生命前去拜访，但现实是谁去拜访患者家，谁就死了。人们慑于这场瘟疫的淫威，对将死的亲人，最后连哭都懒得哭了。对濒死者和患者给予最多怜悯之情的，是那些大难不死的人，即自身免疫力更强，在瘟疫中幸存下来，最终获得病毒抗体的人。

除了影响个人和家庭社会关系，瘟疫还导致城邦法律与习俗的混乱。埋葬死者在希腊是非常重要的事，而瘟疫造成大量的死亡，雅典人已经不可能给每个死者以传统的葬礼，有的人将自家的尸体抛到别人已经点燃的柴堆上就跑掉了。更为严重的是，当死亡随时可能降临在每一个人的头上时，人们对所有的法律都开始持轻蔑的态度了。修昔底德评论说：

> 瘟疫也第一次让雅典人目无法律。过去他们偷偷摸摸做的、不能恣意而为的事情，现在敢大胆做了。他们目睹了人的命运的突然转折：吉星高照的富人转瞬不在人世了，从前不名一文的穷人立即得到别人的财产。他们认为自己的身体朝不保夕，财富一样是过眼烟云，所以应该及时行乐。没有人热衷于继续追求人们所认为的嘉德令名，因为人们认为，

图 5.2 伯里克利转身背对因瘟疫去世的儿子,弗朗索瓦-尼古拉·齐弗拉特(François-Nicolas Chifflart)绘,19 世纪,巴黎国立高等美术学院藏

能不能活到得到那一天都很难说;眼前的快乐以及一切能带来这一快乐的东西,都被看作是既美好又有益的。人们不害怕神的和人类的法律,因为一方面,人们看见不论敬畏还是不敬畏神明,都一样是死,所以认为两者之间没有区别;另一方面,没有哪个犯了过错的人指望自己能活到受审和被惩罚的那一天。一个比这严重得多的判决已经悬在人们的头上,在它落下来之前,不应该享受一下生活的乐趣吗? [3]

瘟疫给雅典人的生活方式和信念带来了双重的颠覆。首先是对雅典的习俗、法律和道德规范的颠覆。在正常情况下，法律能够约束人们的行为，但是瘟疫的死亡威胁比法律的惩罚可能还要迅疾，法律便失效了。修昔底德说人们过去偷偷摸摸做的坏事，现在开始毫无顾忌地做了，伯里克利之前所说的关心公共事务、不为私利、敬畏法律等品质，在瘟疫面前都被抛到脑后了。伯里克利颂扬的雅典民主制度，在瘟疫面前坍塌了。

瘟疫带来的第二重颠覆是对生活本身，并非只针对某个城邦的人，而是对人类境况的颠覆。人们发现，在战争中牺牲能为自己赢得声名，在国葬仪式上得到城邦的哀悼和褒奖，为朋友和家人而死也能在社会价值坐标系中找到意义的坐标，但是常态构建的生活世界无法安顿瘟疫这种灾祸袭击，因为瘟疫所造成的死亡是没有意义的，是纯粹的消耗。在遇到这种极端事件的时候，每个人都成了面对死亡的孤零零的个体。人便会去思考，日常生活所依循的这套伦理规范秩序真的可靠吗？我们为什么会有现在这套规则、活法呢？这套活法真的就是最好的吗？到底是尽力满足人性深处的欲望更真实呢，还是按照社会的伦理秩序活着更真实？一旦开始思考这些问题，大部分人都会像雅典人那样，寻求享乐的生活，因为这是人们在活着的时候唯一能够把握和确知的东西。甚至对神明和死后世界的信仰都会被冲垮，人们会质问神明是否真的存在并关心人类。修昔底德的这一观察道出了人类的境况，时至今日，我们仍常常看到这种报道，如果某地遇到大灾大难,在灾难过去之后,当地人的奢侈消费或享乐消费总有显著增长。所以我们不能过分苛责雅典人,或者认为伯里克利的"民主颂"都是奉承民众,借着修昔底德的评论,我们可以进而提出一个重大的问题:究竟怎样的人类观念能够完全安顿人心秩序以及社会政治秩序,让人们在瘟疫一般的威胁面前仍能保持不变的心态与生活?具体的政制和与之相符的生活方式是否有限度,以及限度在什么地方?

瘟疫不仅给雅典人的生活方式带来重大冲击,还差一点毁掉了他们的帝国。上一讲中我们已经讨论过,雅典人在内忧外患的情况下,甚至想和拉凯戴孟人讲和。伯里克利力挽狂澜,告诉民众他们已经承担不起丧失帝国的代价。也就是说,面对丧失帝国和瘟疫,伯里克利让民众做一个选择。

如果站在伯里克利的立场上,放弃帝国,拆掉城墙,瘟疫也许就能得到缓解,也许还能得到外界的帮助。但是伯里克利看到,瘟疫的冲击只是眼前的冲击,丧失帝国的危害要远远大于眼前的瘟疫,所以他劝大家不要放弃。雅典人也明白了,做出了明智的判断。表面上看,雅典是修昔底德所说的一人统治之下的民主,但民众是一股非常强大的力量,这种力量有它的性质和作用。如何评价它,是很困难的事情。我们必须通过一个又一个事例去看雅典民众的一个又一个具体的判断,来看看他们到底能不能够辨识出雅典城邦的利益之所在。

在伯里克利去世后,瘟疫仍在持续,修昔底德记载了具体的减员情况：至少 4400 名重装步兵死亡，骑兵死了 300 名，其他死亡的民众不计其数。对照战前的军队数量统计，有 1/3 的士兵因瘟疫死亡，依据这一比例推测，雅典成年男性民众因瘟疫死亡的人数在 15000 人左右。正如修昔底德所说，瘟疫给雅典带来的精神打击和人员损失是任何别的灾难所不及的。[4]

二、科西拉内乱

除却瘟疫，在战争期间令城邦秩序崩塌的还有城邦内乱（stasis）。在两强对抗的大环境下，内乱成了人为制造的"政治瘟疫"，在希腊世界内广泛传播，既加剧了两大阵营的对抗，也撕裂了大多数的城邦。

在《伯罗奔尼撒战争史》全书中，公元前 429 年至前 413 年，修昔底德共记录了逾 30 次内乱；公元前 413 年至前 410 年，共有 20 余次内乱发生。[5] 在修昔底德整个的战争历史书写中，内乱并非独立于战争之外，而是在决定性的意义上与战争有着紧密的内在关联。正如法国古典学家尼克尔·罗劳（Nicole Loraux）所言："我们不应该在战争与内乱哪个更优先的问题上做出专断的结论，很显然，对于历史学家（即修昔底德）来说，这两种形式的冲突一并引发了希腊世界的运动。"[6]

修昔底德在全书一开始就非常强调城邦内乱。在写科西拉内乱之前，他描述了几场内乱，比如早期希腊历史里的那些财富之争和埃庇达姆努斯的内乱，都是城邦主导权的争夺。但是科西拉的内乱不太一样，修昔底德明确说它是"首次发生"。

这场内乱和第三讲提到的埃庇达姆努斯的纷争有关。埃庇达姆努斯的平民驱逐掌权派后，掌权派联合异邦人攻打城邦。埃庇达姆努斯人求助母邦科西拉未果，便求科西拉的母邦科林斯援助，随后事态发展为科西拉与雅典结为防御同盟，并与科林斯交战。科林斯俘虏了科西拉的 250 人，希望这些在城中原本很有地位的人回去后能使科西拉转到科林斯这一边。公元前 427 年夏，这些俘虏回城游说科西拉脱离雅典，这场内乱便拉开了序幕。归城的俘虏们先是把民主派领袖，同时也是雅典安置在科西拉的一个代言人佩西亚斯（Peithias）推上被告席，指控他使科西拉遭受雅典的奴役，但佩西亚斯被判无罪，说明当时的科西拉是在雅典的掌握之下。佩西亚斯还反过来控告他们当中最富有的 5 个人，找了一些莫须有的理由，说他们在奉献给宙斯和阿尔基诺乌斯（Alcinous）的神圣土地上砍伐葡萄树，应处以罚款。佩西亚斯作为议事会的一员，说服同僚坚持处罚。还有消息说，他想说服人民与雅典订立攻守同盟。此时被控告的人突然闯入议事会会场，杀死了佩西亚斯和其他 60 人，其中有些是议事会成员，有些是公民。一方面，他们杀死佩西亚斯从而摆脱了雅典，另一方面，他们也借此控制了议事会，所以这是一次具有双重意义的行动。

随后，科西拉的执政党人与民主派展开战斗，民主派占了上风。雅典将军尼克斯特拉图斯（Nicostratus）也率舰船和重装步兵前来，力图说服两派同意一起协商，把执政党中10个领头的人推上审判席，裁决这10人以后不再生活在科西拉，其余的人和平相处，两个党派相互妥协，共同与雅典订立攻守同盟。尼克斯特拉图斯完成这些事情后准备返航，此时民主派领袖将敌人名单列出来，准备派他们在尼克斯特拉图斯返航的舰船上服务，但这些人害怕被送往雅典，便躲进神庙，寡头党其他的400余人看到这种情况，就跑到赫拉神庙，后来被送到神庙前面的岛屿上。在这些寡头党人被送到岛屿后四五天，伯罗奔尼撒人的舰队开到科西拉，在与科西拉的海战中获胜。但伯罗奔尼撒舰队并未在科西拉长期停留，他们蹂躏了琉金密地岬（Leukimme）的土地，听到雅典舰队前来的消息后便撤离了。城内的科西拉人得知敌人已经撤离，雅典舰队即将到达，信心大振，开始凶残杀害城内的敌人。民主派杀死了所有能找到的敌人，之后来到赫拉神庙，处死了在那里祈求的50个人。神庙里是不能杀人的，但这些人显然也不管这条规矩了。大批祈祷者见此，拒绝出来受审，在神庙里相互杀死对方，有些人选择自缢。在雅典舰队停泊的7天中，科西拉人不断屠杀那些公民中被认为是敌人的人。令人印象深刻的是，在这场屠杀中，还发生了很多极端残忍和违背传统价值规范的事情。[7]

科西拉人继续屠戮那些被他们认为是自己的仇敌的人，所加的罪名是推翻民众统治。实际上有些人是因为私仇被杀，还有的被借了自己钱的人杀掉。各种各样的死亡方式都出现了。凡在这种时候发生的种种事情，现在都有过之而无不及。父亲杀死儿子；有人被从神庙中拖出来，就在神庙旁杀死；有些人甚至被筑墙围在狄俄倪索斯庙里，死在里面。

内乱的意思就是自己人打自己人，为什么这里重点提出父子相残呢？父子是最基本的人伦关系，尤其在古代希腊和罗马，父亲有非常大的权力，儿子可以继承父亲的财产，按理说父子应该是最亲的。一个希腊城邦出了什么事的情况下，会发生父子相残、在神庙里杀人这些平时想都不敢想的事情？雅典瘟疫的时候发生过，但为什么科西拉人会这样呢？

修昔底德进一步观察到，内乱同样颠覆了城邦的道德价值观念：

人们按照自己的想法改变了评价人们行为的习惯用语。于是，不计后果的胆大妄为被当作勇敢；富有远见的谨慎被当作怯懦的托词；节制被视为缺乏勇气的借口；对事情的通盘考虑被当作一事无成；冲动草率成了男子气概的表现之一；深思熟虑以避免犯错被认为是背叛派系的冠冕堂皇的借口。

言语过激者总是受信任,反对他们的人则被怀疑。阴谋得逞叫精明,识破阴谋叫技高一筹。谁要是出来建议两派不要尔虞我诈,就会被认为颠覆本派,惧怕反对派。简言之,那些先发制人,将阴谋诡计首先付诸实施的,以及怂恿那些没有坏心思的人作恶的人会受到赞扬。

血缘亲情不敌党派关系,因为派系更加毫无顾忌地为所欲为。这样的派系的建立既不依据任何已制定的法律,也不是为了公共利益,而是违背法律,为了私利。派系成员之间的信任不是出于神法的约束,而是由于一起违法犯罪。[8]

城邦内乱则颠倒了人们的习俗观念,词语所承载的价值在内乱中转向对立面。除了观念,城邦内部的组织原则也发生了根本的变化,原本最为亲密的家庭血亲关系竟然让位于党派,党派关系成为最值得信任的后天关系。在人类历史上,有过多次消除自然血亲关系的理论和实践尝试,比如柏拉图在《理想国》中试图消除家庭对私利和私心的影响,宗教会要求人与神的关系胜过其他人伦关系,但这两种尝试更多是对家庭亲缘关系的超越,而非简单的摧毁。真正以作恶为纽带,或者以某种名义的斗争方式毁灭家庭亲缘关系,让家人反目成仇的实践并不太多,伯罗奔尼撒战争中的城邦内乱就是一种负面典型。

修昔底德对科西拉内乱的细致记述,不仅仅是为了描写内乱的残酷与荒诞，还呈现了一种新的内乱范式。在一段真伪有争议的评论中，修昔底德说："在那里，那些从未体验过平等待遇的或者的确是被统治者傲慢地统治的人，一旦取胜，便以暴力报复；那些要求摆脱他惯常的贫困并且贪求邻人财产的人，一旦取胜，便实施邪恶的动议……"[9]如果只看这段评论，科西拉内乱似乎与前面提到的几次内乱没有什么不同。但是学者富克斯（Alexander Fuks）论证了3.84的这段话实际上与修昔底德3.82—3.83的评论是矛盾的，证明了这一段是后人伪作。[10]富克斯做出这一判断的重要依据是，经济因素在3.82—3.83的分析中完全缺失，甚至在3.70—3.81的全部叙述中都丝毫没有体现，科西拉的内乱并非为了追求经济平等或者土地的重新分配，他进而提出："在修昔底德看来，科西拉内乱的原因与动机纯粹是政治性的。"[11]富克斯的这一观点可谓非常中肯，因为经济或土地所有权指向的解释难以阐明父子相残、神庙凶杀等恶性事件。更为重要的是，修昔底德明确说，内乱中发生的这些事情平时并不会发生，也就是说，内乱时人们行为的特殊性很大程度上是由战争的大环境造成的。在和平时期的城邦中，社会经济的结构性问题仍然存在，却不会成为引发内乱的充分条件。

排除了经济和土地占有等因素，科西拉内乱究竟有何独特之处呢？第一，派系成为内乱的主要行为者，寡头派和民主派是内乱的主要对立方。在希腊城邦中，这两派"一方高喊民众应在政治上平等，另一方主张实行温和的贵族政治，他们打着为公众谋福利的幌子，事实上是为自己牟取私利。为了在斗争中赢得优势，他们不择手段……他们唯一的行为标准就是他们自己党派一时的任性，因为他们随时准备利用不合法的裁决来处罚他们的敌人，或是用暴力夺取政权"。[12] 第二，外部力量实质性地支配了内乱的形势。在杀害佩西亚斯之后，获得伯罗奔尼撒舰队协助的寡头派当即开始攻击民主派，处于战争的优势地位，而在雅典援助到达后，民主派则明显占优，并在最后的屠杀中获得胜利。第三，内乱的缘起并非来自城邦内部，导火索是科林斯让寡头派俘虏回城，将科西拉争取到母邦一边。也就是说，内乱的起因是两大阵营争夺地理位置和海军力量都很重要的科西拉。而外部战争的大环境进一步激化了城邦内部的潜在党派斗争，因为"在和平时期，人们没有求助于他们（雅典和斯巴达）的借口和愿望，但是在战争时期，任何一个党派为了能够伤害敌对的党派，使自己处于相应的有利地位，便总是要听命于某一个同盟，这就为那些想要改变政体的党派提供了求助于外部力量的机会"。[13]

分析至此，我们可以梳理科西拉内乱的基本线索：城内有寡头和平民两派的区分，这是内乱发生的前提条件。在雅典和斯巴达两大同盟对抗的背景下，两大巨头会主动诱发城邦内部的斗争，或者城邦内部各派为夺取权力会主动向两大阵营求援，结局则以某一派获胜而另一派被驱逐暂时告终。比照埃庇达姆努斯内乱的模式，我们可以通过几个关键点得到更为清晰的认知：

表 5.1　埃庇达姆努斯内乱与科西拉内乱模式对比

项目	埃庇达姆努斯内乱模式	科西拉内乱模式
动机	社会-经济因素	政治因素，爱荣誉
前提条件	土地肥沃，财富和人口增加	民主派和寡头派分立
诱因	城邦对外军事行动受挫，力量削弱，掌权派被驱逐	雅典和斯巴达两大阵营对峙，为干预城邦以及城邦内部派系求援提供条件
外部力量	受一方委托，协助攻击另一方	两方阵营援助，激化城邦内乱
结果	一方获胜，另一方被杀害或驱逐	一方获胜，另一方被驱逐或杀害；城邦加入某一联盟，或维持同盟关系

从上表可以看出，与伯罗奔尼撒战争爆发前相比，希腊世界城邦内乱的模式发生了改变。最初的内乱主要基于土地和财富的获取与分配，而两大阵营的战争给内乱提供了新的要素，使得内乱的意识形态化色彩凸显。具体来说，伯罗奔尼撒战争一方面是雅典帝国与以斯巴达为首的伯罗奔尼撒同盟之间的对抗，另一方面，这场战争也可以视为雅典与斯巴达与同盟城邦中民主派和寡头派的联合，而不仅仅是城邦间的联合。战争将城邦内乱激化和普遍化，而内乱又反过来进一步推动了雅典和斯巴达两大阵营的对抗。

科西拉内乱发生在战争的开始阶段，修昔底德用它作为例证来说明希腊大多数城邦在战争中的经历。但是，如果我们接受内乱的新范式解释，仍有两个问题有待澄清，即修昔底德所说的民主派和寡头派的冲突的性质应作何理解，寡头派和民主派的性质到底是什么，内乱新范式是意识形态之争吗？下面，我们就转向这些问题。

三、民主派、寡头派抑或掌权者

亚里士多德在划分政体类型时，对民主派和寡头派有过重要的讨论：民主派和寡头派都是变态政体（即统治集团为了自己的利益，而非城邦利益进行统治），二者区分的标准，表面上看是少数人统治还是多数人统治，但实质上"区分民主制和寡头制的是贫穷和财富：如果有人因其财富而施行统治，无论他们是少数群体还是多数，政体就必然是寡头制，而当穷人统治时，必然就是民主制。事实证明，前者实际上是少数人，而后者是多数人"。[14] 亚里士多德对寡头制和民主制的区分最终落在财富上，如果照搬这一理解，科西拉的内乱，即以寡头派和民主派为核心的斗争，是否可以还原为社会经济因素的矛盾呢？寡头派和民主派是否如修昔底德评论中所显示的那样，确实有稳定而自主的自我认同？我们需要对修昔底德关于内乱的描述进行分析。

科西拉内乱中，城内政治力量主要分为3部分，即亲雅典的民众领袖佩西亚斯及其同伙、寡头派群体和民主派。除此之外，修昔底德还会使用"科西拉人"这样的表达。为了明确这些语词在内乱中的具体含义，把这些用法列举如下：

1. 当雅典和科林斯同时派代表来科西拉时，科西拉人（*Kerkuraioi*）召开会议，投票决定自己的同盟关系，即维持

和雅典的同盟关系，同时和伯罗奔尼撒人保持友好关系。（3.70.2）

2. 归城的俘虏是科西拉城内**很有势力和影响的人**（*dunamei auton hoi pleious protoi ontes tes poleos*），他们将佩西亚斯，雅典的代理人（*proxenos*），科西拉民众（*tou demou proeistekei*）的领袖推上被告席。被宣判无罪后，佩西亚斯又控告反对派中5名**最富有的人**（*plousiotatous*）。（3.70.3—3.70.4）

3. 被处罚的人认为只要佩西亚斯还是议事会的一员，他就还有意说服人民（*to plethos*）与雅典订立攻守同盟，便闯入议事会，杀死佩西亚斯和其他60人。（3.70.6）

4. 谋反者召集**科西拉民众大会**（*xugalesantes Kerkuraious*），强迫公民大会通过动议，不再受雅典奴役，不接待任何一方来访者。（3.71.1）

5. 在科林斯舰船到达后，科西拉**执政党人**（*hoi echontes*）进攻民主党人（*toi demoi*）。（3.72.2）

6. 战斗过程中，夕阳西下时，**寡头派**（*hoi oligoi*）全线溃退，他们害怕获胜的**民主党人**（*ho demos*）乘势出击，纵火焚烧市场周边地带的房屋和公寓，不论是他们自己的财产还是邻人的财产都在所不惜，结果，商人们的大批货物也都被付之一炬。（3.74.2）

7. 在内乱的最后时期，**科西拉人**（*Kerkuraioi*）不断地屠杀他们公民中那些被认为是**敌人**（*tous echthrous*）的人，被他们杀害的人都被控以阴谋推翻**民主制**的罪名（*ten men aitian epipherontes tois ton demon kataluousin*）。（3.81.4）

在这些派别中，比较容易确定的是"寡头派"，修昔底德用了3个概念来形容他们："城内很有势力和影响的人""最富有的人""寡头派"。总体来说，"寡头派"指的基本是在埃庇达姆努斯争端开始前城内的权贵，特别是富有的群体。我们可以通过科林斯俘虏数以及后来与民主派斗争的人数大致推测寡头派的规模。科林斯最初保留的俘虏为250名，最后躲在赫拉神庙中的寡头派有至少400名，在内乱告一段落后被流放的寡头派有500名，所以寡头派大概超过了1000人。他们最初的主要目标是控诉佩西亚斯，使科西拉脱离雅典回到科林斯一边。也就是说，寡头派最初在城内的斗争主要围绕外交政策进行，在与佩西亚斯互相控诉的阶段，并没有明确的迹象表明寡头派想改变政体，[15] 相反，他们不断诉诸公民大会来试图达成自己的目标。甚至在杀死佩西亚斯及其同伙之后，寡头派仍然召集公民大会宣布脱离雅典的奴役，并声称要保持中立。

相对于"寡头派"，"民主派"在内乱中更难以把握。修昔底德实际上提到了3个群体，第一个是亲雅典的民主派领袖佩西亚斯，他周围有少数支持者，在议事会中，最后被寡头派杀害的至少有60人，其中既有议事会成员也有平民。第二个群体是民主派，也是和寡头派进行战斗的主要群体，这一群体最初是以被攻击的角色出场的。第三个群体是科西拉人，修昔底德对这一词语的使用并不严格，它既可以指参加公民大会的科西拉公民群体，也可以指与寡头派战斗的民主派人士，或者作为那些试图颠覆民主政体的党派的对立面出现的群体。后两个群体在很大程度上有重合，而民主派和佩西亚斯及其同伙的关系就要复杂一些。在谋反者杀害佩西亚斯之后，科西拉的民主派并没有为佩西亚斯复仇，而是接受了谋反者的动议，这说明科西拉民众并不是非常赞同佩西亚斯的政见，而是将争取城邦的自主放在更重要的位置上。

寡头派和民主派都希望恢复科西拉的独立，摆脱雅典的支配，但是双方最初的行动仅限于除掉雅典的代理人佩西亚斯，似乎认为这样就足以改变科西拉的对外政策。到此为止，我们并不能看到科西拉内乱的任何动机或迹象，也正因为如此，布鲁斯（I. A. F. Bruce）等学者才会认为对外政策是内乱最重要的争执点，实际发生的并不是支持两种不同政体的"寡头派"和"民主派"双方的冲突，而是在复杂而紧张的政治形势下产生的冲动与暴力，正如修昔底德提到的那样，被杀害的人往往被冠以颠覆民主制的罪名，但其实有一些人是因为私人债务关系而被杀害。但布鲁斯的解释存在一个问题。毋庸置疑的是，掌权的寡头派说服公民大会接受了谋反者杀害佩西亚斯的行为，又在载有拉凯戴孟使者的科林斯船到达后主动开启了内乱。按照后来战斗的状况来看，寡头派在人数和地势等方面都处于劣势，并且没有伯罗奔尼撒的军队支援，在这种情形下发动内乱着实难以理解。这一行动说明寡头派并不满足于城邦恢复对外中立地位，还要在城内打击民主派，进而改变政体。

修昔底德没有还原内乱的全部细节，特别是此时寡头派的动机，但是在后面的评论里，他将内乱中各派行动的根本动机归为由贪婪和野心驱动的权力欲。这一评析实际上消解了寡头派和民主派的区分，并且将内乱冲突的基本组织单位还原到派系团体的层面。在修昔底德看来，寡头派和民主派所声称的政治平等与德性政治只不过是幌子，两者实质上并无二致，而且两派在内乱中秉持的行动原则是完全相同的。围绕政体类型的斗争只是内乱的形式，真正核心的是对执政权的争夺。

如果说科西拉内乱还基本遵循了稳定的"民主-寡头"的区分，那么在公元前412年萨摩斯岛内乱中[16]，可以更加清楚地看到内乱的权力斗争实质，以及派系名称的变动不居。这两场内乱可以对比参照。

修昔底德在讲述萨摩斯这场内战时，如此形容对立的双方和政治形势的发展：

> 1. **平民**（*demos*）在雅典的帮助下起来反抗**掌权者**（*hoi dunatoi*），萨摩斯平民共杀死了 200 个**最有权力的人**（*dunatotatoi*），并放逐了另外 400 人，瓜分了他们的土地和房屋。萨摩斯**平民**掌管城邦事务，土地所有者被排斥在城邦事务之外，禁止任何平民与他们通婚。（8.21）

2. 雅典民主制被推翻，皮山大率使者回到萨摩斯，煽动萨摩斯**最有权力的人**建立**寡头制**，虽然萨摩斯人刚刚经过内乱，摆脱了寡头制。（8.63）

3. 在雅典四百人阴谋叛乱的时候，发生了下面这些事情。那些起来反抗**掌权**的萨摩斯人（*dunatoi*），即**民众**（*demos*），在皮山大造访萨摩斯时，他们应皮山大和在萨摩斯参加密谋的雅典人的请求，转而倒向**寡头派**一边去了。他们当中有300人宣誓，将攻击转变立场后被认为是**民主派**的其他公民（*demos*）……现在他们决定攻击**民主派**了。萨摩斯的民主派觉察到即将发生的事情，把这个情况告诉了两个将军列昂和迪奥麦顿，因为他们两人为民主派所信任，他们并非心甘情愿支持寡头制。（8.73）

4. 当那300人进攻民众的时候……**多数人一派**（*hoi pleones*）获得了胜利，处死了那300人中的大约30名头目，将另外3人流放，赦免了其他叛乱者，以便将来在民主政体下生活。（8.73）

在科西拉内乱中，民主派和寡头派所指涉的群体基本还是稳定的。但在萨摩斯内乱的过程中，修昔底德不停地变换使用"寡头派"和"民主派"等词汇，同一个群体在内乱的不同阶段所背负的标签一直在变化。最初推翻原来寡头制和当权者的群体被称为"民众"（*demos*）；驱逐了原来的寡头之后，夺取政权的民众领袖成为"最有权力的人",与之前寡头制下的统治者同名;而这些人又在皮山大(Pisander)的怂恿下意欲建立寡头制,最初的民众领袖摇身变成他们之前斗争的对象,并进攻民众这一群体;在最终的斗争中,修昔底德用"多数人一派"取代了"民众"来指代城邦中的民主派,最后以民主制的恢复告终。

在修昔底德记述的萨摩斯内乱中,通常用来界定内战双方的"民主派"(或平民)、"寡头派"等标签已经失效。寡头派在第一次斗争中就被杀害或流放,严格意义上说,城邦中不再有作为政治派系的寡头派,但是这并不妨碍新掌权的群体成为新的寡头派系,原为民众领袖的群体也没有将自我认同固定在平民上。所以,在变动的政治局势下,传统的政治符号和话语已经丧失了其表征意义。如果民主派和寡头派这样的政治语汇不能有效形容和描述内乱,内乱的性质又是什么呢?从萨摩斯岛内乱的过程来看,唯一不变的是建立在实力基础上的城邦统治权,掌握城邦权力的就被称作掌权者/强者(*hoi dunatoi*)、最强大的人(*dunatotatoi*)。和科西拉内乱一样,在这场战争期间所发生的城邦内乱,根本原因并不是社会-经济因素,而是围绕城邦统治权展开。民主派或寡头派不再具备稳定的政治认同或阶级立场,民主派领袖在获得权力后,也会轻松摆脱民众的身份,甚至与民众为敌。权力(*dunamis*)成为内乱新模式的核心,在城邦权力核心周围,是许许多多想将之据为己有的派系团体,只不过在多数城邦中,这些团体披着民主派或寡头派的面纱出现,而一旦掌权，他们无一例外地成为"最强大的统治者"。

总结来说，在伯罗奔尼撒战争期间，城邦内乱中的不同派系往往以"民主派"和"寡头派"为标识，但实际上都想成为拥有绝对权力的"掌权派"。城邦内乱进而也成为理解战争总体线索和行为范式的重要事件，按照修昔底德的叙述结构，内乱不仅是伯罗奔尼撒战争的触发点（埃庇达姆努斯内乱），还是后来战争进程的隐性线索。修昔底德详细记述的科西拉内乱在战争中具有两点重要意义。第一，在对科西拉内乱的评述中，修昔底德将内乱从单个城邦的冲突提升为希腊城邦的普遍现象，"这样，内乱在城邦间播散，在后来发生内乱的地方，因为他们知道其他地方以前所发生的事情，又出现了许多前所未有的更为出格的暴行，表现在夺取政权时更加阴险狡诈，报复政敌时更加残忍无忌"。[17] 第二，科西拉内乱对战争实质性增添了新的因素："这次内乱如此血腥残酷……后来整个希腊世界可以说都受到震撼，因为民主党人和寡头党人到处都发生斗争，民主党的领袖们求助于雅典人，而寡头党人求助于拉凯戴孟人。"[18] 在科西拉内乱之后，修昔底德还记述了公元前424年的麦加拉内乱（4.66—4.74）、波奥提亚的内部斗争（4.76）、色雷斯地区众多城邦的内乱（4.84以后）等。结合这两点，我们可以看到修昔底德记述科西拉内乱的一个主要动机，在于揭示战争的性质由两个城邦联盟的冲突进一步深化为每个城邦内部的分裂斗争。

瘟疫给雅典人带来惨重的精神伤害和人员缩减，而城邦内乱这种人为的政治瘟疫给希腊世界带来的灾难更为惨重。作为天灾的病毒有消亡的一天，而政治瘟疫的病毒则潜藏在人性深处，一旦遇到合适的环境，便会爆发出来，永远无法根除。人类公共卫生体系是在付出一次次重大的生命代价基础上建立起来的，人类良善的法律习俗则需要始终凝视人性幽冥黑暗的部分，通过制度和教化拼尽全力将人之恶保持在潜隐状态。

最后引用修昔底德的评论来结束这一讲：

> 内乱给希腊城邦带来了很多可怕的灾难。只要人性不变，这样的灾难将会一直发生。只不过由于在具体时间上情况有所不同，其程度或重或轻，其形式也有所变化而已。在和平时期，万事顺遂，无论城邦还是个人都还没有遭受恶劣环境的逼迫，因此都心存善念。但是，战争让人们连每日生活必需品都难弄到，战争是一位暴戾的老师，让人们的脾气性情与周围的环境变得一致了。[19]

人性并不会发生变化，在战争、内乱和瘟疫的极端环境中，修昔底德向我们展示了不同城邦和不同的人的各种行动和选择。从这个意义上说，伯罗奔尼撒战争更像个悲剧舞台，舞台上的各种角色通过言语和行动来向读者（观众）展示自己的每一次选择，其中既有沉沦的丑恶，也有坚守的伟大。在战争这个暴戾的老师面前，不同的政体和公民品性都要交出自己的答卷。

注释

1. 修昔底德,《伯罗奔尼撒战争史》,1.23。
2. 修昔底德,《伯罗奔尼撒战争史》,2.49—2.50。
3. 修昔底德,《伯罗奔尼撒战争史》,2.53。
4. 修昔底德,《伯罗奔尼撒战争史》,3.87。
5. Jonathan J. Price. *Thucydides and Internal War*. Cambridge: Cambridge University Press, 2004, 291.
6. Nicole Loraux, "Thucydides and Sedition Among Words," in *Thucydides*, ed. Jeffrey S. Rusten, Oxford: Oxford University Press, 2009, 265-266.
7. 参见修昔底德,《伯罗奔尼撒战争史》,3.70—3.81。
8. 修昔底德,《伯罗奔尼撒战争史》,3.82。
9. 修昔底德,《伯罗奔尼撒战争史》,3.84。
10. Alexander Fuks, "Thucydides and the Stasis in Corcyra: Thuc., III,82-3 versus [Thuc.], III, 84," *The American Journal of Philology* 92.1 (1971): 48-55, also in *Social Conflict in Ancient Greece*, Leiden, The Netherlands: Brill, 1984, 190-197.
11. Alexander Fuks, "Thucydides and the Stasis in Corcyra: Thuc., III, 82-3 versus [Thuc.], III, 84," *The American Journal of Philology* 92.1 (1971): 50.
12. 修昔底德,《伯罗奔尼撒战争史》,3.82。
13. 修昔底德,《伯罗奔尼撒战争史》,3.82。
14. 亚里士多德,《政治学》,1279b37—1280a6。
15. I. A. F. Bruce, "The Corcyraean Civil War of 427 B.C.," *Phoenix* 25 (1971): 110.

16. 参见修昔底德,《伯罗奔尼撒战争史》,第八卷。
17. 修昔底德,《伯罗奔尼撒战争史》,3.82。
18. 修昔底德,《伯罗奔尼撒战争史》,3.82。
19. 修昔底德,《伯罗奔尼撒战争史》,3.82。

延伸阅读

1. 白春晓:《修昔底德笔下的"雅典瘟疫"到底是什么病?》,澎湃·私家历史,2020年3月4日,https://www.thepaper.cn/newsDetail_forward_6273806。
2. 白春晓:《苦难与真相:修昔底德"雅典瘟疫叙事"的修辞技艺》,《历史研究》,2012年第4期,第22—35页。
3. Jonathan J. Price. *Thucydides and Internal War*. Cambridge: Cambridge University Press, 2004.
4. Nicole Loraux. "Thucydides and Sedition Among Words." In *Thucydides*, edited by Jeffrey S. Rusten, 261-294. Oxford: Oxford University Press, 2009.
5. Clifford Orwin. "Stasis and Plague: Thucydides on the Dissolution of Society." *Journal of Politics*, vol. 50, no. 4 (November, 1988): 831-847.

第六讲

普拉提亚陷落与米提列涅叛乱

伯罗奔尼撒战争将整个希腊世界划分为两个阵营，上一讲科西拉内乱范式中，修昔底德观察到战争对具体城邦内乱的激化，与此同时两大头领城邦也开始主动运用其他城邦内部的矛盾，以维系并强化自身的势力范围及对盟邦的控制。

这一讲要讨论两个城邦：一是处于两大阵营夹缝中的普拉提亚；另一个是在看到雅典遭遇困难时伺机反叛的米提列涅（Mytilene）。修昔底德开始把读者的目光引向派系、意识形态语言背后的政治主张。

一、普拉提亚的陷落

普拉提亚是个小城邦，公民人数不足1000人，在战争初期，普拉提亚便遭到伯罗奔尼撒人和忒拜人的多轮攻击，最终陷落。导致普拉提亚这一命运的是其特殊的地理位置（图6.1），普拉提亚位于波奥提亚地区，在忒拜城的西南方向，与之相距不足8英里。普拉提亚在两大阵营的夹缝中求生存，最终还是难以逃脱被灭城的悲剧性后果。

普拉提亚最初夹在忒拜与雅典之间，早在公元前6世纪就曾因为忒拜的进攻向雅典求援，雅典人帮助普拉提亚人击退了忒拜人的进攻，进而挫败了忒拜人控制波奥提亚的野心。忒拜人便和雅典结下了世仇，甚至在波斯入侵时帮助波斯攻打雅典。忒拜人、普拉提亚人和雅典人最初的紧张关系尚属"阿提卡-波奥提亚"陆上权力的争夺，到了两次伯罗奔尼撒战争期间，拉凯戴孟人的加入使得波奥提亚地区成为两大阵营争夺的前线，而普拉提亚则是雅典西北部陆上战线的关键城邦。

普拉提亚的纷争和围困前后持续了 5 年，修昔底德在书中的论述分散在四处，[1] 第一次是普拉提亚和忒拜的冲突，后三次是伯罗奔尼撒军队对普拉提亚的围攻。

普拉提亚和忒拜的再次冲突发生在伯罗奔尼撒战争正式打响之前，处在边缘和夹缝地带的普拉提亚提前被卷入纷争。忒拜人

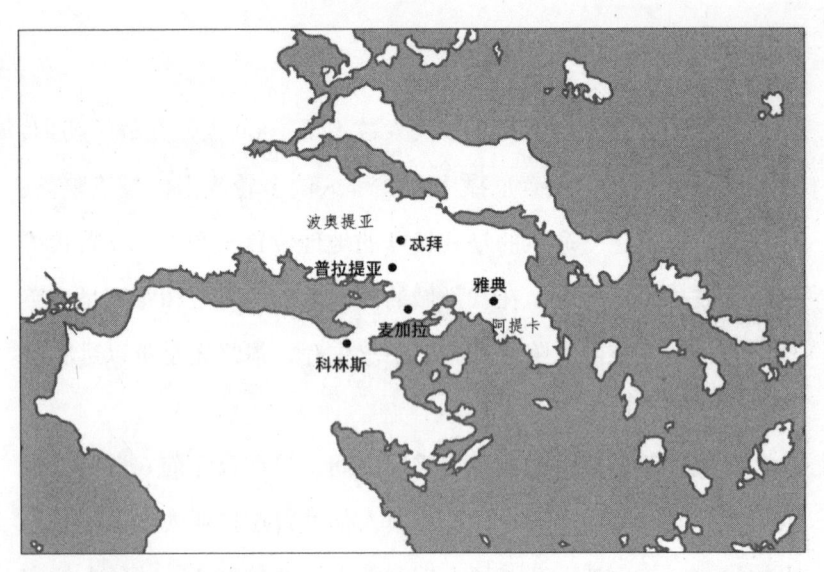

图 6.1　阿提卡、波奥提亚地区

这次主动入侵普拉提亚，修昔底德说，是因为普拉提亚和忒拜长期不和，忒拜人预见到雅典人和拉凯戴孟人大战将起，便试图在双方尚未开战之前，提前抢占普拉提亚城。此时的普拉提亚是雅典的盟邦，实行民主政体，故而一直拒绝加入寡头制的忒拜主导的波奥提亚同盟。

普拉提亚城内虽然实行民主制，但很明显有寡头派的人想掌权，试图借助外力推翻民主制。公元前431年初春，在普拉提亚寡头派内应的配合下，300多名忒拜人趁夜色入城，但这支忒拜军队入城后，并没有按照内应的要求去攻击民主派领袖，而是通告全城，要求普拉提亚加入波奥提亚同盟。普拉提亚人最初并不清楚忒拜军队有多大规模，便在没有任何战斗的情况下同意了。但是，接触之后，普拉提亚人发现忒拜人规模不大，便发动攻击，忒拜人伤亡惨重，还被俘虏了180人。忒拜派去增援的士兵也被大雨拦在路上，未能赶到普拉提亚。忒拜人试图俘虏一些城外的普拉提亚人，以换回自己的俘虏，普拉提亚人威胁忒拜人如果不立马从城外撤军，他们就杀掉俘虏。忒拜人不得不从普拉提亚撤退，普拉提亚人则把城外的人和物资撤回城内，处死了俘虏，并派人到雅典报信。雅典人派出一支重装步兵小分队，并将普拉提亚城内除重装步兵和后勤之外的人都送到雅典，以准备应对忒拜人的再次来袭。忒拜人侵普拉提亚被视为公然破坏"三十年和约"的事件，拉开了战争的大幕。[2]

战争的第三年，公元前429年夏天，伯罗奔尼撒人开始了他们一年一度的陆上入侵行动。但是这一次，他们并没有选择阿提卡地区，斯巴达王阿基达姆斯率领大军去了普拉提亚。修昔底德没有交代阿基达姆斯的动机，依据当时的情形可以推测，可能是因为雅典正在闹瘟疫，而且前一年他们已经将阿提卡地区的作物踩躏殆尽。普拉提亚地理位置重要，如果能占领此地，将在陆地上对雅典形成南北夹击之势。此外，忒拜人从自己的利益考虑，肯定也会主动邀请并促成伯罗奔尼撒人帮自己攻打普拉提亚。

伯罗奔尼撒大军压境，普拉提亚人从道义上难以接受这一境况，派出使节与阿基达姆斯交涉。普拉提亚人提到希波战争中普拉提亚战役的往事，当时的希腊联军统帅是斯巴达的鲍桑尼亚斯，他曾经向普拉提亚人保证，他们可以拥有自己的土地和城市，独立自主地生活，任何人不得向普拉提亚无端发动进攻，否则他会号召盟邦来援助普拉提亚。普拉提亚要求阿基达姆斯信守誓言，不要试图洗劫普拉提亚。阿基达姆斯没有正面回应，他说，普拉提亚人要言行一致，如果要享受鲍桑尼亚斯给予的独立和自由，就要帮助伯罗奔尼撒人解放其他被雅典奴役的希腊人。阿基达姆斯给了普拉提亚两个选择，要么加入伯罗奔尼撒人，要么保持中立——这是缓冲地带的小城邦古今不变的安全困境。

普拉提亚使节回城后将阿基达姆斯的要求转告给城邦中的民众，之后使节回复阿基达姆斯说，没有雅典的同意，他们是无法答应的，因为妻儿老小都在雅典。哪怕他们同意了，一旦拉凯戴孟人离开，普拉提亚将会面临雅典或忒拜的威胁。阿基达姆斯又提出，让普拉提亚人全部撤离，把城邦让给拉凯戴孟人，待战争结束他再将城邦原封不动地还给普拉提亚人。普拉提亚人便要求暂时停火，他们派人去雅典，寻求雅典人的同意。结果雅典人要求普拉提亚遵守誓言，忠于联盟，并承诺会帮助普拉提亚人抵抗入侵者。普拉提亚人只能拒绝了阿基达姆斯的提议，阿基达姆斯有了开战的理由，因为普拉提亚人拒绝了所有合理的方案。

伯罗奔尼撒人的战术是采用费时耗力的围城战，古代缺乏有力的攻城武器，围城战非常艰难。伯罗奔尼撒人先是试图垒筑高台，通过获得制高点入城，但普拉提亚人偷偷地从高台底部挖土毁基。伯罗奔尼撒人还采取了攻城槌、火攻等方式，均不奏效，

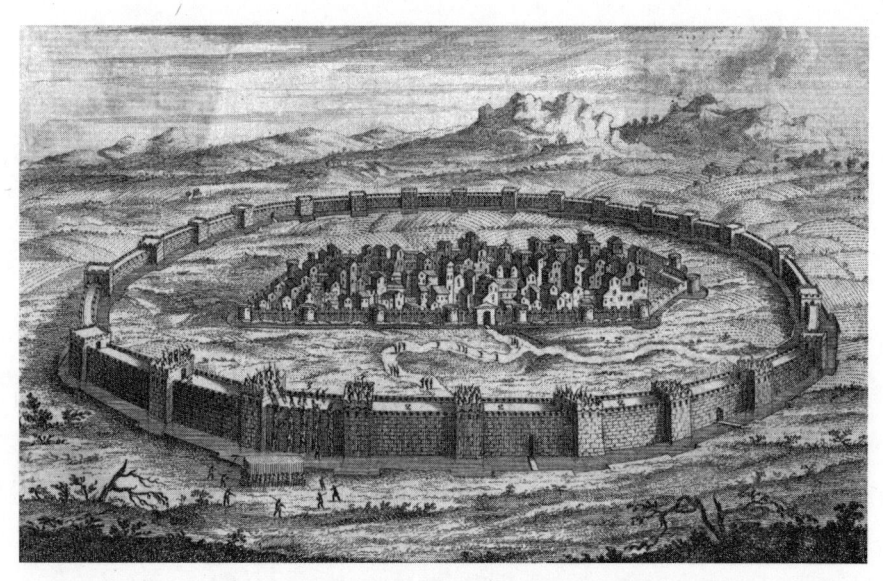

图 6.2 普拉提亚之围，玛丽·埃文斯图片博物馆藏

便遣散了大部分军队，只留下一小部分人围着普拉提亚城修墙。此时，普拉提亚城内只有400名普拉提亚重装步兵，还有80个雅典人以及110名做饭的妇女。很难想象，这么少的人凭借城墙就足以拦阻伯罗奔尼撒大军的多次攻城计划。

被围困的普拉提亚人熬到当年冬季就断粮了，对迟迟不到的雅典援军也丧失了信心，有200多人试图突围逃难，结果212人成功逃出围阻。到了公元前427年，也就是战争第五年的夏天，普拉提亚人的粮食吃光了，只能投降。此时，拉凯戴孟人的司令官知道如果用武力强攻，普拉提亚人也无力反抗，但还是派人前去询问普拉提亚人，是否自愿将城邦交给拉凯戴孟人，接受他们的审判。

为了确保普拉提亚人投降，拉凯戴孟人从斯巴达派来5名法官。法官没有提出控告，只把普拉提亚人召集起来让他们回答一个问题，即是否在这场战争中为拉凯戴孟人及其盟友做过什么事情。普拉提亚人借此机会进行了一长段发言。

普拉提亚人先是抱怨拉凯戴孟人欺骗了自己，普拉提亚人将城邦交给他们，没想到还要接受这样的审判。至于是否为拉凯戴孟人及其盟友效力，普拉提亚人从历史开始讲起。在希波战争中，波奥提亚地区只有普拉提亚人参加了解放希腊的战争，还参加了阿尔特密西昂海战，与鲍桑尼亚斯并肩作战。在地震之后的镇压黑劳士反叛行动中，普拉提亚派出三分之一的公民前去援助。这些都是普拉提亚对希腊以及拉凯戴孟人做出的贡献。而普拉提亚之所以和雅典结盟，是因为当初遭到忒拜人的攻击，普拉提亚人先去斯巴达寻求援助，被拒绝后才和雅典人结盟，并且得到雅典人的厚待。雅典人甚至和他们分享公民权，这也使得普拉提亚人没有理由背叛雅典。解释完历史缘由之后，普拉提亚人将矛头指向忒拜人，提出正是忒拜人作恶多端，毫无底线，在波斯人入侵时站在蛮族一边。现在只不过是因为忒拜人对拉凯戴孟人有用，所以拉凯戴孟人才加以利用。普拉提亚最后再次呼吁拉凯戴孟人不要忘记希波战争时在普拉提亚的热血奋战，以及埋葬在普拉提亚的斯巴达烈士的英魂，要求还普拉提亚以自由。[3]

普拉提亚人的发言有理有据，忒拜人害怕拉凯戴孟人听了心软，也站出来回应。忒拜人很狡猾，首先回应他们在希波战争时辅助波斯人一事。忒拜人说，这主要是因为当时在忒拜主政的是少数人，近乎僭主政体，而非当下的享有平等权利的寡头制（*oligarchian isonomion*）。也就是说，忒拜城的政体发生了变化，所以城邦不再是原来的城邦了，原来的城邦统治者希望借助波斯的力量，让波斯大王将其任命为总督，进行代理统治。而在波斯人离开之后，忒拜已经实现了法律统治。为自己开脱后，忒拜人开始攻击普拉提亚人，说他们抗击波斯等行动不是为了解放希腊，只是跟随雅典。现在雅典奴役希腊，普拉提亚也是雅典的帮凶。

双方发言完毕，法官重复了开始的问题，问普拉提亚是否在这场战争中帮助过伯罗奔尼撒人，结果自然是没有。最后至少

200名普拉提亚人和25名雅典人被处死，妇女被卖作奴隶，普拉提亚就这样灭亡了。修昔底德对拉凯戴孟人动机的分析秉持了利益原则：拉凯戴孟人差不多完全偏向忒拜人，满足他们的要求。他们希望在这场刚刚开始的战争中，忒拜人能为他们所用。[4] 普拉提亚的陷落以及拉凯戴孟人与忒拜的关系，很容易让我们想起战前科西拉人与雅典人的结盟，随着战争的开启，参战双方都秉持着同样的强力-利益原则。

二、米提列涅叛离

在普拉提亚被围期间，雅典遭遇了重大的危机。城内受肆虐的瘟疫侵扰，城外田地被伯罗奔尼撒人蹂躏，雅典民众甚至提出要向拉凯戴孟人求和，但最终被伯里克利劝阻。雅典人的困境并非只有雅典民众知道，雅典控制的盟邦自然也看到雅典的困境，于是伺机反叛，就如同黑劳士始终寻找机会反叛拉凯戴孟人一样。公元前428年，位于列斯堡岛（Lesbos）上的米提列涅人谋划叛离活动，在镇压这场叛离活动时，雅典人探索了新的控制帝国的方略。

先来看米提列涅叛乱的过程。[5] 米提列涅在雅典的盟邦中地位比较特殊，在当时是寡头制，而且列斯堡岛上的这些盟邦对雅典的义务是提供舰船，而非纳贡。米提列涅人试图用武力统一全岛，据说在伯罗奔尼撒战争之前他们就想叛离雅典，加入伯罗奔尼撒联盟，但是拉凯戴孟人不接纳他们。在列斯堡岛上大肆兴建工事的米提列涅人本想再等一段时间，待准备完毕后正式叛离，但城内一些雅典利益代理人向雅典告密，米提列涅人被迫提前行动。

正饱受瘟疫和战争折磨的雅典人接到消息，最初并不相信。确认情报可靠之后，考虑到列斯堡岛的海军力量，雅典人并不想将其变成敌人，便想采取措施挫败这次叛乱。雅典人将为出征伯罗奔尼撒准备的 40 艘战舰派往列斯堡岛。这个时候，我们可以看到，对于雅典来说，战争变得麻烦起来。原来雅典只需守住自

图 6.3 米提列涅

己的城墙，在海上专心侵扰伯罗奔尼撒沿海城邦，但现在有盟邦叛乱，雅典必须转移部分兵力以镇压反叛的盟邦，战事开始逐步吃紧。

雅典的战舰抵达米提列涅之后，双方都没有准备好全面开战。米提列涅人对于这场突如其来的战争没有做好准备，只派出一些战舰在港口摆摆作战的架势。遭到雅典的战舰追击之后，他们就向雅典的将军们提出和谈，企图达成合适的投降条件，将眼前这支雅典舰队打发回去。雅典的将军们也担心自己的力量不足以与整个列斯堡岛抗衡，就接受了米提列涅人的请求。米提列涅人停战，派使节赴雅典进行谈判。与此同时，精明的米提列涅人派遣使节乘一艘三层桨船去拉凯戴孟人那里寻求帮助，因为他们不指望从雅典人那里得到好的答复。果然，派往雅典的使节无功而返。米提列涅人便开启了战斗，而且除了墨堤谟娜（Methymna）人之外，列斯堡岛都参与了。米提列涅人全军出动，向雅典的营地发动了攻击，在战斗中还占有优势。但是由于对自己信心不足，米提列涅人没有扎营于战场，而是撤退回城，按兵不动，因为他们没有其他准备，没有来自伯罗奔尼撒的援助，不想在此情况下冒险一战。雅典人见米提列涅人按兵不动，便召集盟邦舰队沿岸航行，停泊在米提列涅城的南面，在米提列涅城的一北一南设两处营地，将对方的两个港口封锁起来。如此一来，米提列涅人就无法出海了。但是，米提列涅人和其他前来援助的列斯堡人控制着陆地。早期的局面便是如此。

米提列涅人在自己的家门口对雅典进行了初步的试探后，开始寻求拉凯戴孟人的帮助，劝说他们出兵。斯巴达人很自然地会答应帮忙，但修昔底德有意写了一长段米提列涅使节劝说伯罗奔尼撒人的演说。[6]

米提列涅使节首先回顾了希波战争之后的故事，直言是拉凯戴孟人先退出了波斯战争，雅典人却坚持了下来，所以他们才和雅典人结成同盟。毕竟从地理位置上看，列斯堡岛离波斯非常近，是最能直接感受到波斯威胁的岛屿。使节进一步强调，他们和雅典人结为盟友不是为了让雅典人奴役希腊人，而是为了让希腊人从波斯人手里解放出来。并且，在雅典人以平等的原则领导盟邦的阶段，米提列涅都是甘愿跟随的。

但是后来事情逐步发生了变化，雅典人领导的同盟不再针对波斯人，转而开始奴役盟邦。除了列斯堡人和喀俄斯（Chios）人之外，盟邦都被奴役了，米提列涅人便不再信任雅典人这个盟主。这一点在修昔底德前面的内容中已经反复出现，如科林斯人的战前演讲，甚至在雅典人自己的发言中都能够被证实，伯里克利明确说取得雅典帝国是不正义的，也就是说雅典帝国没有合法性。既然雅典帝国没有合法性，盟邦又为什么要服从其统治呢？合法性不只是一句理论空话，它会直接影响统治的秩序。使节接着说出了自己的担忧：

如果所有的盟邦都还保持着独立自主，那么我们的地位要更稳固一些，雅典人不会对我们轻举妄动。但是，等到他们控制住大部分盟邦，而我们继续保持与之平等的地位的时候，他们看到大部分已经屈服，只有我们与之平起平坐，就忍受不了，更何况他们自己的实力不断增长而我们越来越孤立了。相互惧怕是实力相当的对手忠于盟约的唯一原因，因为想要违反盟约者会因为实力不比对方强而不敢发动攻击。他们只留下我们这个独立的城邦，不为别的，就是因为他们觉得要想获得霸权，就要用漂亮的言辞，还有道德的压力而不是武力的进攻来掌控局势。同时，我们的盟邦地位也被他们当作证据——拥有同等投票权者，一方不会违背自己的意愿与另一方一同出征，除非罪在被征伐者；而且，他们先以同盟之力攻击较弱的城邦，将同盟中最强大的城邦留待最后，等把其他弱邦收拾之后，就轮到她了。如果先拿我们开刀，全体盟邦不仅还有实力，还应该有领头的，他们就不会得心应手了。他们对于我们的海军实力有所忌惮，害怕我们与你们联合，或者与其他城邦结盟，那会对他们构成威胁。我们幸存至今，某种程度上也靠讨好雅典的民众和其当红的民众领袖。[7]

米提列涅使节提出，他们的城邦对雅典来说就是一个门面。当有人指责提洛联盟是僭政时，雅典就可以搬出他们来证明联盟是很平等的。但米提列涅未雨绸缪，非常清醒地知道自己所处的位置和将来的命运，知道自己只是暂时保持了独立和自主，也害怕雅典在不久的将来要对自己下手。既然如此，索性趁雅典比较脆弱的时候先下手为强，先和斯巴达结交，利用斯巴达的力量摆脱雅典，毕竟斯巴达的伯罗奔尼撒联盟基本上是平等的。对于米提列涅来说，加入斯巴达的伯罗奔尼撒联盟比在雅典帝国里被奴役要好得多。

米提列涅的使节再次把现实主义原则讲了出来，说他们和雅典人的结盟并不是真心的，是因为相互忌惮而非善意。对双方来说，"信赖因恐惧而牢固，同盟靠恐惧而不是友谊而维系。先下手者为强……后下手者则遭殃"。[8] 看到这些话，就能够对现实主义理论有真切的理解，并让我们联想到霍布斯的"自然状态"理论。"自然状态"是国家解体或国家之前的状态，设想把大家扔到一个与世隔绝的荒岛上去，大家自谋生路。我们会发现，在自然状态下，所有人都要互相提防，每一个人与每一个人都是潜在的敌人。在这个状态下，每一个人都有平等的被杀死的机会，自然状态就是所有人对所有人的战争状态，所以每个人都要先下手为强。米提列涅人的觉悟很高，认识到友爱和善意在结盟中不靠谱，恐惧才是把大家聚在一起的东西，必须先发制人："攻击的主动权总是在他们（雅典人）手里，我们必须先采取防范措施。"[9] 基于这些考虑，米提列涅人要完成双重退出："退出希腊人的同盟——不跟雅典人一起作恶，而要参与解放希腊人；退出与雅典的同盟——除非我们首先下手，否则他们早晚要灭亡我们。"[10]

解释了与雅典脱钩的理由之后，米提列涅的使节摆出他们能给伯罗奔尼撒联盟带来的好处：

> 决定战争胜负不是在阿提卡，而是在于阿提卡能够吸取力量的那些城邦。雅典的财力来自其盟邦所缴纳的贡款；如果我们被征服，雅典的财力就更大了。因为不会再有盟邦叛离，我们的资源被他们攫取过去，我们的遭遇将比以前受他们奴役的城邦的遭遇更为可怕。你们若积极支持我们，将拥有一个强大海军的盟邦——而这正是你们所极为缺乏的——通过逐步挖走雅典的盟邦，就可以轻而易举打倒他们（所有的盟邦胆子都大起来，投奔你们）。你们也将逃脱不了援助叛离者的罪责。如果你们挺身而出担当解放者的角色，这场战争将胜券在握。[11]

米提列涅人的这些话是否有些眼熟？和当初科西拉人说服雅典人，接受其为同盟城邦时的说辞如出一辙。米提列涅使节的发言很有说服力，伯罗奔尼撒人找不到任何反驳的理由，这简直是送上门的大礼。

拉凯戴孟人和盟友听完了发言，便接受米提列涅为盟邦。拉凯戴孟人也相信此时雅典消耗严重，是入侵的好时机，于是命令在场的盟邦尽快以本邦的三分之二的兵力开往地峡，准备入侵阿提卡。雅典人得知后，为了表明对方误判了形势——在不撤回在列斯堡的战舰的情况下，雅典人照样能轻松抵挡来自伯罗奔尼撒的攻击——为100艘战舰配齐人员，起航开往地峡，炫耀武力，显示自己可以在伯罗奔尼撒的任何地方登陆。伯罗奔尼撒人发现自己的判断错得离谱，明白出征的事不可行，就撤回国内了。

而米提列涅人继续推进在列斯堡岛的行动，试图控制全岛。雅典派出重装步兵和舰队将米提列涅从海上和陆地上同时封锁起来。拉凯戴孟人派使者偷偷前往米提列涅，告诉他们伯罗奔尼撒军队将再次入侵阿提卡，还将派舰队前来支援。但到了第二年的夏天，虽然伯罗奔尼撒人蹂躏了阿提卡地区，但米提列涅人一直没有等到伯罗奔尼撒的支援舰队。在米提列涅的拉凯戴孟主官萨莱托斯（Salaethus）对舰队的到来不抱希望了，就给以前轻武装的民众配以甲胄兵器，以便向雅典人发动攻击。但事与愿违，民众一旦得到甲胄兵器，就不再服从统领他们的人了。他们一群群聚集起来，要求当权者交出粮食，分配给所有的人；否则，他们就要联合起来与雅典人谈判，将城市交给雅典人。米提列涅的统治者本来相信他们的人民可以一致对外，但是一旦把武器给了平民，平民立刻变了心。对于平民来说，城邦独立不独立无所谓，现在有机会翻身做主人，自然要抓住机会，受统治者的奴役比不上在雅典的支持下成为城邦的主人。

此时，当权者明白他们已经没有能力阻止民众，如果被排除在外就更危险了，所以就和民众一起与雅典军队展开和谈。双方约定，米提列涅人的命运交由雅典人决定。这场叛离行动就这样被雅典人镇压了。那么，雅典人会如何处置米提列涅人呢？雅典人最初在盛怒之下做出决议，要处死米提列涅所有的成年男子，把孩子和女人卖为奴隶。但到了第二天，雅典人就后悔了，觉得这太残忍了。我们再一次遇到这个问题，这到底是民众喜怒无常呢，还是一种审慎的表现？修昔底德说，大多数公民都希望重新讨论这个问题，于是再次召集公民大会。在大会上，克里昂和狄奥多图斯（Diodotus）展开了一场激烈的辩论，这场辩论表面上是讨论如何处置米提列涅人，实际上是讨论雅典帝国的统治原则。

三、雅典帝国新方略

1. 克里昂

首先发言的是克里昂，他是伯里克利之后、《尼基阿斯和约》之前最重要的，或者说是修昔底德着墨最多的一个政治家、将军。克里昂在阿里斯托芬笔下形象并不好，是一个蛊惑家。修昔底德则评价他是雅典人中言辞最强有力者，是那个时候对民众影响最大的人。在克里昂之前，这个殊荣属于伯里克利。克里昂还有一个非常鲜明的特征，他是城内最反对和平、最反对与斯巴达和谈的人。

克里昂在前一次大会上就主张要严厉对待米提列涅人，在新的发言中，他再次坚持这一观点。克里昂首先批评了雅典民众的表现，他说："过去我常常想，靠民主政体统治不了一个帝国，现在看到你们在米提列涅人的问题上反悔，我的想法更是如此了。"[13]克里昂不只是批评了民众，甚至还直接批评了伯里克利。因为伯里克利在国葬演说中指出，是民主制以及综合海洋性形成的民众品性造就了雅典的海上帝国。

但克里昂的意思是想要改变雅典政体吗？答案是否定的。克里昂只是想要说服民众不要朝令夕改，要坚持自己之前的主张。对照伯里克利在葬礼演说中对民主决议的赞颂，伯里克利强调公民大会讨论的审慎以及大事反复议决的合理性，克里昂则是看到决策过程中的摇摆和游移。克里昂告诫民众，不要被新奇的说法和观点所蛊惑，甚至直接批评民众在听取辩论时的心态：

> 有什么比朝令夕改更加可怕呢？我们不要忘了，一个虽有劣法却笃守不移的城邦，要比一个虽有良法却无人遵守的城邦强大得多；知识不多却谨慎克制胜过聪明伶俐却无所不为；平庸之辈治理城邦往往要强于精明之士。因为精明之士想要表现出自己比法律更聪明，想在所有公民大会的发言中盖过任何人，好像每次发言都是他们显摆自己才智的最好机

会，因而不肯放过。就是由于这一点，他们常常毁了城邦。而平庸之辈不相信自己的智慧，认为法律肯定比自己高明，自己没有能力批评那些聪明人的发言。他们是公正的裁决者，而不是竞争的对手，所以常常取得成功。我们正应当如此行事，不应该受伶牙俐齿和斗智逞能所鼓动，而去规劝你们——雅典群众——做出违背自己真实想法的决定……

……事实上昨天你们全都投了赞成票；或者为贿赂所动，试图精心编造貌似合理的言辞去误导你们。在如此一番唇枪舌剑中，城邦授予了别人桂冠，却给自己带来了危险。对此，你们难辞其咎。你们搞这种唇枪舌剑的比赛实在糟糕，你们听取发言的时候就像一个观众，在发言涉及行动的时候，只满足于当一个听众……你们最容易受新奇的言辞欺骗，不愿意遵从经过检验的好建议。老生常谈你们不屑一顾，荒谬的主意你们俯首帖耳。每个人首先想的是自己发表演说，如果做不到，就要与有能力演说的人较劲，表明自己跟得上对方的思想。不等对方演说中犀利的词句说完，就鼓掌叫好。这就说明你们热衷于预先判断演说者的意思，却在预见演说的后果方面显得迟钝。追寻一个所谓的理想世界，它不同于我们生活于其中的世界，却没有能力认识现实世界。头脑简单，过于轻信；就像闲坐看智者表演的观众，而不是商议城邦大事的公民。[14]

克里昂区分了言辞的世界和真实的世界，告诫民众新鲜的言辞容易吸引听众，但是花言巧语未必能反映现实世界的规则和逻辑，民众在公民大会上应该承担的责任是为城邦找到最有利的决策。那么，现实世界是什么呢？就是雅典已是僭主之治，要靠恐惧而维系，不能对米提列涅人心慈手软。

克里昂对米提列涅人的指责暗含了对伯里克利帝国政策的批评，因为伯里克利将米提列涅设为独立自主的城邦。克里昂提出，雅典给予米提列涅人尊重，然而他们却在背后捅刀子，和雅典人的敌人站在一起。不仅于此，克里昂认为米提列涅人的行事原则是强权原则："他们对未来盲目乐观，实力不济却野心勃勃，于是挑起战争。他们信奉强权大于公理，觉得胜券在握才开战，并非由于受到了我们的伤害。"[15] 雅典人（或者更直白地说，就是伯里克利）不应该将米提列涅人区别对待，这反而导致他们骄横，因为人性是欺软怕硬的，所以必须严厉惩罚米提列涅人。

除了上述的观点，克里昂肯定还提前知悉了之后要发言的狄奥多图斯的立场，便预先告诉民众，不要只惩罚寡头派，而放过民众。因为"所有米提列涅人都一样攻击你们，包括民众，尽管民众背弃寡头派投奔了我们，现在已再度执掌城邦大权。相反，他们认为与寡头派一起分担危险更稳妥一些，就加入了叛离的行列。想一想，如果你们对被敌人胁迫叛离的盟邦和自愿叛离的城邦施加同样的惩罚，在叛离成功即获自由、失败又不是死路一条的情况下，还有哪个城邦不会随便找个借口就叛离呢？"[16] 为了维系帝国,克里昂主张必须用惩戒的方式对待叛离的盟邦,既然帝国已经没有合法性了,那雅典必须从自我的利益出发,抛弃正义诚实的想法,用恐惧震慑盟邦,靠强力维系帝国。

2. 狄奥多图斯

克里昂讲完之后,狄奥多图斯说话了。狄奥多图斯首先回应了克里昂对民众辩论的指责。在这一点上,狄奥多图斯更多地站在伯里克利一边,强调城邦决策最忌讳的就是匆忙和发怒,这两种情况往往会带来愚蠢的决议。既然公民大会是要论辩,那就是要平等地把道理都铺陈出来,以选出最为明智的决策。

那么狄奥多图斯的建议是什么呢?他说:"对我们而言,问题不在于他们是否有罪,而在于我们是否明智。"[17] 这一句话就将讨论的层面提升了,克里昂说米提列涅人犯了罪,违反了统治帝国的原则,所以必须接受惩罚,如此帝国方能维系。狄奥多图斯则说,米提列涅人是否有罪,或者是否对雅典人做了坏事,已经无须讨论了,对于雅典人来说,真正关键的问题在于怎么做才是最有利于城邦的。换言之,是否严酷地处置米提列涅人不应该按照他们做了什么来判定,而是要按照雅典的利益来判定。

从雅典的长远利益出发,要维持帝国,防止城邦叛离,在这一点上,狄奥多图斯和克里昂产生了分歧。克里昂坚决主张,要防止其他城邦叛离，必须对暴动未遂的米提列涅人处以极刑。但狄奥多图斯提出，克里昂的方案并不能解决问题。狄奥多图斯提醒雅典民众，在希腊城邦中，对许多轻得多的罪行都是处以极刑。然而现实情况是，人们还是抱着侥幸心理铤而走险，因为人们在尝试之前压根儿不会想到他的图谋将以失败而告终。狄奥多图斯的这一观察不可谓不深刻，就像我们都知道死刑存在，但还是有很多人会铤而走险。法律的存在意味着有违反法律的事情发生，为什么会出现这一悖论呢？狄奥多图斯提出了一个很好的问题。而他的答案是因为人会受希望和贪欲的引导："'希望'和'贪欲'无处不在，'贪欲'领头，'希望'紧随其后。'贪欲'设计出阴谋，'希望'建议能交上好运。这两种东西最有害，而且看不见、摸不着，但是比看得见的危险更加厉害。"[18]如果只有贪欲没有希望，或者只有希望没有贪欲，人们不会以身试法，但是它们结合在一起的时候，人就会干坏事。死刑对这些是没用的，因为这是最基本的人性。在这一认识的基础上，狄奥多图斯认为，要想维系帝国，切实维护雅典的利益，就不能搞无效的恐吓，而要找到真正有效的方式。

狄奥多图斯也接受伯里克利和克里昂对于雅典僭政的判定，但他不采取强压的方式，而是站在被统治的盟邦的立场上想问题。他提出，一个自由的城邦被迫接受雅典的统治，想挣脱统治恢复自由是很自然的。所以雅典的工作要做在前面，应该在这些城邦叛离之前就严密监视，不让他们产生叛离的念头。一旦城邦真的有叛离活动，在镇压平定之后，也要尽可能少去追究叛离者的罪责。那么具体应该如何做呢？狄奥多图斯接着说：

> 你们应该考虑到，如果按照克里昂说的办，将犯下另一个大错。现在，所有城邦里的民众都对你们怀有好意，他们要么没有与寡头派的人一起加入叛离的行列，要么，如果被迫为之，就从一开始敌视挑起叛离的人；所以，你们若开战，将赢得叛离城邦里的民众的支持。然而，米提列涅的民众并没有参加叛离，而且得到甲胄兵器之后，就自愿交出了米提列涅城。如果处死他们，首先，你们犯了杀死了自己恩人的罪行；其次，正中了米提列涅当权者的下怀。他们下次策动叛离的时候就会马上将民众拉到自己一边，因为你们对有罪者和无辜者的惩罚毫无差别，人尽皆知了。即使民众有罪，你们也该假装不知道，以免让现在还是我们盟友的民众变成了我们的敌人。我认为，我们心甘情愿地容忍他们的伤害，比公正地处死那些不该被处死的人，对于保持我们的统治有益得多。[19]

狄奥多图斯这段话非常关键。克里昂说，不能只惩罚城邦中的寡头派，还要惩罚民众，这里有一个预设：雅典帝国统治的是一个个总体的城邦。但是狄奥多图斯提出了一个新的观点，即应该把所有的城邦分成两部分，去拉拢每个城邦中的民众，哪怕他们做了错事也要假装没看见。这实际上是要求雅典做出一种姿态，把民主的大旗扛起来，和盟邦中的民主派绑定在一起。狄奥多图斯这一策略表面上看带有浓厚的意识形态色彩，但雅典是因为民主本身是好的而推行民主制吗？实际上，他将雅典与属邦的冲突转化为属邦内部的派系斗争。这样一来，雅典得以一箭双雕：一来可以使属邦内部进一步分化，对平民派的支持会加深对寡头派的猜忌和敌对，从而削弱属邦反叛的力量；二来可以通过扶植民主政体来服务于自身的帝国利益。狄奥多图斯的建议无疑是雅典帝国方略的重要创新。

纵览狄奥多图斯的发言，会发现他和克里昂对雅典帝国的现状有很多共同的理解，二人关键的分别在于，是继续靠强力压制，还是谋求一种新的帝国统治策略。雅典人最终赞成了狄奥多图斯的观点，只处决了1000多名叛党，米提列涅就这样逃过劫难。后来，雅典把墨堤谟娜之外的列斯堡岛化为雅典的公民殖民地，分配给雅典公民。在战争开始的第五年，雅典对失去合法性的帝国进行了新的治理探索，这是在伯里克利之后第一次重大的统治体系变革。狄奥多图斯看到雅典帝国的现状，并且预感到未来还会有盟邦伺机反叛，仅靠强力镇压不是长久之计，必须要在帝国治理结构上找到一些新的办法，以最大限度地延续帝国。所以，米提列涅人叛离事件的象征性意义远远大于事件本身给雅典带来的冲击。结合修昔底德在第三卷中记述的其他事件，特别是上一讲中讨论的科西拉内乱事件，可知雅典和盟邦的关系在道理上形成了逻辑圆环：城邦内部民主派和寡头派在大战的环境中会主动分裂，牺牲城邦利益，借助雅典或斯巴达的支持，换取城邦统治权；雅典也开始利用盟邦中的民众来维系对盟邦的控制。雅典帝国与伯罗奔尼撒联盟的战争同时也体现为各个城邦的内部战争。

注释

1. 参见修昔底德,《伯罗奔尼撒战争史》, 2.2—2.6、2.71—2.78、3.20—3.24、3.52—3.68。
2. 修昔底德,《伯罗奔尼撒战争史》, 2.7。
3. 修昔底德,《伯罗奔尼撒战争史》, 3.53—3.59。
4. 修昔底德,《伯罗奔尼撒战争史》, 3.68。
5. 参见修昔底德,《伯罗奔尼撒战争史》, 3.1—3.50。从第三卷的开头,修昔底德就开始描述这场米提列涅的叛乱。
6. 参见修昔底德,《伯罗奔尼撒战争史》, 3.9—3.14。
7. 修昔底德,《伯罗奔尼撒战争史》, 3.11。
8. 修昔底德,《伯罗奔尼撒战争史》, 3.12。
9. 修昔底德,《伯罗奔尼撒战争史》, 3.12。
10. 修昔底德,《伯罗奔尼撒战争史》, 3.13。
11. 修昔底德,《伯罗奔尼撒战争史》, 3.13。
12. 修昔底德,《伯罗奔尼撒战争史》, 3.37。
13. 修昔底德,《伯罗奔尼撒战争史》, 3.37。
14. 修昔底德,《伯罗奔尼撒战争史》, 3.37—3.38。
15. 修昔底德,《伯罗奔尼撒战争史》, 3.39。
16. 修昔底德,《伯罗奔尼撒战争史》, 3.39。
17. 修昔底德,《伯罗奔尼撒战争史》, 3.44。
18. 修昔底德,《伯罗奔尼撒战争史》, 3.45。
19. 修昔底德,《伯罗奔尼撒战争史》, 3.47。

推荐阅读

1. 熊文驰:《正义与权力之争的复杂与两难——以修昔底德笔下普拉提亚（Plataea）事件为例》,《国际观察》, 2014 年第 5 期, 第 90—104 页。
2. 唐纳德·卡根:《阿奇达慕斯战争》, 李隽旸译, 上海: 华东师范大学出版社, 2020 年, 第 1—6 章。
3. Marc Cogan. "Mytilene, Plataea, and Corcyra Ideology and Policy in Thucydides, Book Three." *Phoenix*, vol. 35, no. 1 (spring, 1981): 1-21.
4. Bernd Manuwald. "Diodotus' Deceit (on Thucydides 3.42-8)." In *Thucydides*, edited by Jeffrey S. Rusten, 241-260. Oxford: Oxford University Press, 2009.
5. C. W. MacLeod. "Reason and Necessity: Thucydides III 9-14, 37-48." *The Journal of Hellenic Studies*, vol. 98 (1978): 64-78.
6. C. W. MacLeod. "Thucydides' Plataean Debate." *Greek, Roman and Byzantine Studies* 18 (1977): 227-246.

第七讲

克里昂与布拉西达

一、麦加拉与波奥提亚

在战争开始后不久，伯里克利就将雅典帝国的不义性和必要性直接明了地告诉雅典民众，但这也为雅典维系丧失合法性的帝国带来了无休止的挑战。在第三卷中，修昔底德记述了米提列涅人的反叛和科西拉内乱，从两个方面观察到战争给雅典以及其他城邦带来的结构性变化。狄奥多图斯对雅典的献策实质上是要笼络盟邦中的民主派，来实现对帝国的组织和维系，而科西拉内乱中的现象则说明，大战促使希腊众多城邦的民主派和寡头派主动献上城邦利益，以换取雅典和斯巴达的支持。无论是帝国方略还是城邦内乱，表面上都呈现出意识形态化的色彩，而实质上是权力之争。这并非只是修昔底德的理论观察，在这两件事情之后，修昔底德记述中的此类现象明显增多，第四卷中麦加拉和波奥提亚地区的一系列事件就是明证。

从第一次伯罗奔尼撒战争开始，麦加拉就因为独特的地理位置遭到两边的觊觎。第二次伯罗奔尼撒战争爆发之前，伯里克利颁布了麦加拉法令，禁止麦加拉人使用雅典及其盟邦的港口。战争爆发之后，雅典人每年都会两次入侵并蹂躏麦加拉的领土。公元前427年，雅典人占领了米诺阿（Minoa），进一步封锁了麦加拉的海上线路。同年，麦加拉爆发了内乱，极端寡头派被驱逐，麦加拉城内建立了民主政体。麦加拉因此失去了拉凯戴孟人和伯罗奔尼撒盟邦的信任，拉凯戴孟人还将流亡的寡头派安置在被灭邦的普拉提亚。后来，这些流亡者占领了佩岬，封锁了麦加拉的海路通道，进一步恶化了麦加拉的处境。

公元前424年，陷入绝望的麦加拉城内开始出现一些声音，要接受流亡者归来，以免城邦因遭受两方面的打击而毁灭。民众的领袖们意识到，一旦佩岬的寡头派流亡者归来，他们必将大祸临头。出于恐惧，民主派领袖决定投向雅典人，他们联系雅典将军希波克拉底（Hippocrates）和德谟斯提尼（Demosthenes），提出献城的计谋：首先，雅典人夺取连接麦加拉城与尼塞亚的长墙（大约8斯塔狄翁，约合1500米），目的是不让伯罗奔尼撒人从

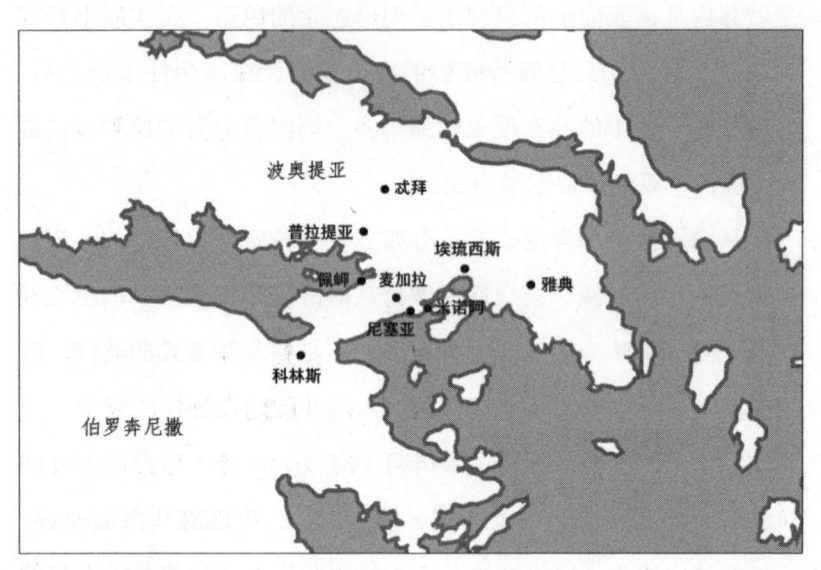

图7.1 麦加拉周边

尼塞亚过来支援。随后，麦加拉民众领袖将麦加拉城交到雅典人手里，如此便可结束雅典人每年的入侵和封锁，民主派也不用担心寡头派回来报复。

雅典人和麦加拉民主派的计划非常复杂，我们这里简述一下。希波克拉底率600名重装步兵从米诺阿驶出，隐蔽在长墙附近的壕沟中。另一支部队则由德谟斯提尼率领，埋伏在恩亚琉斯（Enyalius）。城内有麦加拉人做内应，每天晚上他们都从驻扎在尼塞亚的伯罗奔尼撒军队那里得到允许，通过长墙的大门，用车推着双桨船出去，谎称去侵扰雅典的海上运输，天亮时再将船用车推进来，而雅典人躲在小船里，就这样进入长墙。准备工作做好之后，在行动的当晚，麦加拉的内应打开长墙的大门，顺利让小船进入，杀死了守卫。希波克拉底率领的部队从壕沟中杀出，守住了大门。德谟斯提尼率领的军队成功进入长墙，击退了伯罗奔尼撒援军。到了拂晓时刻，雅典人控制了长墙，4000名重装步兵和600名骑兵从埃琉西斯（Eleusis）连夜赶来，雅典人大军兵临麦加拉城下，攻克在即。

在这样的形势下，麦加拉城内的民主派仍然无法直接掌控局势，他们想出了一个残害同胞的计谋，即煽动麦加拉人出城抗击雅典大军，而民主派在身上做好标记，以免在战斗中被伤害。结果阴谋暴露，城内的寡头派极力反对出城作战，城门没有打开。城外的雅典人知道计划出了问题，无法直接破城，便开始准备筑墙围城。

恰在此时，得知麦加拉消息的斯巴达将军布拉西达（Brasidas）赶紧集结军队，带领3000多名重装步兵赶来救援。诡异的是，作为伯罗奔尼撒联盟一员的麦加拉，拒绝他们入城。因为民主派害怕布拉西达将流亡者引回来。寡头派则担心，拉凯戴孟人前来会激化矛盾，令城邦陷入自相残杀。

与此同时，波奥提亚人也前来救援，因为一旦麦加拉被雅典人控制，波奥提亚与伯罗奔尼撒的陆路交通线就被切断了。波奥提亚人派出了2200名重装步兵和600名骑兵，加上布拉西达的部队，雅典的5000名重装步兵就要面对规模达到6000名重装步兵的敌人。两军对峙了一段时间，但没有开战，雅典军队先行退守到尼塞亚。麦加拉城内的寡头派看到布拉西达成功遏制了雅典，开始积极行动。民主派一看大事不好，立即逃离了城邦，而寡头派迎回了在外流亡的同党。这些极端寡头派回城之后，虽然宣誓不计宿怨，只为城邦谋善政良策，但是当政之后，随即处死政敌，建立了极端的寡头政体。修昔底德评论说："没有哪一场党争之后的反攻倒算、由如此少的人发动的政治变革，延续了如此长的时间。"[1]

麦加拉的内乱过程展示了城内民主派与寡头派的对峙状况，以及双方如何分别获得雅典和斯巴达的支持，在外部支持的局势变化下，进行城内的政治斗争。紧随其后，与雅典陆上相邻的另一敌对地区波奥提亚也有很多城邦出现了内乱迹象："在波奥提亚的一些城邦，有些人想要推翻他们的政体，建立像雅典那样的民主政体。"[2] 有3个地方有意倒向雅典，分别是西扉（Siphae）、开荣尼阿（Chaeronea）和德里昂（Delium）。修昔底德说，这些人找德谟斯提尼和希波克拉底谈判，希望获得雅典的支持。这三个地方呈三角分布，位于波奥提亚的边境地区（如图7.2）。雅典如果能在这三个地方立足，就包围了波奥提亚地区，即便不能完全控制波奥提亚，也可以牵制忒拜，进一步可以扭转与伯罗奔尼撒联盟在陆地上的力量对比。但恰恰也因为三个地方非常分散，这场陆地上的争夺战必将是多线并进的攻坚战。德谟斯提尼先率舰队到诺帕科都，赶赴西北一带征集军队，最后前往西扉。希波克拉底则率军前往德里昂。结果两支军队在行动中都遭到重创。

德谟斯提尼到达西扉时，叛乱的阴谋已经被斯巴达人截获，并告知了波奥提亚人。波奥提亚人提前占领了西扉，使得德谟斯提尼的舰队无法登陆，只能驶离。与西扉的局势相比，希波克拉底征讨德里昂遇到了更大的困难。希波克拉底率领了7000名重装步兵前去，想在德里昂建要塞，路上行军用了两天，修建要塞用了3天，整整5天，希波克拉底都没有遭遇波奥提亚的军队。实际上，波奥提亚军队集结在塔纳格拉，等待着雅典军队返程，这支大军有重装步兵7000名，与雅典军队相当，但是波奥提亚军队还有1000名骑兵、10000多名轻装步兵和500名轻盾兵。来自忒拜的波奥提亚同盟官员帕贡达斯（Pagondas）劝说波奥提亚人向雅典发动进攻，决一死战，称雅典是非常危险的邻邦，而自由只能靠实力争取。

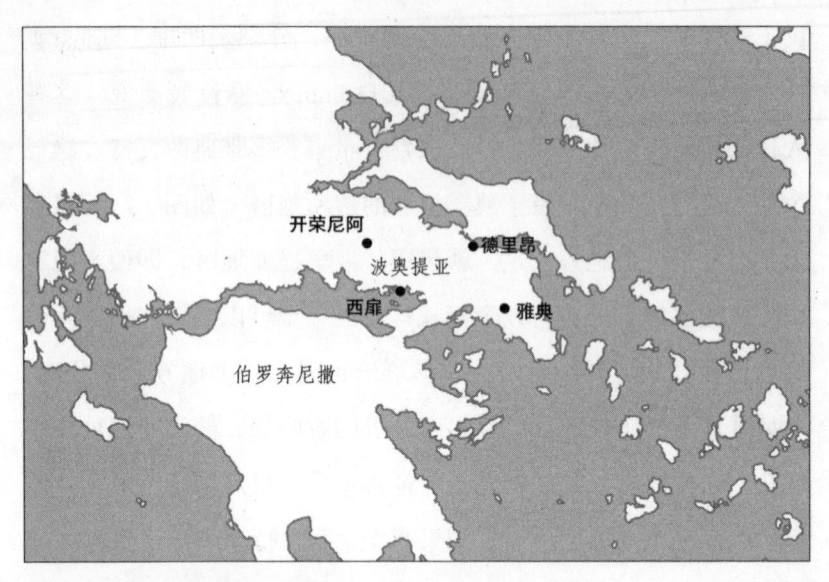

图7.2 西扉、开荣尼阿、德里昂

两军对垒中，忒拜的重装步兵方阵有25排，远远超出希腊通常的方阵深度，而雅典则坚持8排的设置。最初，位于右翼的雅典方阵冲破了波奥提亚方阵左翼部队，在另一侧双方则势均力敌，雅典人略居下风但井然有序。这时候，帕贡达斯从右翼派出两个骑兵队，绕路援助受到冲击的左翼部队，当骑兵队出现在雅典方阵的后方时，雅典人以为对方有大军前来支援，乱了阵脚，继而溃不成军。这是雅典自战争爆发以来损失最为惨重的一次战斗，希波克拉底丧生，雅典还损失了重装步兵1000名，此外还有轻装步兵等减员。获胜后的波奥提亚军队运用一种巨型喷火器攻下雅典在德里昂修筑的要塞，俘虏了200名雅典士兵。

从麦加拉和波奥提亚的一系列争端中可以清楚看到，在大战的背景下，不同城邦中的党派如何利用战争对立来为自己谋求利益。战争与内乱的结构性互动关系清晰地呈现了出来。正如前面几讲中提到的，城邦内乱增加了战争的频次和强度，而战争也使得内乱更为频繁。如果放眼整个阿基达姆斯战争阶段（即战争的第一阶段，公元前431年至前421年），会发现雅典和斯巴达真正的对决是在派罗斯（Pylos）和安菲波利斯，这两个地方的战局使得战争的第一阶段以和谈告终。

二、克里昂与派罗斯

公元前425年夏季，伯罗奔尼撒人及其盟友在阿基达姆斯的儿子阿吉斯（Agis）率领下入侵阿提卡。雅典则按计划派40艘战舰去西西里，打算在驶经科西拉的时候，顺路把科西拉的局势摆平。雅典将军优律梅登（Eurymedon）和索福克勒斯（Sophocles）要舰队赶紧去科西拉，而德谟斯提尼却要他们先到派罗斯去，做该做的事。什么是该做的事情呢？德谟斯提尼想在派罗斯建造一个永久性要塞。在伯罗奔尼撒建立要塞，就是要发起主动进攻，这无疑背离了伯里克利当初制定的总体战争策略。

事实证明，德谟斯提尼是一个非常有战略眼光的将军。德谟

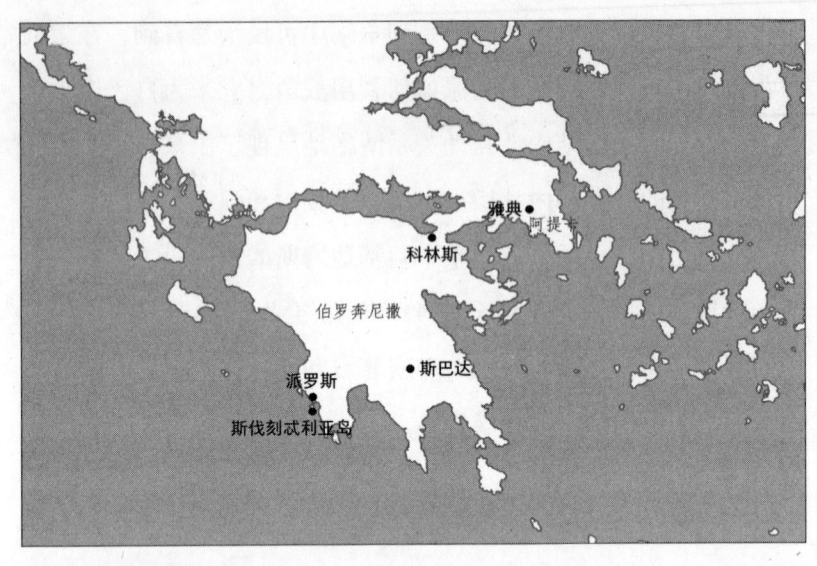

图 7.3 派罗斯位置

斯提尼肯定早就对派罗斯打起了主意,他知道此地有大量木材和石头,而且易守难攻,派罗斯及其附近有大片范围无人防守。派罗斯离斯巴达大约 400 斯塔狄翁(约 73 公里),这个地方有一个邻近的港口,曾是美塞尼亚人的土地,原先生活于此地的美塞尼亚人与拉凯戴孟人说着同样的语言。雅典人如果以派罗斯为基地,对拉凯戴孟人是极大的威胁。德谟斯提尼最初未能说服同僚和士兵,但有些士兵闲得无聊,便开始修建工事。

雅典人修筑工事的时候,拉凯戴孟人刚好在庆祝一个节日,得知这个消息,也没有在意。拉凯戴孟人以为,一旦他们出手,雅典人就会逃之夭夭,攻下雅典人修筑的工事不费吹灰之力;另一方面，他们的主力军队正在阿提卡。就这样，雅典人在短短 6 天之中完成了工事。之后便留下德谟斯提尼和 5 艘战舰守卫，其他战舰赶紧驶向科西拉和西西里。

在阿提卡的伯罗奔尼撒人得知派罗斯被占的消息，迅速撤退回国。这次入侵为时最短，他们只在阿提卡待了 15 天。阿吉斯认为派罗斯被占乃心头大患，待伯罗奔尼撒人从阿提卡撤回后，斯巴达人和派罗斯附近的边民立即前往援救派罗斯。拉凯戴孟人从海陆两路发动攻击，[3] 结果雅典人将斯巴达士兵封锁隔离在斯伐刻忒利亚岛（Sphacteria）上。

消息传到了斯巴达，斯巴达人非常震惊，采取了令人惊异的措施。斯巴达人马上决定与雅典将军谈和，就派罗斯事件订立休战协议，同时派使节去雅典签订和约，换回被困在岛上的斯巴达士兵。雅典的将军们接受了这个建议，达成了休战协议：拉凯戴孟人将这场战役中使用的战舰，以及所有在拉科尼亚的战舰，交给派罗斯的雅典人；不得从陆上和海上攻打派罗斯的工事；雅典人允许大陆上的拉凯戴孟人给岛上的人送去一些物资，包括面粉、酒、肉等；所有这些均要在雅典人的监视下，任何船只不得偷偷驶入；雅典人继续严密警戒该岛，但不得登陆，也不得从陆上和海上攻击伯罗奔尼撒人的军队。[4]

斯巴达为了 420 名战俘竟然第一次主动与雅典签订和约，这令人不得不惊异。但是仔细计算，420 人已是斯巴达军队的十分之一，其中还有至少 180 名斯巴达公民（Spartiates），这是斯巴达的核心利益关切。修昔底德详细记述了斯巴达使节的发言，他们承认自己暂居劣势，但提醒雅典人这不过是他们运气不好而已：

> 雅典人啊！拉凯戴孟人派我们来处理有关斯伐刻忒利亚岛上人员的问题，希望你们开出的条件在对你们有利的同时，在目前的灾难中，也尽可能照顾我们的颜面……你们尽可以利用目前的胜利为自己谋利，不仅占据已有的，还要赢得名誉和声望；还可以避免重蹈突然撞上大运的人的覆辙，因为他们总是由于眼前出乎意料的好运气而希望获取更多的好处。然而，那些好运厄运都饱尝的人，最有理由不相信所谓幸运。过去的经验说明这对你我双方都是千真万确的。你们只要看一看我们现在的悲惨处境就会作出自己的判断了。在希腊地位最显赫的我们落到如今的田地。现在我们前来向你们乞求开恩，在此之前，我们可是认为自己最有权力给予别人恩惠的啊！然而，我们遭此灾祸既不是由于实力削弱，也不是由于实力陡增而自高自大。我们的实力并没有变化，我们是因为判断错误才栽了跟头——这样的错误是人人都会犯的啊……不要由于你们城邦现有的实力和已经获得的霸权，就认为幸运理所当然会永远伴随着你们……拉凯戴孟人呼吁你们订立和约，结束战争，提议与你们和解和结盟，与你们结下广泛的友谊和亲密的关系，只要求你们放还隔离在

岛上的人。[5]

雅典遭遇瘟疫的时候，雅典民众曾经想和斯巴达议和，但是被斯巴达拒绝了。这次雅典围困了斯巴达人，换来斯巴达的主动议和。斯巴达认为这是给雅典提供了一个开战以来最好的契机，雅典人应该会欣然接受。然而，雅典人有了人质，认为一切已在掌控之中。这个时候克里昂再一次出场表态，提出更多的具体要求："首先，岛上的人必须投降，交出武器，并送到雅典来；其次，拉凯戴孟人交出尼塞亚、佩岬、特洛兹顿（Troezen）和阿卡伊亚（Achaea）。"对此，拉凯戴孟人没有做出回应，很显然他们无法答应这些条件。他们要求雅典人派出议事的官员，与他们平静地详细讨论此事。克里昂对拉凯戴孟人的反应很生气，说他一开始就知道他们心术不正，现在终于昭然若揭：他们不愿意当着民众的面谈，而要与两三个人私下密谈。他要求他们，如果有诚意，就当着全体民众的面说。拉凯戴孟人深知当着民众的面谈这些方案是不可能成功的，于是两手空空地离开了雅典。

到了当年的冬天，雅典人在派罗斯的补给断了，光是超过14000人的饮水就成了很大的困难，粮草补给也出了问题。雅典人自知快要守不住了，毕竟始终保持警戒和围困并不是容易的事。派罗斯军队遭遇困境的消息传回雅典，雅典人开始后悔没有接受和谈的建议，就在这时候，克里昂又做出了一个冒险的选择。

克里昂预见到民众可能会在这个危急时刻反对自己，伯里克利就曾在战争刚开始的那几年被民众捧上天，后来又被民众摔到地上。克里昂明白自己的选择并不多，就冒险提议，不用派人前往派罗斯查看真实情况，也不要拖延时间，浪费时机，如果雅典民众认为报信人的话属实，就应该派军队前去。克里昂还含沙射影地挖苦政敌尼基阿斯："如果将军们都是男子汉，带兵航行过去，就可以将那些岛上的人手到擒来；他本人如果率军的话，就可以完成这个任务。"[6] 于是，雅典人便冲着克里昂鼓噪起来：如果对他来说易如反掌，那为何不现在出航呢？尼基阿斯受到嘲弄，又看到民众的反应，就告诉克里昂，他想率领什么军队出征都行。克里昂以为尼基阿斯不过是说说而已，从未想到尼基阿斯会将自己的位置让给他。等到他发现尼基阿斯真要把权力交给他，克里昂就退缩了。然而，尼基阿斯怎会放弃这么好的机会，他再次提出要求，让克里昂担任出征派罗斯的统帅，并要雅典人做见证。依据民众的品性，克里昂越逃避，他们就越要求他率军出征。他们大叫大嚷，要克里昂出航。克里昂骑虎难下，只能答应率军出征。

克里昂最初只想撇清责任，没想到却把自己架到了火上。克里昂不得不出航，但又给自己增添了一些困难，他说他不怕拉凯戴孟人，不会从城邦带走一个士兵，只带在雅典城内的莱姆诺斯人（Lemnians）和因布洛斯人（Imbrians），从埃诺斯（Aenus）来援助雅典的轻装步兵，以及来自其他地方的400名弓箭手。克里昂许诺，有了这些人，加上在派罗斯的军队，他可以在20天内将拉凯戴孟人生擒回来，或者就地杀死。

城邦里有人对此很满意，他们盘算着，无论事情如何进行，结果都不差——要么除掉克里昂；要么他们失算，克里昂制服了那些拉凯戴孟人。这些描写再次让我们回忆起修昔底德在伯里克利死后对雅典民主制度的评论，即伯里克利的继任者都为了争夺统治权各怀鬼胎。在伯里克利时期，主要的矛盾是伯里克利和群众的矛盾，二者偶有不和；在伯里克利后期，他最大的政敌已经被驱逐，没有人可以对他构成威胁。但在他死后，雅典的政治家们谁都不服谁。克里昂是对民众影响最大的人，他的成功固然是好事，但失败也是好事，因为这样就可以除掉一个最大的对手。从这里就可以看出，雅典内部的权力斗争日益明显，雅典内部开始分裂了。不光被雅典和斯巴达笼络的那些小盟邦有派系，雅典内部也有派系，而且最终演化成了一场内战。

克里昂在公民大会上安排完所有的事项后，选择德谟斯提尼为副手。克里昂很精明，他知道谁能干。最终克里昂和德谟斯提尼率领的军队超过一万人，包括8000名划桨手，800名重装步兵，超过2000名轻装步兵，还有弓箭手，而被围困的斯巴达军队只有420人。最终，雅典军队包围了斯巴达军队，派出传令官，给斯巴达士兵提供了投降的机会。双方经过两三次问答之后，一位来自大陆上的拉凯戴孟人告诉他们："拉凯戴孟人命令你们自己决定自己的事情，但不要做屈辱的事。"士兵们相互商议之后,交出了武器,投降了。

　　这次投降事件在斯巴达城邦的历史上也是空前绝后的,斯巴达人一向骁勇善战、视死如归,修昔底德对此都表示吃惊:"在这场战争中,这件事最出乎希腊人的意料。人们一向以为,拉凯戴孟人绝不会因为饥饿或者其他难以抗拒的力量而交出武器,而会用武器,战斗至最后一息。人们怀疑那些投降的人跟那些战死者根本不是同一类人。"[7]

　　最后,被围困的 420 名拉凯戴孟重装步兵中,有 292 名被俘,送往雅典,其余战死。在俘虏中,有大约 120 名斯巴达公民。这些俘虏成为人质。如果伯罗奔尼撒人在订立和约前再入侵阿提卡的话,雅典人就威胁将这些俘虏处死。斯巴达为了这些俘虏,不断派使节前去谈判,结果雅典人总是提出过高的要求,无法达成一致。而这一事件的真正解决还要靠斯巴达在希腊北部战场上的优势,这就是布拉西达一路北上的远征。

三、布拉西达的远征

　　战争逐步展开,到了公元前 424 年,斯巴达的处境也并不乐观。雅典不断侵扰伯罗奔尼撒沿岸,还在派罗斯有实质性的军事行动。此外,不光雅典有盟邦叛离的威胁,斯巴达也有黑劳士暴动的隐忧,每当斯巴达遭遇逆境,就是黑劳士暴动的好时机。基于种种考虑,斯巴达决定远征北方。一来开辟新战场,煽动雅典盟邦叛离。色雷斯地区的安菲波利斯有丰富的物质资源,还处于交通要道,是雅典谷物运输线的关键节点,一旦拿下,就能重创雅典。二来,可以将部分黑劳士派去远征,减轻叛乱压力。对斯巴达而言,这是一个冒险的战略。开拓新的战场,而且是远征,对于斯巴达来说是闻所未闻的。这时候,关键人物布拉西达出场了。克里昂和布拉西达,两人是伯里克利之后雅典和斯巴达斗争中的重要人物。

斯巴达在出征之前,先用计除掉了一批有威胁的黑劳士。修昔底德记载,斯巴达人害怕黑劳士人数众多、年轻勇猛,所以采取了一些行动:他们宣布,单独挑出所有坚信自己能在战争中为拉凯戴孟人作出突出贡献的黑劳士,给予其自由。这其实是个陷阱,因为他们认为那些最热望得到自由的人,斗志最昂扬,也最有可能造反。最后,斯巴达挑选出约2000名黑劳士,给他们戴上花冠,让他们绕着神庙游行,这些人以为他们自由了。但是,没过多久,这些黑劳士就被除掉了,没人知道他们是怎样死的。之后,布拉西达率领了700名黑劳士以及从伯罗奔尼撒用钱雇来的士兵出征了。这支军队的组成很奇特:布拉西达是这支军队里唯一的斯达巴人,他带着一帮可能会叛乱的黑劳士和花钱雇来的伯罗奔尼撒人就去出征了。

布拉西达是一位卓越的将军,他在斯巴达被认为是事事都敏于行的人物。布拉西达被派到国外的时候，就成了拉凯戴孟人的无价之宝。因为布拉西达"对那些城邦表现出公正而温和的态度，使得她们大部分叛离了雅典，有些是由内应交到他手上的，以至于到拉凯戴孟人想要订立和约的时候，他们有地方交出去以换回自己想要收回的地方，以减轻战争带给伯罗奔尼撒的压力。在这场战争的后期，西西里的事件之后，布拉西达表现出的卓越和睿智——有些人亲身领教过，有些人从传闻中有所了解——极大地激发了雅典的盟友对于拉凯戴孟人的向往。因为他是第一个派到他们那里的拉凯戴孟人，他为自己在一切方面赢得了声名，这让他们坚信，其他拉凯戴孟人也跟他一样"。[8] 考虑到修昔底德当时就驻守在安菲波利斯地区，他对布拉西达远征情况的介绍以及评价，应该基于切身的认知和体会。

布拉西达的远征军要依次经过色萨利、马其顿，最终到达色雷斯地区，这一路行进并不容易，因为很多地区都是雅典的盟邦地区。色萨利地区的人民一直对雅典人抱有好感。在整个希腊，不经邻邦的同意穿越其土地要受人怀疑。布拉西达的军队之所以能顺利通过，修昔底德给出的解释与政体有关："如果色萨利人不是被传统的王朝政体（*dynasteia*）统治，而是一种更加平等的政体，布拉西达就无法前进了。"[9] 也就是说，色萨利虽然更亲近雅典，但是这个地方的政体与雅典政体相差太大，与斯巴达政体更相近，所以布拉西达被允许通过。如果这个地方实行民主制度，布拉西达就不会这么顺利了。就这样，布拉西达的军队急行军，到达了迎接他们的马其顿国王派狄卡斯（Perdiccas）那里和卡尔喀狄刻地区。

派狄卡斯以及色雷斯地区其他叛离雅典的人看到雅典的咄咄攻势，担心雅典马上就要在这个地区行动，所以他们很欢迎伯罗奔尼撒人。派狄卡斯愿意为布拉西达提供一半军需粮草，他虽然尚未公开与雅典人为敌，但彼此有宿怨。另外，他还想对付自己的马其顿同胞吕克斯提斯（Lyncestis）国王阿尔哈巴乌斯（Arrhabaeus）。布拉西达一到达色雷斯地区，雅典人就知道了消

图 7.4 色萨利、马其顿与色雷斯

213

息，立即向派狄卡斯宣战，而派狄卡斯拉着布拉西达的军队想去征讨阿尔哈巴乌斯。布拉西达前来并不是为了帮派狄卡斯实现自己的目的，但是他也不愿失去粮草供给，便从中斡旋仲裁，他与阿尔哈巴乌斯会面，接受对方的主张，撤出了自己的军队，没有入侵其领土。派狄卡斯对此非常不满，将对布拉西达军队的粮草供给从一半降到三分之一。

布拉西达率军远征的目的是要在爱琴海北岸地区削减雅典的力量，主要的方式就是煽动雅典盟邦叛离以及直接的军事行动。斯巴达这个时候终于想明白了：这么打下去不行，要主动出击，瓦解敌方阵营。公元前424年8月下旬，布拉西达带领卡尔喀狄刻人出征阿坎苏斯（Acanthus），在是否接纳布拉西达的问题上，阿坎苏斯人分成了两派：一派是那些与卡尔喀狄刻人一起邀请布拉西达的人，另一派是民众。阿坎苏斯人让布拉西达进城，对民众发表演说。布拉西达的演说实际上就是煽动雅典盟邦叛离的演说，这也是修昔底德书中斯巴达一方为数不多的几个精彩演讲之一：

> 阿坎苏斯人啊！拉凯戴孟人派我和这支军队来，是要践行我们在这场战争开始时发出的宣言：向雅典人开战，解放希腊！如果说我们现在才来的话，那是因为我们错误地估计了那边的战争，我们原本期望在不让你们卷入危险的情况下，迅速将雅典人推翻……如果你们心里另有所图，或者要

阻碍你们的和其他希腊人的解放事业,那就太糟糕了。那就不仅仅是你们反对我的问题,而是我到哪里,哪里的人都不愿意跟从我的问题。如果我来到的第一个城邦——你们这个相当重要的城邦,还有素称睿智的人民——拒绝我,那么到别处就棘手了。我将无法对这次远征的原因提出令人信服的解释;要么我带来的自由可疑,要么如果雅典人前来攻打你们,我没有能力保护你们……

至于我自己,我来这里不是要伤害希腊人,而是要解放他们。我已经要求拉凯戴孟当政者作出最庄严的宣誓,保证我争取过来的盟邦的独立自主。而且,我们不想通过暴力或者欺骗与你们结盟,而要与你们并肩作战,将你们从雅典人的奴役中解放出来。因此,我要求你们不要怀疑我的话,我已经作了最庄严的保证;也不要认为我没有能力提供保护,大胆地加入我们的行列吧!如果你们当中有人因为私人恩怨而畏畏缩缩,担心我把城邦交到某些人手里,那么请绝对相信我!我来此不是要加入党派斗争。如果我违背拉凯戴孟人的传统,将多数人置于少数人的奴役之下,或者将少数人置于全体人民的奴役之下,那我所带来的自由就不是确确实实的。那将比外族统治还要坏……

如果你们提出不能接受我的提议……我首先要吁请你们土地上的神灵和英雄做见证:我为你们的利益而来,却被拒绝;我将使用武力,蹂躏你们的土地。果真如此,我也并不觉得自己有什么错。我有两个人们必须接受的理由,其一,不能因为你们只是对我们友好而不加入我们一边,而让拉凯戴孟人的利益因雅典人得以继续从你们这里收取贡款而受损;其二,不能因为你们的阻挠而使希腊人不能摆脱奴役。要不是目前特殊的情况,我们这样做当然是错误的。如果不是为了共同的利益,我们拉凯戴孟人有义务将自由强加给不愿接受的城邦吗?我们也并不渴求霸权,但是渴望推翻别人的霸权。如果我们在给所有城邦带去独立自主的时候,却允许你们唱反调,那就是对大多数城邦的不公。有鉴于此,你们要做出明智的决定,率先奋力开展解放希腊的事业,为自己树立不朽的令名。如此,你们自己的财产将免受伤害,你们整个城邦将赢得最美好的名声!" [10]

布拉西达这一路上展现出了高超的外交技巧,用沟通解决问题,这是一种非常不斯巴达的方式,修昔底德笔下更多的辩论、演说都是雅典人作出的。而从这段演讲来看,布拉西达的修辞和政治才能丝毫不逊于雅典的政治家和将军们。他向阿坎苏斯民众传递的信息非常明确。首先,他的部队是正义之师,是来帮助阿坎苏斯获得自由的。斯巴达不是要这些城邦听命于伯罗奔尼撒同盟,只是为了将希腊城邦从雅典的奴役中解放出来,他们获得的只有自由而没有新的枷锁。其次,布拉西达敏锐地意识到民众的担心,特别强调了自己无意卷入阿坎苏斯的内部权力斗争,这一表态又将自己乃至拉凯戴孟人与雅典区分开来。雅典很乐于介入其他城邦的内乱之中，而在布拉西达看来，自由和自主并不只是城邦整体免于被支配，还包括城邦内部没有强权压迫，他说他不会让民众陷入"比外族统治还要坏"的情况。最后，布拉西达举起了大棒的威胁："我为你们的利益而来，却被拒绝；我将使用武力，蹂躏你们的土地。"并且他认为使用暴力是正义的，因为阿坎苏斯的不合作会阻碍其他城邦摆脱雅典奴役的伟大事业。布拉西达从正反两面打消阿坎苏斯人的顾虑和担心，胡萝卜和大棒都给，对于阿坎苏斯人来说，选择就很简单了，要么在布拉西达的支持下摆脱雅典控制，获得自由，要么坚持与雅典的盟约被布拉西达军队攻击。阿坎苏斯人进行了秘密投票，大多数人都决定叛离雅典。

阿坎苏斯的叛离是布拉西达在色雷斯地区行动的一个缩影，修昔底德用了不小的篇幅来描述这场行动，展现了一个非常独特的斯巴达将军的形象。布拉西达的这一举动非常高明。斯巴达在和雅典作战，削弱雅典盟邦的力量就是削弱雅典的国力。策反这些城邦不仅削弱雅典，还能够反噬雅典，而斯巴达只需要忽悠一下，安一个好的名头——解放和自由。而且斯巴达不是要这些城邦听命于伯罗奔尼撒同盟，只是让他们不再供给雅典。如此一来，不仅大大削弱了雅典，而且由于爱琴海北部特殊的地理位置，雅典的海上供给也会被切断，斯巴达胜券在握。布拉西达一路不断取得成效，在此后不久，另外一个城邦斯塔奎洛斯

（Stagirus）也叛离了雅典。

到了冬天，布拉西达开始实施此次远征的真正目标：攻打安菲波利斯。安菲波利斯是雅典将军哈格农（Hagnon）建立的殖民地，这个地方不管是在地理位置上，还是在自然资源上，都是雅典的战略要地：一方面提供了造船用的木材；另一方面它有金银矿。从地理位置上看，安菲波利斯对于通往赫勒斯滂的航路，即雅典到黑海获取谷物的航路，是至关重要的。正因为如此，布拉西达才把远征的目标设定为安菲波利斯。

布拉西达率军从南向北行进，一路急行军。安菲波利斯及其附近地区的人们也早有二心。在安菲波利斯的公民中，雅典人很

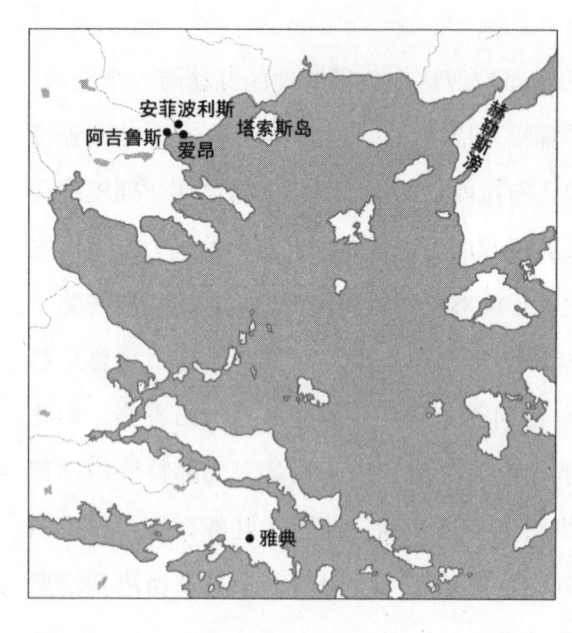

图 7.5　安菲波利斯地理位置

少，大多数来自各个地方，其中有一些定居者来自附近的阿吉鲁斯（Argilus）。阿吉鲁斯人长期不被雅典人信任，他们和安菲波利斯城内的同胞早有计划出卖阿吉鲁斯。现在布拉西达前来，他们马上接他入城，正式叛离雅典。布拉西达的军队紧接着过桥来到安菲波利斯城外，城内人大为惊慌。此时驻守安菲波利斯的雅典将军是优克勒斯（Eucles），他赶紧派人向色雷斯地区驻扎的另一位将军，也就是修昔底德求援，当时修昔底德正在塔索斯岛。修昔底德一接到消息，就率身边的7艘战舰火速出航，想要在安菲波利斯投降之前赶到；如果做不到，就拿下爱昂。

为什么当时修昔底德在塔索斯而不守在爱昂呢？现在学者们想为修昔底德解释，有的人说他在那里执行公务，脱不开身，一旦听说了，立马就来了。但就差这半天的航程，安菲波利斯就投降了。

就这段经过，修昔底德写道："布拉西达担心来自塔索斯的雅典战舰的支援，他得知修昔底德在色雷斯的这一带拥有金矿开采权，因此对大陆上的上层人士很有影响力。于是，尽最大努力要在修昔底德到来之前占领这座城市。因为他害怕，如果修昔底德赶到，安菲波利斯的人民就会希望他从海上和色雷斯聚集一支盟军，拯救他们，那就不会投降了。"[11] 这无疑是在为自己开脱罪责，后来修昔底德就因为此事而被城邦流放。

布拉西达赶紧拟定了温和的条件让安菲波利斯投降："城里的安菲波利斯人和雅典人，凡愿意留下者保有自己的财产，享有平等的政治权利；不愿意者则带上自己的财产在5日之内离开。"[12]安菲波利斯的民众听到这个条件后，许多人都动心了，因为只有很少人是雅典人，他们肯定会离开，而其他民众并不受任何影响。这样一来，看到人们不再服从城里的雅典将军，城内的内应公开地宣扬这一通告合情合理。于是，投降条约达成了，安菲波利斯按照布拉西达通告的条件接纳他入城。安菲波利斯就此陷落。有意思的是，在派罗斯，斯巴达公民投降，是被逼的；在安菲波利斯，雅典人投降，布拉西达用的是温和的方式。

赶来援助的修昔底德舰队在傍晚时分抵达爱昂，看到安菲波利斯已经被布拉西达掌控，他便在爱昂做着各种战争准备，一方面为眼下和将来的安全着想，防范布拉西达来攻；另一方面，接受那些根据投降协议自愿离开安菲波利斯到爱昂的人。双方在对峙中互相试探，布拉西达未能攻下爱昂，修昔底德也没能夺回安菲波利斯。布拉西达的一系列行动为拉凯戴孟人树立了良好的形象，这很快就转化为实际的战局变化，修昔底德说："那些臣服于雅典的城邦得知安菲波利斯沦陷了，了解到布拉西达承诺的条件和他的宽厚仁慈，都跃跃欲试，想要改弦易辙。他们遣使与之密会，请求他到自己的城邦去，每个城邦都想第一个叛离雅典。"[13]就像多米诺骨牌一样，布拉西达推倒了第一张，便形成连锁反应，诸多盟邦都想要叛离雅典。如果整个色雷斯地区盟邦全部脱离雅典，雅典帝国将遭受重创。布拉西达远征开辟新战场的战略是高超而奏效的，他一路上为了实现目标表现出极大的克制，结果最有利于斯巴达利益的局面出现了。布拉西达有力量，但是他不用蛮力，他用了一套关于合法性的话语体系，而后者恰恰能爆发出巨大的力量以瓦解雅典帝国。所以，在伯罗奔尼撒战争中，秩序究竟是建立在力量之上，还是建立在一些所谓的伦理价值之上呢？

失去安菲波利斯的雅典立即派兵到各邦驻防，加强在色雷斯地区的防卫。布拉西达则派人回斯巴达要求增援，他本人准备在斯特律蒙河（Strymon）上建造三层桨战舰。布拉西达的这些准备是要取得决定性的胜利，控制整个爱琴海北路的航线，从而扼住雅典海上补给线，给伯里克利的雅典战争战略以根本性的打击。诡异的是，拉凯戴孟人没有答应他的增援请求。修昔底德说了两个理由，一是由于斯巴达头面人物对他的嫉妒，二是由于斯巴达真正的目标是接回在派罗斯被雅典俘虏的士兵，以及结束这场战争。

对于这两个理由，我们可以稍做扩展。第一个理由是斯巴达自己人对布拉西达的嫉妒。试想一下，如果斯巴达给予增援，取得压倒性的胜利，布拉西达成了希腊声望最高的将军，他回城后会甘于只做个将军吗？斯巴达会变成什么样子？斯巴达的政体会改变吗？从斯巴达国王的角度看，他对布拉西达的嫉妒，实际上是古代世界中普遍存在的结构性问题。一旦国家中出现杰出的将军，他越是在外取得赫赫战功，越会招致国内政治人物的警惕和提防，他们会担心在外征战的将军凭借军事力量来颠覆国内的政治格局。布拉西达并非个例，在意大利半岛取得军事优势的汉尼拔（Hannibal）也未得到迦太基（Carthage）的支援，而后来罗马共和国也是因为将军或行省总督力量过大而无力制衡。大家可以看到，这些不同的判断选择背后有很多复杂的问题。修昔底德给出的第二个理由则暗示斯巴达只想尽快换回被俘虏的人质，并没有更为积极的战争策略。

尽管如此，布拉西达在希腊东北部地区成功的军事行动还是实质性地改变了两大阵营的力量格局。在战争爆发的第九个年头，和平的条件逐渐浮现。

注释

1. 修昔底德,《伯罗奔尼撒战争史》,4.74。
2. 修昔底德,《伯罗奔尼撒战争史》,4.76。
3. 参见修昔底德,《伯罗奔尼撒战争史》,4.8—4.14。
4. 修昔底德,《伯罗奔尼撒战争史》,4.15。
5. 修昔底德,《伯罗奔尼撒战争史》,4.17—4.19。
6. 修昔底德,《伯罗奔尼撒战争史》,4.27。
7. 修昔底德,《伯罗奔尼撒战争史》,4.40。
8. 修昔底德,《伯罗奔尼撒战争史》,4.81。
9. 修昔底德,《伯罗奔尼撒战争史》,4.78。
10. 修昔底德,《伯罗奔尼撒战争史》,4.85—4.87。
11. 修昔底德,《伯罗奔尼撒战争史》,4.105。
12. 修昔底德,《伯罗奔尼撒战争史》,4.105。
13. 修昔底德,《伯罗奔尼撒战争史》,4.108。

推荐阅读

1. Timothy Burns. "The Virtue of Thucydides' Brasidas." *The Journal of Politics*, vol. 73, no. 2 (2011): 508-523.
2. Casey J. Wheatland. "The General as Statesman: The Virtues of Measuredness

and Daring in Thucydides' Account of Brasidas." *Perspectives on Political Science*, vol. 49, issue 2 (2020): 117-124.

3. 阿里斯托芬:《马蜂》,见《阿里斯托芬喜剧六种》,罗念生译,上海:上海人民出版社,2016年。

4. 唐纳德·卡根:《阿奇达慕斯战争》,李隽旸译,上海:华东师范大学出版社,2020年,第8—9章。

第八讲

尼基阿斯和约与脆弱的和平

一、和平的达成

布拉西达在色雷斯地区的行动取得了一系列成果，成功煽动了雅典部分盟邦叛离，并且没费多大力气就占领了安菲波利斯。公元前423年，雅典与斯巴达签订了为期一年的休战协议。根据修昔底德的说法，双方已经在准备签订更为长期的和约，战争有了结束的可能。当时雅典和斯巴达都有动机休战，对于雅典来说，防止布拉西达继续在爱琴海北部地区煽动雅典盟邦叛离无疑是首要目标；而斯巴达认为雅典人已经因为布拉西达的行动而有所忌惮，所以希望尽快和解，并让雅典交还扣押的人质。

休战协定的内容关乎两大阵营的一些争端与现状的确认。具体来说，第一项内容是保障德尔菲的自由通行，德尔菲是阿波罗神庙所在地，是希腊世界求取神谕的重要神所，实际上在斯巴达的控制下。这说明雅典人在战争期间不能自由前去德尔菲进行相关活动。第二项内容规定和保证了双方各自的势力范围，双方继续拥有已经占有的地区，但也有严格的限定，比如雅典继续占领派罗斯，活动范围限制在派罗斯周边的狭长地区。第三项是关于航海权的，拉凯戴孟人及其盟邦的战舰不能在伯罗奔尼撒盟邦海岸航行，仅允许一定吨位的船只航行。至于这项规定的原因，我们并不清楚。最后一项内容是双方都不能接受叛逃者。从内容上看，这个休战协议不止于休战，在协议的最后给更大范围的和约留下了空间:"这些条款是拉凯戴孟人和其盟邦的决议。如果你们有比这些更好和更公正的决议,请到斯巴达来告诉我们。只要你们的决议公正合理,拉凯戴孟人和他们的盟邦都不会拒绝考虑。让前来的人拥有全权,就像你们对我们的要求那样。和约将在1年内有效。"[1] 雅典公民大会也通过了这一和约,休战就此达成。

休战协定虽然达成,但是色雷斯和马其顿地区的态势仍没有安定下来。斯巴达和雅典通过休战协定期间,位于帕列涅半岛南岸的斯科欧涅(Scione)叛离雅典。布拉西达得知此消息后立刻前往,发表了一番演说,表扬了斯科欧涅人对自由的向往,表示拉凯戴孟人会把他们视为最可信赖的朋友。修昔底德记述说,斯科欧涅人听完演说后热情高涨,欢迎布拉西达入城,称他是"希

图 8.1 布拉西达的银质骨灰盒和金冠,安菲波利斯考古博物馆藏

腊的解放者"，还以城邦的名义将金冠戴到布拉西达的头上。

斯科欧涅人叛离刚好发生在休战协议签订后两天，但是此时布拉西达和色雷斯地区的城邦还没有收到休战协议的消息。雅典人非常愤怒，现在不仅是陆上盟邦，连岛民都想凭借布拉西达的支持叛离了。克里昂提议要严厉对待斯科欧涅人，处死其公民，这一次雅典人采纳了克里昂的建议，并且要尝试更为强硬的威慑措施，以尽快扭转该地区盟邦接连叛离的局面。此后不久，帕列涅岛上另外一个城邦门岱（Mende）也叛离了雅典，布拉西达违背休战协议，接收了叛离者。雅典人更为恼怒，派兵前去，准备攻打两座城邦。

布拉西达除了要准备这两个地方的防卫工作，还要接受马其顿国王派狄卡斯的委派去征伐阿尔哈巴乌斯，因为派狄卡斯承担着布拉西达部分军需的供应。布拉西达和派狄卡斯最初在战争中取得胜利，但很快两人就产生了分歧。派狄卡斯想要乘胜追击，布拉西达则想尽快赶回帕列涅岛，准备应对前来的雅典人。就在二人争执之时，派狄卡斯原本依赖的雇佣军倒戈，派狄卡斯只得撤离。慌乱中马其顿军队先行逃散，没有及时通知布拉西达，布拉西达的军队险些没能成功撤退，这导致布拉西达和派狄卡斯的合作正式终结。派狄卡斯从此视布拉西达为仇敌，转而与雅典和解，以尽快与伯罗奔尼撒人撇清关系。雅典自然乐于和马其顿结成同盟，共同遏制、打击布拉西达军队在该地区的行动。

雅典派出尼基阿斯和尼克斯特拉图斯两位将军，率领远征军前往帕列涅岛镇压反叛，这支军队有40艘雅典战舰和10艘喀俄斯战舰，1000名雅典重装步兵，600名弓箭手，1000名色雷斯雇佣军以及色雷斯一带盟邦支援的轻盾兵。从远征军规模来看，这次行动的目标只是镇压斯科欧涅和门岱的叛离，两位统帅也属于雅典城内偏向和平的一派。雅典远征军先是顺利夺下门岱，在该城恢复了民主政权，审判寡头派，让门岱重新加入雅典盟邦。之后，雅典人转向斯科欧涅，结果斯科欧涅在伯罗奔尼撒人的援助下坚持抵抗，雅典人修建了围歼城墙，但未能攻破城池，最后只留下一支驻军守卫，其余军队撤回国内。

从这些军事行动可以看出，为期一年的休战协议没能阻止双方的敌对活动，布拉西达并不想被休战协议束缚，雅典人也开始支持强硬派。公元前422年，克里昂重新获选将军，开始说服雅典人在休战期满之后出征色雷斯地区。这也在意料之中，因为色雷斯地区的局势并没有稳定下来，布拉西达仍在停战期间煽动雅典盟邦叛离，而雅典如果想要维护自身利益，就必须夺回安菲波利斯。于是，克里昂率军远征色雷斯地区，与布拉西达进行了最后的决战。

克里昂率领1200名雅典重装步兵、300名骑兵、30艘战舰以及规模超过雅典军队的莱姆诺斯和因布洛斯精兵出征色雷斯地区。克里昂先率军抵达斯科欧涅，但并未停留，而是直接驶向托洛涅（Torone）。克里昂成功拿下了托洛涅，虽然修昔底德没有详细记述这个过程，但是托洛涅对于克里昂后续的军事活动意义重大。克里昂以托洛涅为大本营，开始向爱昂进发，同时等待盟军到来，围攻安菲波利斯。

这个时候，布拉西达也意识到克里昂最终是要进击安菲波利斯，便集结了大军，准备应战。布拉西达召集的重装步兵一共将近 2000 名，希腊人骑兵 300 名。双方经过一番准备和试探，最终直面交战。在战争过程中，布拉西达不幸受伤，不治身亡；克里昂也被杀死。克里昂"从一开始就没想坚守战斗岗位，立即逃跑，被一个密耳喀诺斯（Myrcinus）轻盾兵追上并杀死了"。[2] 最终，雅典军队溃败，没能攻下安菲波利斯。

在修昔底德的描述中，克里昂与布拉西达的形象形成鲜明对比，布拉西达英勇伟大，克里昂虽然在色雷斯地区取得很多胜利，却是个胆小鬼的形象。布拉西达的遗体被运回安菲波利斯，举行了隆重的葬礼，全体盟军全副武装送葬。安菲波利斯人把他当作英雄拜祭，还将他当作安菲波利斯的创建者。安菲波利斯城真正的创建者是雅典人哈格农。希腊殖民时期的历史中，城邦的创建者或者殖民地的创建者是非常重要的，他基本上负责了整个城邦的建制和政体的设计，说是国父也不为过。而安菲波利斯人拆毁了崇拜原创建者哈格农的建筑，铲除了任何其他把哈格农当作创建者来纪念的东西。安菲波利斯人如此厚待布拉西达，是因为把他视为救命恩人。由此也可以看出，布拉西达的能力和声望已经超出斯巴达一般的将军或国王，斯巴达国内对布拉西达的猜忌也就可以理解了。布拉西达的阵亡对斯巴达影响巨大，一方面丧失了一位重要的将领，另一方面也丧失了一位对雅典强硬的主战派。克里昂也是如此。虽然在修昔底德笔下，克里昂是一个没有军事才能的懦弱之人，但他无疑是雅典城内坚决的主战派。修昔底德对克里昂立场的解释也秉持了他一贯的态度："克里昂反对和平，因为一旦和平到来，他自己的恶行就会昭然若揭，自己的谗言就更没人相信。"[3]

这两位强硬的主战派同时阵亡之后，雅典和斯巴达城内的政治力量也发生了改变，两个城邦中的主和派都占据了上风。布拉西达和克里昂双双阵亡给了双方一个和平的契机。修昔底德说，在这种情况下，双方城邦最急于得到权势的人——拉凯戴孟人的王鲍桑尼亚斯之子普勒斯托阿那克斯（Pleistoanax）和雅典将军尼基阿斯——都比以前更急于结束战争。修昔底德对尼基阿斯好评有加，说尼基阿斯一直顺风顺水，受人尊敬，想要保住自己的好运，不仅想免除眼前自己的辛劳，还要免除雅典公民的辛劳，给后世留下一个终身不给城邦带来灾祸的名声。而要做到这一点，只有寻求和平。普勒斯托阿那克斯因为家族的历史恩怨，一直遭到政敌的攻击，一旦城邦遇到困难就有人利用拉凯戴孟人宗教上的顾虑挑他的刺。所以，普勒斯托阿那克斯认为只要停止战争，斯巴达就不会吃败仗，把在雅典的斯巴达俘虏接回来也能让自己摆脱攻击。

在战争爆发10年以后，雅典和斯巴达双方拟定了和约，史称"尼基阿斯和约"。和约持续时间为50年，具体内容如下：首先是关于圣所的规定,对于希腊人共同的神域,各方可以自由地前往祭祀、祈求神谕、作为城邦派往神域的使者造访。德尔菲的阿波罗神域和神庙以及德尔菲人,应独立自主,掌握自己的财政,拥有自己的法庭。其次,双方不再发生战争冲突,如果发生争端,应诉诸双方都认可的合法方式和盟誓。再次,在领土方面,安菲波利斯交还给雅典人,但安菲波利斯人可以选择携带自己的财产离开。双方还彼此交还其他一些城邦,比如雅典交还在伯罗奔尼撒的一些军事基地,收回了在波奥提亚边境的帕纳刻图姆(Panactum)。对于一些被斯巴达煽动叛离的城邦,雅典人许诺,只要这些城邦缴纳贡赋,便不会再攻打他们,这些城邦也保持中立。最后,雅典将扣押的派罗斯战俘归还给斯巴达,这也是和约最重要的内容之一。

这是一个非常有趣的历史进程。如果克里昂和布拉西达有一个人没死,和平可能就无法实现。另外,达成的和平的性质到底是什么?我们站在当下回望历史,会说这个和平是短暂的,只持续了几年,但如果我们是当事人,进入历史的现场,是否能够判定当时的和平是暂时的?其实,我们今天也处在很多的历史关口,我们很难预测未来,如何靠已有的材料、情境、实力对比来判定未来的走向?

回到历史,此次和约有效期为50年,双方希望能结束已经持续10年的战争。从结果来看,斯巴达并没有解放希腊,雅典仍然保有帝国。伯罗奔尼撒人每年的陆地入侵给雅典造成一些伤害,但并没有带来实质性的灾难,雅典经历了瘟疫和战争的打击,还是坚持了下来。雅典当然也没有取得什么有效成果,在麦加拉和德里昂的失败都说明雅典在陆地上并不能占到优势,而且雅典总体被伯罗奔尼撒联盟包围,斯巴达还成功煽动一些城邦叛离成为中立城邦。10年的战争中,双方都展示了各自擅长的战略,但都未能夺得压倒性的优势,但是长年战争带来的后果已经显现,从当时阿里斯托芬的喜剧《和平》中可以看出雅典民众对战争的深深厌倦。

修昔底德记述完和约,在5.26处添加了"第二序言",向读者说明自己撰写此书的想法,以及对尼基阿斯和平的评论。第二个序言表明修昔底德并不将尼基阿斯和平视为伯罗奔尼撒战争的结束,而只视之为战争的间歇。修昔底德说:

> 已经记下这些的是同一个雅典人修昔底德。他依照每一事件发生的先后顺序,按照夏季和冬季来记载,一直到拉凯戴孟人及其盟邦终止了雅典人的霸权、占领了长墙和比雷埃夫斯港为止。至此,这场战争一共持续了27年。如果有人将中间的停战排除在外,那他就错了。请他看一看这个时期的具体情况,他就会发现,双方都不按照协议的全部规定交还和接受,将这个时期称为"和平"就不合适了。除此之外,在曼提尼亚战争和埃皮道鲁斯战争中,以及在其他事情上,双方都有违反协议的情况。雅典的色雷斯盟邦依旧

与雅典敌对，波奥提亚人遵守的休战每隔10天就要重新续约。因此，包括第一个十年战争，以及随后可疑的停战，再加接着的战争，只要计算时间的实际长度，就会发现就是我说的年数，只多出了几天。对于凡事都依据神谕作出断言的人而言，只有这确与事实相符。因为从这场战争的开始到结束，我确实一直记得，人们普遍都说，它要持续三九二十七年。战争爆发时，我已届见识成熟之年，从头到尾度过了这场战争，并留意关注，目的是弄清事件的真实情况。我担任将军指挥增援安菲波利斯之后被流放了20年，双方发生的事情我都熟悉，并且由于流亡对伯罗奔尼撒一方的事件尤为熟悉，所以能够不受干扰地了解战争的过程。

修昔底德这段话再次确认了他见证了雅典最后的失败。学者对这段"第二序言"有多种解释，有的学者认为，修昔底德最初认为尼基阿斯和平就是战争的终点，但后期战争的延续令他改变了主意，从而将后续都视为不稳定的战争间歇期；也有学者认为，修昔底德并没有改变过立场，一直都认为和平是脆弱的，因为达成和平的条件并没有被认真履行，双方阵营对和约条件都不满意，所以和约必然会被挑战和破坏。无论是哪种情况，可以明确的是，整本书的结构是将尼基阿斯和平作为战争间歇来处理的，既然如此，我们就要继续看脆弱的和平会遭遇哪些具体的挑战。这一次，和平的挑战首先在伯罗奔尼撒出现。

二、伯罗奔尼撒的地缘斗争

雅典和斯巴达签订了和约，斯巴达却没能说服联盟各邦接受，波奥提亚人、埃利斯（Elis）人、麦加拉人等都极力反对，拒绝宣誓接受和约。和约显示出斯巴达和雅典想要恢复到战前的实力状态，这必然会遭到被牺牲的城邦的反对。安菲波利斯已经把哈格农的建筑都拆了，把布拉西达列为城邦的创建者，而和约要求斯巴达将安菲波利斯归还给雅典，安菲波利斯肯定不能接受。

反应最激烈的是科林斯人。当初鼓动斯巴达去打仗的时候，科林斯最为积极。科林斯把斯巴达拖进战争出于两个原因。一是安菲波利斯旁的波提代亚当时是其殖民地，但是后来成了雅典的盟邦，要交贡，对此雅典和科林斯有一些争执。和约之后，波提代亚仍然被雅典人控制着。二是科西拉，科西拉仍然是雅典的盟邦。也就是说，科林斯发现，打了10年之后，要解决的问题一个都没解决。另外，之前说的是要给整个希腊世界以自由，但这个和约还是承认雅典盟邦之主的位置。这个和约是两个巨头之间的利益交换，但是他们的小弟们并不愿意。所以和谈并没有解决什么问题，更像是双方打累了歇一歇。

科林斯使节在斯巴达的说明会结束之后，没有直接回国，而是绕道去了阿尔戈斯。科林斯人指出斯巴达人居心叵测，想奴役伯罗奔尼撒诸邦,所以鼓动阿尔戈斯与自主城邦订立防守同盟。

阿尔戈斯一直以来都是伯罗奔尼撒举足轻重的城邦,而且它和斯巴达长期处于紧张关系中。阿尔戈斯所在地区有大片平原,这在丘陵遍地的伯罗奔尼撒极为重要。从地缘政治来看,阿尔戈斯周围基本是伯罗奔尼撒联盟的城邦,或者说斯巴达的盟邦。阿尔戈斯想要在敌人环伺的情况下求生存,就要引入外部的帮手,雅典无疑就是最好的选择。

科林斯人见斯巴达与雅典已经停战,便劝说阿尔戈斯人牵头建立新的同盟,形成一股新的力量来制衡雅典与斯巴达,以保护伯罗奔尼撒人免于被奴役。阿尔戈斯人将科林斯人的建议提交公民大会,结果公民大会投票决定,派使节到除斯巴达和雅典之外的城邦游说,他们只要愿意,都可以加入新的同盟。修昔底德给出的解释是,阿尔戈斯人看到拉凯戴孟人与他们必有一战,而且阿尔戈斯人希望成为伯罗奔尼撒的霸主。

阿尔戈斯人获得诸多城邦的积极响应,首先要求加入的是曼提尼亚(Mantinea)。曼提尼亚的动机有三个:第一,他们在斯巴达和雅典交战期间,占领了阿卡狄亚的大部分地区,害怕斯巴达干涉;第二,曼提尼亚人认为阿尔戈斯和斯巴达是世仇;第三,曼提尼亚和阿尔戈斯一样都是民主制。曼提尼亚和阿尔戈斯结盟之后,伯罗奔尼撒其他诸邦也开始骚动,一方面因为他们认为曼提尼亚改换门庭肯定是有原因的;另一方面,雅典和斯巴达的和约中有一条规定,雅典人和拉凯戴孟人在双方都认可的前提下,可以增删和约条款。这一条让伯罗奔尼撒人很是恐慌,他们认为应该规定所有盟邦都有权修改和约,否则目前的条款可以让雅典人和拉凯戴孟人联手奴役他们。基于这些考虑,伯罗奔尼撒的大多数城邦都渴望和阿尔戈斯订立同盟,埃利斯、科林斯先后与阿尔戈斯结盟。而埃利斯、曼提尼亚、阿尔戈斯与科林斯基本占据了伯罗奔尼撒北部的地区(如图 8.2)。

科林斯人取得初步的成果之后,试图进一步煽动伯罗奔尼撒联盟成员,他们先是前往位于伯罗奔尼撒中部的泰格亚(Tegea),如果能成功劝说泰格亚离开伯罗奔尼撒联盟,那整个伯罗奔尼撒的力量对比就会发生变化,但是泰格亚拒绝了科林斯人。科林斯人转而去北方游说波奥提亚,也没有成功。与此同时,斯巴达人也在努力稳固自己在伯罗奔尼撒的地位。公元前421年夏天,斯巴达国王普勒斯托阿那克斯率全部的斯巴达军队攻打位于阿卡狄亚的帕拉西亚(Parrhasia),此地位于曼提尼亚西边,曾被曼提尼亚人征服。斯巴达军队前来时,曼提尼亚人请阿尔戈斯人守卫自己的城邦,而将自己的部队派去镇守帕拉西亚,但未能成功,最后斯巴达让帕拉西亚人独立。

斯巴达不仅未能说服盟邦成员接受和约内容,而且自身有很多义务没有履行,所以和约双方始终处于猜忌之中。在和约中,双方曾约定雅典可以从波奥提亚收回帕纳刻图姆,但实际斯巴达一直没有交付。斯巴达此时认为,如果能让波奥提亚人交出帕纳刻图姆,斯巴达就能要回派罗斯,但是这一主张遭到波奥提亚人

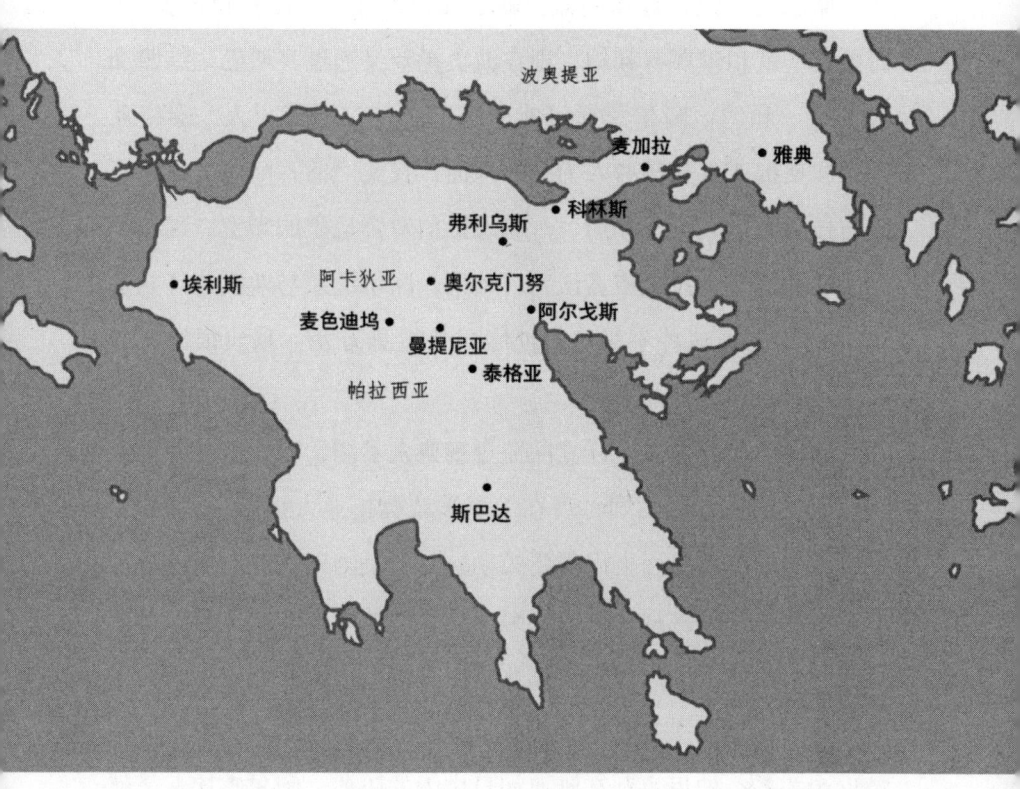

图 8.2 阿尔戈斯、曼提尼亚、科林斯等地

的拒绝，后者只要求和斯巴达签订单独的盟约。到了公元前420年春天，斯巴达和波奥提亚订立同盟，波奥提亚人随即拆除了帕纳刻图姆的工事。

斯巴达与波奥提亚结盟，阿尔戈斯人开始担心自己的安危：斯巴达本就和雅典有和约，现在波奥提亚又通过与斯巴达结盟加入了这一和约，阿尔戈斯可能面临同时与拉凯戴孟人、泰格亚人、波奥提亚人和雅典人为敌的局面。在此之前，阿尔戈斯人不愿与拉凯戴孟人订立和约，一心想做伯罗奔尼撒的霸主，现在则火速派遣使节去拉凯戴孟谈判。结果，阿尔戈斯与斯巴达订立了50年和约。但这种不稳定的地缘局势瞬息万变，雅典很快就打破了这一脆弱的平衡。

斯巴达与波奥提亚订立同盟令雅典人不满，雅典本来想得到完好无损的帕纳刻图姆，现在工事被波奥提亚人拆除了。此时，雅典城内的斗争局面也出现新的动向。尼基阿斯一派对城邦政策的主导开始受到挑战，城内兴起反对和约的一派，领头者就是年轻的阿尔喀比亚德。阿尔喀比亚德出身于名门望族，祖上和克里斯提尼有深厚的关系，他父亲克雷尼阿斯（Clinias）和伯里克利是近亲关系，伯里克利在雅典如日中天的阶段，阿尔喀比亚德就在伯里克利家中被养大。在修昔底德笔下，阿尔喀比亚德野心勃勃、能力卓越甚至诡计多端，在很多方面都与尼基阿斯形成鲜明的对照，他也是战争中段最重要的雅典政治人物。

阿尔喀比亚德不满与斯巴达的和约，认为与阿尔戈斯结盟要好得多。他认为拉凯戴孟人不可信赖，他们订立和约的目的就是借助与雅典人的同盟，先翦灭阿尔戈斯，再回过头来攻打孤立无援的雅典人。阿尔喀比亚德派人去阿尔戈斯，请求他们与曼提尼亚人、埃利斯人一道，尽快赶来雅典，商议结盟大事。

阿尔戈斯人的反应很灵活，虽然之前努力与斯巴达签订和约，但当看到雅典与斯巴达有严重分歧之后，他们随即转向雅典人，因为两个城邦自古就是友邦，而且都是民主城邦，都拥有强大的海上力量。就这样，阿尔戈斯人、曼提尼亚人和埃利斯人都来到雅典。斯巴达听闻消息后，也派使者前来，一方面想用帕纳刻图姆换回派罗斯，另一方面则为自己和波奥提亚的结盟进行辩解。

现在雅典的形势已经很明显了，尼基阿斯与斯巴达倾向于和平，而阿尔喀比亚德则希望与阿尔戈斯、曼提尼亚和埃利斯结盟，反对和约。在雅典的公民大会上，阿尔喀比亚德用计谋离间了尼基阿斯和斯巴达使节。但尼基阿斯还是尽自己的最大努力争取到一次机会，带领雅典使节前去斯巴达，要求斯巴达退出和波奥提亚的同盟，交还帕纳刻图姆与安菲波利斯。斯巴达当然不可能答应这些条件。雅典民众怒气冲天，正式与阿尔戈斯人等结盟。

于是，雅典与埃利斯、曼提尼亚、阿尔戈斯这几个城邦订立和约并结盟，期限是100年。根据和约，同盟中任何一方被入侵，大家都有义务去帮助。除此之外，还有非常重要的一点：

"阿尔戈斯人、曼提尼亚人和埃利斯人不得允许他人携带武器、怀有敌意,从路上或者海上,穿越他们各自的领土以及各自统治的盟邦的领土,除非这些城邦全体都投票同意其借道。"[4] 这几个城邦的疆域连在一起就可以阻断拉凯戴孟人北上,或者波奥提亚等地的军队南下,这一条约是要保障陆地上的安全线。这个同盟建立之后,拉凯戴孟人和雅典人都没有抛弃双方之间的和约,双方也不想承担破坏和约的责任。已经与阿尔戈斯人结盟的科林斯人没有加入新的同盟,反而重新倒向拉凯戴孟人,可以合理猜测,科林斯人乐于看到雅典和斯巴达的关系趋于紧张。

各邦之间的合纵连横实际上反映了和平的脆弱,斯巴达无疑想要尽快恢复在伯罗奔尼撒的主导地位,而雅典在阿尔喀比亚德的影响下意欲采取积极行动。这种紧张的态势最终触发了两场军事冲突,这就是围绕埃皮道鲁斯的争夺以及曼提尼亚战争。

公元前419年夏天,阿尔喀比亚德率一支小部队突进到伯罗奔尼撒,修昔底德说,此行首先是要在阿卡狄亚地区建立要塞,但是遭到科林斯等城邦的反对。另外一项任务则是协助阿尔戈斯征服埃皮道鲁斯。阿尔喀比亚德和阿尔戈斯人之所以想拉埃皮道鲁斯进入同盟,主要目的是威慑科林斯,并缩短雅典从埃吉那派兵增援阿尔戈斯的距离。阿尔戈斯人主动出兵埃皮道鲁斯,并最终蹂躏了埃皮道鲁斯近三分之一的土地。

斯巴达得知盟邦埃皮道鲁斯遭到阿尔戈斯入侵,并且看到其他盟邦心生不满或有叛离的苗头,于是在公元前418年由阿吉斯率全军以及盟邦军队出征。修昔底德记述说，这支军队在弗利乌斯（Phlius）集结，参加出征的有泰格亚人、阿卡狄亚人、波奥提亚人、科林斯人等。军队规模浩大，大致由 12000 名重装步兵、5000 名轻装步兵、1000 名骑兵以及 500 名配马步兵构成。阿吉斯先是率领军队前往弗利乌斯，没有选择穿过曼提尼亚的路线，而是选择了西路，经麦色迪坞（Methydrium）、奥尔科门内前往弗利乌斯。阿尔戈斯军队在麦色迪坞拦截，结果阿吉斯率军队在夜里成功穿过此地，抵达弗利乌斯。阿吉斯率领的这支军队被修昔底德称为"到那时为止集结起来的最优秀的军队"，完全可以对付两倍的阿尔戈斯军队。[5]

斯巴达大军与阿尔戈斯军队即将开战之际，阿尔戈斯的特拉叙鲁斯（Thrasyllus）和阿尔喀弗戎（Alciphron）前来与阿吉斯谈判，双方签订了 4 个月的停战协定。但双方城邦对此结果并不认可，阿尔戈斯人认为自己会最终取得胜利，对特拉叙鲁斯非常不满，在他回到阿尔戈斯后没收了他的财产，甚至还要判他死刑。阿吉斯也备受责难，盟军都在埋怨阿吉斯，斯巴达人也指责阿吉斯错失良机，没能征服阿尔戈斯。对这一奇怪的结果，修昔底德没有给出确切的解释，但双方明显的不满预示了大战即将爆发。

这次战斗虽没有爆发，但雅典派来援兵，同时还劝说盟邦应该将战争进行下去。雅典和盟友先是攻下奥尔科门内，然后进军泰格亚。泰格亚面临敌军，连忙向斯巴达求援，并威胁如果斯巴达不来援助，泰格亚将倒向阿尔戈斯同盟。这自然是斯巴达无法接受的局面，阿吉斯彻底放弃与阿尔戈斯维持和平的念头，迅速集结盟邦军队前来支援。双方在曼提尼亚展开激战，修昔底德说："在很长的一段时间里，它是希腊最大的一场战役，爆发于最著名的城邦之间。"[6] 在这场战役里我们还看到了希腊典型的重装步兵方阵的作战方式：

> 在两军相向逼近之时，国王阿吉斯决定进行如下调整。所有的军队在交战时，其右翼总要突出去一些，双方都用自己的右翼去包抄对方左翼。因为每一名士兵都担心他没有盾牌保护的一侧，他要尽可能将这一侧置于他右侧的士兵的盾牌保护之下。他觉得盾牌与盾牌越挨得紧，他的右侧就保护得越好。右翼的第一个士兵要为此负主要责任，他总是把自己没有盾牌保护的一侧避开敌人，其他人也害怕这一点，就效仿他。[7]

在曼提尼亚战斗中，伯罗奔尼撒半岛上重要的城邦基本都参与了，最后阿尔戈斯同盟军大败，阿尔戈斯人、俄耳涅埃（Omeae）人和克勒俄奈（Cleonae）人有700人战死，曼提尼亚人有200人战死，雅典人加上埃吉那人有200人战死，包括雅典人和埃吉那人的将军。至于拉凯戴孟人一方，据说一共战死了大约300人。此役过后，阿尔戈斯城内的寡头派趁机劝说民众与拉凯戴孟人结盟，放弃与雅典、曼提尼亚和埃利斯的同盟。斯巴达得以暂时消除阿尔戈斯同盟在伯罗奔尼撒给自己造成的威胁,但曼提尼亚大捷没有一劳永逸地解决问题。此后不久,阿尔戈斯的民主党又夺回权力,倒戈雅典。

修昔底德通过对伯罗奔尼撒区域争端的记述,成功地证明了尼基阿斯和平的脆弱,和平不过是战争的间歇。雅典和斯巴达虽然有了直接的军事冲突,但仍未撕毁和约。与此同时,伴随着阿尔喀比亚德在雅典城内的崛起,雅典也会采取更为积极的进取政策,从他主动率军来到伯罗奔尼撒就可以看出这一迹象。阿尔喀比亚德在不久之后还成功劝说雅典远征西西里,这是影响战争走向的重要决策。但在此之前,修昔底德突然插入雅典对米洛斯(Melos)的围攻,并留下一段非常重要的现实主义对话。

三、米洛斯对话

公元前416年,雅典率领盟邦舰队围攻米洛斯。米洛斯是爱琴海环形群岛中的一个岛,该岛的建立者是多里斯人,但并没有加入伯罗奔尼撒联盟,一直保持中立。修昔底德没有说明雅典攻打米洛斯的缘起,只是非常详细地记载了雅典将军与米洛斯统治者的谈判对话,这场对话被称为"米洛斯对话"。

雅典此次出征兴师动众,根据修昔底德的说法,雅典自己就

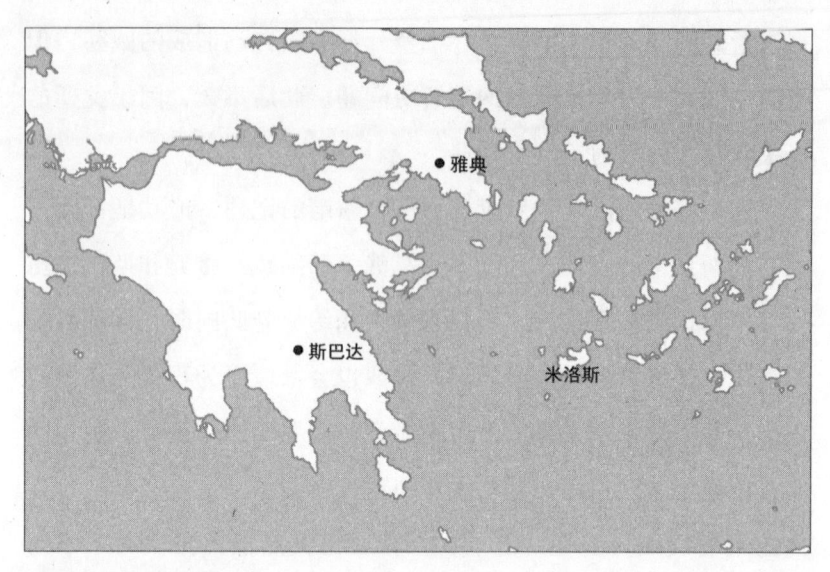

图 8.3 米洛斯的位置

派出了 30 艘战舰、1200 名重装步兵、300 名弓箭手和 20 名骑马弓箭手，以及盟邦和岛邦的将近 1500 名重装步兵。对比之下，阿尔喀比亚德帮助阿尔戈斯人，也就带了 20 艘战舰，远少于对米洛斯的围困。

雅典的将军将米洛斯围住之后，先派使节谈判，希望米洛斯人能直接投降。结果，米洛斯人没有将他们领到人民面前，而是让他们当着少数官员的面说明为何前来。修昔底德用对话体的方式还原了雅典人与米洛斯人的交流，在对话中双方展示出柏拉图对话式的理论风格，对权力与正义的问题进行了集中争论。这段对话非常精彩，择要征引如下：

雅典人：那好，我们就不找漂亮的借口长篇大论，诸如，我们击败了波斯人，所以我们有权统治一个帝国；我们现在攻打你们是因为受到了你们的伤害。你们不会相信。同样，我们希望你们别想用这样的话来说服我们：你们尽管是拉凯戴孟人的殖民者，但是没有与他们一起征战，或者你们没有伤害过我们。因此，希望我们双方根据自己真实的想法，去做成可能做到的事。你我都知道，**正义是以实力相当的双方为基础的；**实际上，**强者主宰他们所能做的一切，而弱者则忍受他们所必须承受的。**

米洛斯人：照我们看来，无论如何，你们不要毁掉希腊的共同利益，这样是有利的（我们不得不谈及利益，因为你们已经将正义抛到一边，把利益放在第一位）。也就是说，对于每一个身处险境的人来说，理应得到公平的对待。他的辩解虽然有力，但不是无懈可击的，还是应该得到一些好处。这一点与我们利益攸关，也与你们利益攸关。因为你们如果失败了，不仅将招致严厉的报复，而且将成为前车之鉴。

雅典人：我们帝国的终结，如果它的确会告终的话，也不是什么我们为之懊丧的事。那些统治他人的人，像拉凯戴孟人，对待被打败的敌人并不严酷。真正的危险来自我们的许多盟邦，它们起来攻打、战胜自己的主人。你们要我们冒的就是这种危险。**我们到这里来是为了自己帝国的利益**，现在我们来谈判也是为了你们的城邦的生存。把话挑明了，我们就想不费事地统治你们：保住你们的性命，符合我们双方的利益。

米洛斯人：你们统治我们对你们有益，怎么说我们受奴役反而对我们有益呢？

雅典人：因为服从我们以免遭受最可怕的命运，对你们是有益的；而不毁灭你们，我们也可从中获益。

米洛斯人：这么说，你们不同意我们与你们和平相处，做你们的朋友而不是敌人，保持中立吗？

雅典人：是的。因为你们的友谊反而比你们的敌意对我们的伤害更大，在我们的属邦看来，你们的友谊证明了我们的软弱，而你们的仇恨却证明了我们的力量。

米洛斯人：你们的属邦如此看待公正，以至于把那些跟你们根本没有血缘关系的城邦——以及那些主要由你们派遣的殖民者组成的城邦，其中有些还叛离了你们，又被你们制服——归入同一类吗？

雅典人：他们不怀疑这两类城邦都有冤屈要申。但是，他们把它看作一个实力问题——如果那些独立的城邦能生存下来，那是因为我们出于恐惧而没去攻打他们。那么，**通过征服你们，我们可以稳固自身的安全，也可以扩展我们的帝国**。尤其因为我们主宰着海洋，你们却是岛民，而且国小力弱，所以我们决不会让你们逃脱。

......

米洛斯人：确实，那么，如果你们冒如此巨大的危险维护你们的帝国，而你们的属邦冒如此巨大的危险来摆脱它，那么，对于还处在自由之中的我们来说，在陷入奴役之前不竭力一搏，就是卑劣之极、怯懦之极了！

雅典人：不对，如果你们明智地考虑问题的话。因为，这不是一场事关谁好汉谁孬种的平等的竞争，**你们应该多考虑你们的生死存亡，那就是说，不要抵抗比你们强大得多的军队！**

米洛斯人：但是，我们知道，兵戎之事有时运气均等，并不一定有利于人数多的一方。对我们来说，立即投降，就没有半点希望；但如果作出努力，则还有希望挺立于世。

雅典人：对于身处危险之中的人们，"希望"是一种心理慰藉。如果他们还有别的东西可以指望，她的害处就不是致命的；但是，对于那些孤注一掷的人来说，只有在失败来临之时，才会认识到"希望"的本来面目；等到她的本来面目被人识破之时，就无力防范她了。你们实力弱小，命悬一线，就别想着尝试此失败的滋味了。也不要像普通大众那样，他们在困厄之中，失去了切切实实的希望之时，就转向渺茫的"希望"，即预言和神谕，以及其他用"希望"将人们引向灭亡之途的东西；其实，他们要是识时务，还是能得以保全的。

米洛斯人：我们也知道，我们难以挑战你们的军力，也难以与"运气"作对，除非她是公平的。然而，我们相信运气女神会像眷顾你们一样眷顾我们，因为**我们是敬神之人，站在正义的立场上反对不正义之人。**与拉凯戴孟人结盟将会弥补我们军力上的不足。出于我们与他们之间的血缘关系，以及为了颜面，如果没有别的原因，他们一定会援助我们。因此，我们之信心满怀不是完全没有道理。

雅典人：至于神明的恩惠，我们认为自己得到的将不会比你们的少。因为我们的正当要求和所作所为没有逾越人类对神明的信仰，也没有逾越人类的道德准则。出于自然的必需，我们相信神，我们确知人都会统治比他们弱小的其他人。我们没有制定这一法则，它早就被制定出来；我们也不是第一个遵此法则的，我们沿用它，将其作为事实，并且将传承这一法则，因为这一事实是永远正确的；因为我们知道你们如果有同样的权力的话，也会做同样的事情。因此，在神明的恩惠方面，我们有理由不害怕自己得到的较少。至于说你们对拉凯戴孟人的期望，它使得你们相信，他们会出于颜面援救你们，我们这里就要羡慕你们的单纯，而不嫉妒你们的愚蠢。就其本国的传统习惯而论，拉凯戴孟人在自己人中间最讲美德。但是，在对待外人方面，尽管提及此人们有很多话要说，但是归结起来，可以这样说，在我们知道的所有人当中，把快乐当作高尚、把符合自己的利益当作正义的，他们是最显眼的一个。这样一种观念与你们现在荒谬的保全之道背道而驰啊！

米洛斯人：可是，我们就是因为这个特别信任他们。米洛斯人是他们派出的殖民者啊！出于其利益，他们不会情愿出卖米洛斯人，以致让对他们抱有好感的希腊人不信任他们，让他们的敌人受益。

……

雅典人：我们在寻思，尽管你们同意这次会谈为的是保全城邦之道，但是，谈了这么长时间，你们也没有说出什么人们认为值得信赖的保全之道来；相反，你们最有力的理由是寄希望于未来，而比起已经列阵以待的队伍，你们手中兵力单薄，没有取胜的机会啊！因此，你们的头脑显得很不理智，除非你们在让我们退出会谈之后，能够作出比这更明智的判断……你们如果明智决策，就可以避免这个结局，就不会把屈服于希腊最强大的城邦看作一件不体面的事。她给你们适度的条件：与她结盟，保住自己的领土，只缴纳贡款；并且，在或战或存的抉择面前，请你们不要顽固地选择坏的路线。因为，凡能此者，无往而不胜；对实力与我相当者，平起平坐；对强于我者，识相知趣；对弱于我者，温和有度。因此，考虑考虑吧！即使在我们退出之后，也请你们三思，你们现在是在为自己的祖国决策——你们唯一的祖国——你们的一个决定就关乎其生死存亡啊！[8]

米洛斯的统治者选择坚守自己的自由，不肯投降。雅典人便开始围攻米洛斯，最终处死了所有成年男子，将儿童和妇女卖为奴隶，从雅典派了500名殖民者殖民于此。这个事件本身并不复杂，所蕴含的问题却很复杂。首先，米洛斯事件的性质究竟应该如何理解呢？答案似乎很简单，即雅典又一次赤裸裸地彰显了自己的霸权行径，利用强力去逼迫一个岛邦投降。这在雅典的历史上屡见不鲜，比如希波战争萨拉米斯海战后，地米斯托克利就曾带舰队围攻安德罗斯（Andros）等岛邦，搜刮钱财。在修昔底德笔下，雅典人也不是第一次公开表达对实力原则的信仰，对其霸权行为也有着明确的意识。但是，雅典此次围攻米洛斯没有直接攻陷，而是给了米洛斯统治者一次机会，只不过米洛斯统治者没有接受成为雅典帝国盟邦的条件。博斯沃思（Brian Bosworth）曾撰文提出，米洛斯对话带有很强的人文主义色彩，因为面对雅典舰队的围攻，米洛斯实际上并无可能反抗成功，所以是米洛斯的统治者害了整个城邦，不愿意接受投降条件，才导致城邦沦陷。米洛斯统治者应该像雅典将军所说的那样，更加识时务，这才是最符合城邦利益的选择。当然，我们可以合理猜测，米洛斯的寡头统治者也会盘算，如果献出城邦，城邦很可能改为民主政体，自己的统治也会同样受到威胁，不如留一个捍卫自由的美名。这些解释和推测都有一定的道理，无论是投降保住城邦，还是以自由之名奋勇抗敌，本质上都是城邦的选择。我们不能忘记，现在围攻米洛斯的雅典在几十年前也处于米洛斯的境地。在希波战争中，面对波斯大军，雅典以及很多希腊城邦也是为了自己的自由，抱着以卵击石的勇气与波斯大军在海上和陆上奋战，最终将波斯大军击退。

米洛斯对话的复杂性不仅体现在对事件本身的理解上，更体现在对话中讨论的权力与正义的问题上。这个问题并不是雅典人的随口之言，它反映了古典时期希腊思想中的一个重要争论。公元前5世纪，特别是后半期，在整个希腊或者说雅典的智识氛围中，关于礼法（nomos）和自然（physis）关系的讨论成了雅典智者运动中关于政治思考的重要坐标。

关于这一问题，人们最为熟悉的，当属柏拉图在《高尔吉亚》(Gorgias)和《理想国》中的相关讨论，这里仅简单介绍《高尔吉亚》中的论述以作对照。《高尔吉亚》是苏格拉底与当时希腊最为著名的修辞家高尔吉亚等人的对话，对话的主题是修辞术的性质和能力，以及政治生活与哲学生活的关系等。在对话中，对话者卡里克勒斯（Callicles）有一段讨论力量与正义问题的话：

> 自然和礼法基本上是彼此相对立的……我认为制定我们这些法律的人是大多数弱小的人。所以他们按照自己的想法和利益来制定法律，规定荣辱。他们害怕自己中更强大的人，即有能力获得更大的份额的人，比他们自己拿得更多，就将获取比自己份额更多的行为说成是"可耻的"和"不义的"，行不义就是试图获得多于自己份额的行为……但是我认为自

然本身告诉我们,更好的和更有能力的人获得比更坏和更弱小的人较多的份额是正义的。自然在很多地方都是这么彰显的,既在其他动物中也在人类所有的城邦和种族中,自然揭示出这就是正义所在:较强的统治较弱的,并拥有比后者更多的份额。否则当薛西斯入侵希腊的时候,或者他父亲入侵斯基泰的时候,正义是什么呢?这方面的例子不胜枚举。我认为这些人是依据正义的自然来做这些事情的——是的,以宙斯之名,符合自然之法则,而不是按照人所立的法律。[9]

卡里克勒斯让力量彻底摆脱了传统礼法的约束,将其归入自然中,并从自然中推导出人类社会的正义原则。这一原则在动物界和人类世界都普遍适用,他从而确立了强力即正义的自然法则。这一法则如卡里克勒斯所言,并非刚刚出现的,在品达(Pindar)的诗歌中就已经说明了:

礼法,万物之王,
无论是可朽与不朽之事物
以强壮之手臂,引致最凶暴成为正义。

与卡里克勒斯的观点相比,修昔底德笔下的雅典人立场略有不同。对话中雅典人称:"出于自然的必需,我们相信神,我们确知人都会统治比他们弱小的其他人。我们没有制定这一法则，它早就被制定出来；我们也不是第一个遵此法则的，我们沿用它，将其作为事实，并且将传承这一法则，因为这一事实是永远正确的；因为我们知道你们如果有同样的权力的话，也会做同样的事情。"[10] 雅典人并不认为强权是正义，而认为力量原则是一种"客观"法则，人们只能遵守。甚至，这一法则无所谓正义与否，我们可以将这称为"政治现实主义"。雅典人实际上将力量作了价值中立的处理，用事实而非规范来表达这一源于自然的法则。其背后的理论意涵是，基于现实而得到的法则就是强者胜利，弱者被奴役，在这之中无须谈论道德，因为道德是以力量均等为基础的。在战争或内乱中，力量或权势总是给人最直接的冲击，它们也是解释人或城邦行为动机和结果的有效因素，但这并不意味着人类世界的全部。修昔底德记述的雅典人言行指向了人类社会的秩序基础，力量是人类构建秩序的支配性因素吗？无论是国家内部的秩序，还是国际秩序，仅仅凭借权力足以建立起稳定或良善的秩序吗？人类社会的正义原则又是来自何处呢？正义究竟是什么，它难道只是弱者的借口，抑或是无法取得力量优势而不得已采取的修辞？正义对于人类秩序的维系是否有不可取代的作用呢？修昔底德并不是柏拉图或亚里士多德式的理论写作者，不会用高度抽象化的方式对这些问题进行体系化分析，但是他通过历史书写的媒介，同样召唤读者来到这些基本问题面前。修昔底德没有给出明确的回答，但思考这些问题，考察不同的人或城邦的现实表现，也是同样深刻的探究。

注释

1. 修昔底德,《伯罗奔尼撒战争史》, 4.118。
2. 修昔底德,《伯罗奔尼撒战争史》, 5.10。
3. 修昔底德,《伯罗奔尼撒战争史》, 5.16。
4. 修昔底德,《伯罗奔尼撒战争史》, 5.47。
5. 修昔底德,《伯罗奔尼撒战争史》, 5.60。
6. 修昔底德,《伯罗奔尼撒战争史》, 5.74。
7. 修昔底德,《伯罗奔尼撒战争史》, 5.71。
8. 修昔底德,《伯罗奔尼撒战争史》, 5.89—5.111。
9. 柏拉图,《高尔吉亚》, 482e—483e。
10. 修昔底德,《伯罗奔尼撒战争史》, 5.105。

推荐阅读

1. 阿里斯托芬:《和平》,见《古希腊悲剧喜剧全集,第6卷:阿里斯托芬喜剧(上)》,张竹明译,南京:译林出版社,2007年。
2. H. D. Westlake. "Thucydides and the Uneasy Peace: A Study in Political Incompetence." In *Thucydides*, edited by Jeffrey S. Rusten, 295-311. Oxford: Oxford University Press, 2009.
3. Brian Bosworth. "The Humanitarian Aspect of the Melian Dialogue." In *Thucy-*

dides, edited by Jeffrey S. Rusten, 312-337. Oxford: Oxford University Press, 2009.

4. 唐纳德·卡根:《尼基阿斯和平与西西里远征》，李隽旸译，上海：华东师范大学出版社，2019年，第1—6章。

5. Cinzia Bearzot. "Mantinea, Decelea, and the Interwar Years (421-413 BCE)." In *The Oxford Handbook of Thucydides*, edited by Sara Forsdyke, Edith Foster, and Ryan Balot, 145-160. New York: Oxford University Press, 2017.

第九讲

阿尔喀比亚德与西西里远征

一、帝国与远征的必然性

公元前 415 年 6 月，雅典派出一支庞大的舰队远征西西里岛。雅典远征西西里以惨败收场，前去的士兵和舰队基本被歼灭，将军尼基阿斯和德谟斯提尼都战死在西西里，阿尔喀比亚德则流亡在外。修昔底德曾明确表示西西里远征是雅典的重大决策失误，因为远征的决定明显违背了伯里克利为雅典制定的战争策略，即在战争期间只要不扩张帝国，雅典将取得最后的胜利。不仅于此，修昔底德还判定导致西西里远征失败的根本原因是雅典内部的权力斗争：

> 伯里克利的继任者们，彼此半斤八两，却个个渴望争得第一，对于城邦事务，他们的原则是投民众之所好。结果导致很多的失误——这在一个握有霸权的大国中是无法避免的——其中以远征西西里为最。这次远征的失误与其说是出于他们对敌人实力的错误判断，不如说是国内将部队派出去的那些人后来并没有继续全力支持他们；相反，他们为了夺得城邦的领导地位而钩心斗角，导致军心涣散，并第一次出现雅典城内的纷争。[1]

这段话是修昔底德关于雅典西西里远征的直接评论，也是我们理解西西里远征的重要线索。我们用两讲来考察西西里远征,这一讲首先来看远征决议的形成过程,以及雅典内部的权力斗争。

西西里在意大利的南部,离雅典很远。西西里和意大利南部的很多城邦都是希腊不同城邦的殖民地,其中最为强大的当数科林斯人建立的殖民地叙拉古。雅典此次出征西西里的契机是西西里岛上城邦间的纷争,雅典在西西里岛的盟邦塞盖斯塔(Segesta)与邻邦塞利努斯(Selinus)发生冲突,塞利努斯与叙拉古结盟,围攻塞盖斯塔。塞盖斯塔派遣使节到雅典求援,雅典先是派人前去了解冲突的详情,待使节回到雅典之后,雅典人召开

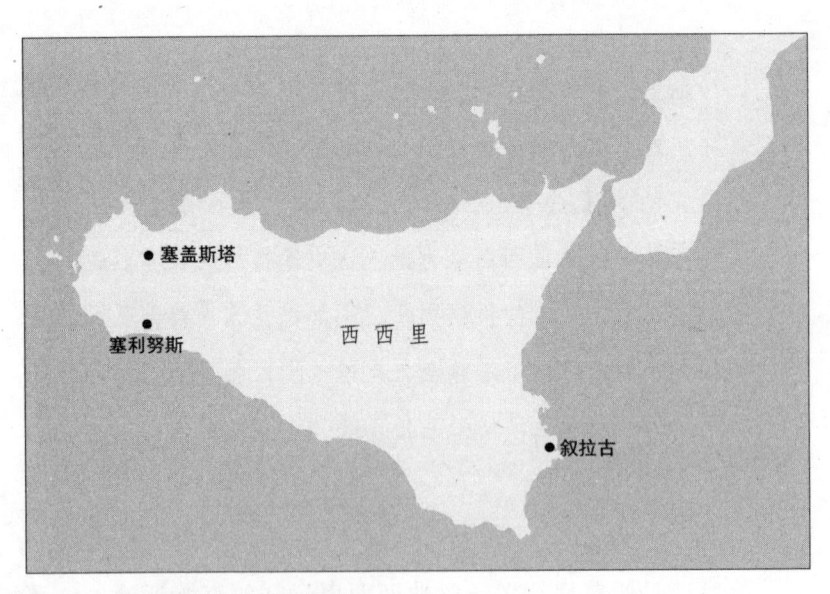

图9.1 叙拉古、塞盖斯塔、塞利努斯

公民大会，决定派60艘战舰去西西里，让尼基阿斯和拉马科斯（Lamachus）两位将军统领出征。

尼基阿斯不情不愿地被选为出征将军。5天以后，雅典人再次召开公民大会，讨论如何最快地准备战舰，以及此次出征所需要的事项。在公民大会上，尼基阿斯觉得公民大会的决定过于仓促，并且认为觊觎整个西西里的任务过于艰巨，理由也不充分，便发表演说，劝说议事会主席重新表决远征议案，希望阻止雅典人出征西西里。

尼基阿斯首先陈明，他认为应该慎重考虑出征西西里的事务，这并非出于自己的胆怯，因为他被派为将军必将会通过战争获得荣誉。他在考虑重大事务的时候，首先考虑的不是自己的利益得失，而是是否符合城邦的利益。考虑到上一次公民大会已经决议要出征，尼基阿斯知道下面的这番话必然不会受到民众的支持。他深知雅典人的品性，所以提前将自己的担忧说了出来："如果我规劝你们保住自己已有的，不要为了未来虚无缥缈的东西抛弃手中的东西，那么就你们的性格来说，我的话会软弱无力。"[2] 尼基阿斯试图通过评估雅典面临的局势来说服雅典民众不要匆忙出征。那么，雅典当下的局势是怎样的呢？尼基阿斯首先提醒民众，雅典与斯巴达的和约并不稳定，斯巴达才是雅典首要的敌人：

我告诉你们，你们放着这儿众多的敌人不顾，却一心一意航行到那儿,将新的敌人引到这儿来。也许你们认为,已经订立的和约提供了一些安全保障,但是,如果你们以大军出征却遭受失败,敌人就会迅速向我们发动进攻。因为他们是在遭遇灾祸的情况下,被迫首先订立和约的,比起我们,这份和约更让他们觉得耻辱,何况和约本身许多地方都有争议……他们如果发现我们的兵力分散,很可能就会全部联合起来与西西里的希腊人一道向我们进攻。过去,他们看重自己的西西里希腊人盟友,几乎超过了其他任何盟友。因此,我们必须考虑这些问题。(我们的)城邦局势脆弱不稳,不要原来的地盘还没稳当,又冒险把手伸向新地盘。[3]

尼基阿斯认为希腊世界的基本对立格局并没有变化,虽然他力主了和约的签订,但这和平是不稳定的。斯巴达始终是雅典的头号敌人,雅典绝不能冒险再树敌,或者将弱点暴露在敌人面前。这是尼基阿斯对雅典战略局势最为核心的判断,不仅于此,他还指出西西里地理位置太过遥远,并不是雅典帝国的首要利益所在:

但是,在西西里,我们即使征服成功,也很难统治,因为该岛距离遥远,而且人口众多。攻打这种即便征服也控制不了的城邦,是愚蠢的行动;而一旦失败,情况会比攻打之前更糟!在我看来,就目前的形势而言,西西里的希腊人如果受叙拉古人统治的话，对我们来说，并没有过去那么危险——塞盖斯塔人特别爱用它来吓唬我们。现在，为了讨得拉凯戴孟人的欢喜，西西里的希腊人也许都会来支援，但是，在被叙拉古人统治的情况下，一个帝国不可能向另一个帝国开战。因为叙拉古人若与伯罗奔尼撒人联手推翻我们的帝国，就会发现他们自己的帝国只会以同样的方式被伯罗奔尼撒人推翻。如果我们根本就不去西西里，那里的希腊人就会最害怕我们，此为上策；去展示武力后立即撤回，则次之。[4]

在尼基阿斯看来，援助西西里的塞盖斯塔人并不是当下的核心关切，更应该注意的是城邦内部的事务："如果我们明智的话，这场斗争对于我们而言，与援助西西里的蛮族塞盖斯塔人实不相干，而是怎样最有效地保卫我们自己，防备斯巴达给我们安置寡头政体的阴谋。"[5] 这段话的最后一句很难翻译，也不容易理解，原文为"ἀλλ' ὅπως πόλιν δι' ὀλιγαρχίας ἐπιβουλεύουσαν ὀξέως φυλαξόμεθα"，其中"δι' ὀλιγαρχίας"（*diaoligarchias*，经由寡头制）既可修饰前面的 *polis*，即斯巴达，也可以修饰下文，即"通过寡头制的阴谋"。结合上下文，尼基阿斯这里似乎没有必要强调斯巴达是寡头制，并且斯巴达并非严格意义上的寡头制，而是混合政体。所以更合理的理解是，尼基阿斯提醒雅典人要提防一个寡头制的阴谋。他是在暗示雅典城内有一股反对民主的力

265

量。紧接着，尼基阿斯就将攻击的对象指向了城邦中的年轻人以及阿尔喀比亚德：

> 出征西西里可是一件大事，而不是一个乳臭未干的年轻人所能谋划和轻率处置得了的。我看到在座的年轻人受到坐在身旁的此人的号召，感到害怕。那么，我呼吁在座的上了年纪的人，如果你们有人坐到了某个年轻人身旁，不要因若不投票赞成开战，就被认为是胆小鬼的想法而感到羞耻。不要垂涎遥不可及的东西——他们年轻人有这种想法——要知道，凡事预则立，凭贪欲则废。[6]

当时坐在公民大会上的这些年轻人是哪一年出生的呢？参加公民大会的公民年龄至少要20岁，所以参加这场公元前415年公民大会的年轻公民出生于公元前440年前后。那时雅典处于帝国盛期，他们从小目睹万邦来朝的场景，在卫城上恢宏的建筑中间穿梭，他们没有经历过希波战争，也没有经历过希波战争之前弱小的时代，对物质匮乏、安全受威胁没有认识。尼基阿斯和约已经签订了6年，这些年轻公民甚至都没有参加过伯罗奔尼撒战争，没有经历过战争这一暴戾老师的教导。他们成为对远征最为热心的人群，代际变化成为影响雅典政局的重要因素。所以尼基阿斯把人群分开，他直接放弃了说服年轻人，而是呼吁上了年纪的人投票表示反对。

图9.2 阿尔喀比亚德胸像，卡比托利欧博物馆藏

尼基阿斯发言之后，绝大部分上前发言的雅典人都赞成出征，这证明了尼基阿斯在发言之初的说法，劝说雅典人是很难的。站在尼基阿斯的对立面，最积极鼓动出征的人就是阿尔喀比亚德。他听完尼基阿斯对自己的攻击，便走上前开始发言。阿尔喀比亚德的发言印证了民众对他的印象：

> 雅典人啊！统帅一职非我莫属（我必须从这儿说起，因为尼基阿斯攻击了我），我认为我配得上这个职位。因为正是我所饱受指责的地方，给我的祖先和我带来了荣誉，也给我的祖国带来了利益。其他希腊人原本料想我们的城邦被战

争拖垮了，但由于我在奥林匹亚竞技会上的杰出表现，就高估了我们本来的实力。我有7辆双轮马车进入赛场——这个数字超过以前任何个人参赛者——取得了第一名、第二名和第四名。我还提供了其他东西，配得上自己优胜者的身份。人们一般将这些视为荣誉，但同时又从其表现中推测背后的实力。此外，在资助城邦歌舞队以及其他公共活动方面，我都显耀一时，自然引起同胞的嫉妒。在外邦人眼里，这也显示了我们的实力。[7]

这段话可谓集中体现了阿尔喀比亚德的性格。读完这段话的最直接感受就是，有很多个"我"，虽然古希腊语中用动词词尾来标注主语，但我们通过两种语言所得到的信息是一样的。阿尔喀比亚德在开头就不断地强调自己的能力，并且明确地将野心表达了出来，即想成为远征军的统帅，获得成功，被城邦视为荣耀和英雄，"这种名声就是我所渴望的"。具体到对西西里的征讨，阿尔喀比亚德声称任务并不艰巨，尽管西西里的城邦人口众多，但多族杂居，没有足够的重装步兵，所以并不足惧。在阿尔喀比亚德看来，尼基阿斯不断强调的伯罗奔尼撒人并不构成威胁，他们海军力量薄弱，即便在最强大的时候也只是从陆地上侵犯雅典，不敢和雅典进行海战。所以，雅典没有任何借口不去援助西西里的盟邦。

阿尔喀比亚德进一步提出他所认为的帝国方略，那就是通过扩张帝国的方式来维系帝国：

> 我们，包括所有其他握有帝国的人，就是这样获得帝国的——对求援者总是有求必应，不管他们是蛮族还是希腊人！因为如果我们对于应该予以援助的人都袖手旁观，或者区分同族异族，那么，我们与其说能扩大一点帝国，不如说有失去帝国的危险。人不要只等着强者来进攻，而要抢先下手使得他不能前来进攻。我们不能像管理家事一样控制我们帝国的范围，既然已经处于这个位置上，我们就必须保住现有的属邦，还必须谋划扩展其范围。因为我们停止统治别人，我们就有被别人统治的危险。[8]

对于阿尔喀比亚德来说，要么扩张帝国，要么就失去帝国。帝国必须要扩张吗？这是从波斯帝国开始就困扰统治者的一个问题。在希罗多德的《历史》中，扩张已经成了波斯的习俗。伯里克利制定的不扩张策略到了阿尔喀比亚德这里成了错误的战略，但阿尔喀比亚德却保留了伯里克利在阵亡将士葬礼演说中强调的"对帝国的热爱"这一主题：

> 不要让尼基阿斯的袖手旁观的主张，以及他将年轻人和老年人对立的做法，将你们引入歧途！遵照我们一贯的优良制度，就像我们的祖辈那样，年轻人跟老年人一起商议，将

雅典提升至今日的地位。现在，你们努力以同样的方式推进城邦的事业吧！要考虑到，青年与老年只有结合起来才有力量……总之，我的观点是，一个原本不闲散无为的城邦一旦变得闲散无为，很快就会遭受毁灭之灾；性情和习惯——甚至不是最好的——与其城邦的治理最相匹配的人民最有安全保障。[9]

总结来说，阿尔喀比亚德给出了远征西西里的几重理由。第一，他个人很想去，他热切盼望当一个将军，胜利之后名利双收。第二，他抓住了雅典年轻人的心思，他看到这一代出生即逢帝国盛世的年轻人特别想扩张帝国。第三，帝国的维系需要扩张，否则就会有被别人统治的危险，这对于帝国来说是零和博弈。第四，人民的性情要与城邦的治理相匹配。最后一点非常值得深思，阿尔喀比亚德这一代年轻人的性情或习惯是谁培养的呢？恰好是伯里克利培养的。伯里克利时代所塑造的雅典帝国使这些年轻人好战、进取、爱帝国，阿尔喀比亚德小时候就在伯里克利家中成长。恰恰是伯里克利自己埋下的种子，塑造和培养了年青一代，他们不再满意于保守的帝国战略，最终反噬了伯里克利的政策，只不过现在尼基阿斯是代表这一战略政策的发声者。

阿尔喀比亚德的发言也指出了一个深刻的道理：现在有这么多年轻人坐在公民大会上，而这些年轻人又是这样的性情，他们就只能做出这样的决定。代际差异是非常重要的。一代人有一代人的看法，一代人有一代人的方法。一旦某一代人成为社会的主流，他们就会把他们这一代人的信仰转化为某种公共政策。

听完阿尔喀比亚德的发言，我们会觉得修昔底德的这部书像一出希腊悲剧，其中包含着雅典帝国命运的某种必然性。雅典帝国自战争之初就已经丧失合法性，但伯里克利知道雅典必须尽可能维系这个帝国，这是战争这场悲剧的初始设定。伯里克利的方式是让雅典民众看到帝国的力量，不要设想放弃帝国；狄奥多图斯为雅典帝国想到了新的维系方式，即联系盟邦的民主派，在丧失合法性之后力图找到新的帝国体系基础。但是，对帝国的热爱塑造和强化了民众的热情，进一步激发了他们统治乃至扩张帝国的热望，最终给雅典带来了重大的安全挑战。雅典帝国的这种演变脉络有其必然性，一旦启动便会沿着自身的逻辑逐步展开，除非遭遇重大的挑战，否则难以改变。

修昔底德说，在阿尔喀比亚德发言之后，雅典人更加急于出征了。尼基阿斯看到出征几成定局，于是历数远征面临的困难以及所需的军队规模和钱财，想以此吓退雅典人。结果雅典人不但没有被尼基阿斯吓住，反而更积极了。雅典人认为尼基阿斯提出的那些顾虑全面而细致，如果能一一解决，就更能保证出征的胜利。尼基阿斯深知雅典人的品性，却缺乏伯里克利或阿尔喀比亚德的演说能力。更重要的是，现在全雅典都陷入出征的热望之中，所有人都觉得可以从中获利："老年人心想，他们将征服所到之处，再说如此一支大军总不至于覆灭吧？青年人渴望看到遥远地方的奇观异景，毫不怀疑自己将平安归来；至于军队的广大士兵，他们不仅期望从这次出征中获取军饷，还期望征服一个将来有取之不竭的军饷的地方。这样，由于大多数人如此狂热，即使有人不满意，也会由于害怕如果投反对票就会被认为对城邦居心不良，因此默不作声。"[10]雅典自此便开始着手准备远征工作。

二、宗教丑闻与僭政往事

就在雅典人紧锣密鼓地准备远征西西里的时候，雅典城内发生了一些与宗教相关的丑闻事件，这让雅典人非常紧张，并将这些事件上升到政体安全的层面。修昔底德记述说，有一天晚上，雅典城里的绝大部分赫尔墨斯石像被人损毁。雅典的赫尔墨斯石像具有非常明显的男性特征，这种石像通常立在私人住宅和神庙的门口，有路标的作用。一夜之间，石像被人损坏，没有人知道是谁干的。于是，雅典人出重赏求线索；此外，他们还投票决定：凡知道其他渎神行为者，不管是公民、外邦人还是奴隶，应大胆检举揭发。雅典人把这起事件看得极为严重，因为它似乎是这次出征的预兆。他们同时认为这是城内阴谋者的所为，这阴谋集团想要推翻民主政体。这是修昔底德第一次正式提到雅典城内有反对民主的力量。

结果，没有人知道赫尔墨斯石像是被谁破坏的，一些侨民和奴隶揭发了以前类似的事情，以及埃琉西斯秘仪（Eleusinian mysteries）事件。有人指出，曾经有一些年轻人喝酒嬉闹之后毁坏神像，并且在私人住宅中进行一些嘲弄侮辱性的秘仪，而阿尔喀比亚德就是这些活动的组织和参与者。根据雅典演说家安多基德斯（Andocides）的一篇演说辞，当时有一位名为毕同尼库斯（Pythonicus）的人控诉阿尔喀比亚德及其同党，还有一位奴隶做证说自己在蒲吕提昂（Pulytion）家中亲眼看到过，还列举

图 9.3　瓶画上的赫尔墨斯，公元前 475 年—前 450 年，卢浮宫藏

了除阿尔喀比亚德之外的一些人。这些指控虽然与赫尔墨斯神像被毁没有直接关联，但是阿尔喀比亚德的政敌无疑不会放过这个机会，阿尔喀比亚德妨碍了他们领导民众，他们想借此除掉他。这些人叫嚷着秘仪事件和赫尔墨斯神像被毁事件都和推翻民主政体的阴谋有关。雅典民众虽然欣赏阿尔喀比亚德的政治和军事才能，但认为他的私人生活骄奢淫靡，认为他的生活方式与民主政体格格不入。

针对这些指控，阿尔喀比亚德当即进行了反驳，并做好准备在出征前等城邦对他进行审判。如果城邦判定他做了这些事，那阿尔喀比亚德就接受惩罚；而如果宣告他无罪，就继续由他统率军队。阿尔喀比亚德抗议说，不应在他不在场的情况下审判，如果他有罪，就立即处死他好了；再说，有如此严重的指控在身，未及裁决，却派他带领这么一支大军出征，这是很不明智的。但是，阿尔喀比亚德的政敌们担心，如果立即举行审判，军队会支持他，民众的态度也会软化，转而护着他。于是，他们极力反对立即审判的提议，怂恿其他演说家提出，阿尔喀比亚德应该马上起航，不得耽误出征，但要在指定的日期回来受审。政敌们的目的很明确，在阿尔喀比亚德离开雅典期间更容易罗织罪行，再召他回来时就能以更严重的指控审判他。最终，阿尔喀比亚德还是先行率军起航了。

这件事情反映出雅典城内非常复杂的政治斗争，具体体现在两个层面。一是民众领袖之间的权力斗争，二是民众领袖与民众之间的紧张关系。伯里克利去世后，修昔底德揭示了雅典民主制度的框架，即领袖与民众之间"相爱相杀"的逻辑架构。民众需要领袖做出一些重要的决策，提供一些选择，让民众能够判定好或不好；煽动家也需要民众的支持，使个人的见解和主张得到实施，民众的支持是他获取政治力量或政治支持的必要手段。在领袖与民众的关系中，还有相互提防的一面，当民众怀疑某个政治家野心太大时，会预先采取措施，对他进行审判或流放，伯里克利之前的地米斯托克利、客蒙等都被城邦流放过。虽然这些过程伴随着城内的权力斗争，但从根本上说，陶片放逐法是雅典民主制度的自我保护机制。民众会放逐有危险的政治家，一旦民众判定他不仅想当民众领袖，还想当僭主，剥夺民众的自由。所以民主制度的优先级到底是什么，是为了获得最好的决策吗？还是要防止民主制度坠入糟糕的境地呢？这是留给我们思考的问题。现在，阿尔喀比亚德就面临这一局面。

在西西里远征之前，民众对阿尔喀比亚德已经不信任了，但还是让他出征。没过多久，雅典就派出一艘船，把阿尔喀比亚德叫回城邦接受审判。同他一起被指控的还有军队中其他一些人，他们被指控在秘仪事件上亵渎神明，与赫尔墨斯神像事件有染。雅典民众的表现真是令人惊奇，先是群情激昂要求远征，但西西里的战事还没怎么开展，又把此行最重要的人物召回来审判。

修昔底德在这里的措辞很微妙，不说是阿尔喀比亚德的政敌或敌对派系要把他召回去受审，而是说雅典民众很恐惧。"因为雅典民众通过传说了解到，庇西特拉图及其儿子们的僭主统治，在其行将终结之时暴虐起来；而且，它不是被哈摩狄俄斯或者他们自己推翻的，而是被拉凯戴孟人推翻的。因此总是处在恐惧之中，对任何事都满腹疑虑。"[11] 修昔底德的意思是说，雅典人猜忌阿尔喀比亚德，是担心他成为僭主，因为雅典人仍对一个世纪前的僭政往事无法忘却，换言之，僭政已经成了雅典集体记忆中十分灰暗的部分。

修昔底德随即来了一大段关于雅典著名的刺杀僭主事件的插叙。公元前5世纪，雅典的僭主庇西特拉图年老，死在僭主的位子上，接掌僭主之位的是庇西特拉图的长子希皮亚斯。庇西特拉图僭主家族在雅典的统治最初并不严苛，根据修昔底德的说法，僭主家族只向雅典人征收土地收成的二十分之一，还美化城市，成功进行对外战争，在神庙里举行祭祀活动，城邦还沿用了过去的法律。但僭主家族的温和统治因为刺杀僭主事件而生变。

当时城邦中有一位出身名门的小伙子哈摩狄俄斯。他的恋人阿里斯托革同是一个普通公民，出身中等。庇西特拉图另外一个儿子希帕库斯引诱哈摩狄俄斯，哈摩狄俄斯拒绝了他，还告诉了阿里斯托革同。处于热恋中的阿里斯托革同痛苦万分，他害怕希帕库斯的权势，唯恐他将哈摩狄俄斯抢走，于是谋划了一场刺杀事件，意图推翻僭主统治。刺杀事件之后，希皮亚斯一改之前的温和统治，开始严酷地对待雅典人。希皮亚斯又做了3年僭主，才被受邀前来的拉凯戴孟人驱逐。后来希皮亚斯逃到波斯，还在

图9.4 哈摩狄俄斯和阿里斯托革同的雕像，意大利那不勒斯国家考古博物馆藏

马拉松战役时带领波斯军队前来攻打雅典。这就是雅典历史上著名的僭政和刺杀僭主往事。

雅典人因此对僭主以及僭政产生了恐惧。倒不是说僭主不可能施行温和的统治，在刺杀僭主家族事件之前，庇西特拉图和希皮亚斯的统治都算温和。但是僭主制度有一个很大的问题，就是僭主的统治并不能以理性预期，一旦换人，僭主统治就有可能变得很糟糕，甚至同一个人也可能会性情大变。好比这场刺杀事件中，一对恋人之间出现了第三者，这本是一件很平常的事，但这件事恰好与僭主家族有关。希皮亚斯突然感受到了来自城邦中其

277

他人的威胁，就变得残暴，一个优秀的人可能一夜之间就变成一个残暴的君主。所以雅典民众从根本上不信任僭主制度，这也是驱逐僭主家族后的克里斯提尼改革中，要创设陶片放逐法的原因。借用亚里士多德在《政治学》中关于一人统治（或君主制）的区分，好的一人统治是王制，坏的一人统治则是僭主制。雅典人宁愿放弃一人统治中好的王制的可能性，也不能容忍残暴的僭主，因此舍弃了所有的君主制。

修昔底德插叙了这么一段往事，解释了为什么雅典民众在这一时间节点上反应如此强烈，他把握了雅典民众内心的恐惧。就像整场战争的原因被修昔底德归为拉凯戴孟人对雅典崛起的恐惧一样，此时关于僭主统治历史的痛苦记忆让雅典人心生对任何颠覆政体的阴谋的恐惧：

> 雅典的民众惦记着这些事情，又回想起有关这些僭主的其他所有的传闻，此时变得严酷起来。他们怀疑那些被控与秘仪事件有染的人，并且相信整个事件与旨在建立寡头统治和僭主统治的阴谋密不可分。在由此而产生的愤怒情绪之下，许多有身份的人被投入监狱，而且事情没有停止的迹象，反而一天比一天野蛮，越来越多的人被捕。直到最后，有一个被关押的人——他被认为是主犯——在一个狱友的反复劝说之下开始揭发。内容是真是假不得而知，两种意见都有；至于到底系何人之所为，无论当时还是后来都没人能说

清。这位狱友劝他说，就算事情不是他干的，也应该在自己先被免除惩罚的情况下，将城邦从当前的猜疑之中拯救出来；因为对他来说，在得到豁免的情况下，承认系自己所为比矢口否认然后受审更有安全保障。于是，他揭发自己和其他人参与了赫尔墨斯石像事件。雅典的民众兴高采烈，以为获得了他们认为的真相。他们以前一直在生气，因为可能永远发现不了那些阴谋颠覆民主政体的人。他们立即释放了告密者和所有其他没有被指控有罪的人，审判那些被指控有罪的人；将抓捕到的悉数处死，判处逃亡者死刑，并悬赏杀死他们。在整个事件中，那些遭受惩处的人有没有被冤枉，说不清楚；然而，城邦总体确定从中得益。[12]

关于僭主的记忆使雅典人做出召回阿尔喀比亚德的决定，说明了历史记忆的重要性。历史的真相很重要，个人对历史的认知也很重要，甚至对于个人来说，有时历史的真相还不如对历史的认知重要，因为认知会影响人的判断。修昔底德只是知道了赫尔墨斯神像和召回阿尔喀比亚德这些事情，他联想到历史上的事件，给这些事找了一个解释。修昔底德的话可信吗？事情的原因真的是这样吗？我们通常解释历史，会谈到各种要素，经济的，政治的，甚至宗教的，而修昔底德看到的是雅典民众内心的恐惧。

至于阿尔喀比亚德，雅典人自然将他的案子看得很严重。民众认为他们得到了赫尔墨斯石像事件的真相，就更加坚信秘仪事件是他的所作所为，其目的就是要阴谋颠覆民主政体。民众一旦起了猜忌，便会将所有不利因素都指向阿尔喀比亚德，他们随即派船前去召回阿尔喀比亚德，计划将他带回审判并处死。阿尔喀比亚德没有听命，他赶紧逃走，开始了流亡生涯。

赫尔墨斯神像被毁与秘仪事件，以及阿尔喀比亚德事件清楚地表明雅典民主制度的自我保护机制。我们不能将这些事件简单视为内部的派系斗争，修昔底德也不这么看，他将雅典民众的恐惧归为对僭主的提防。尼基阿斯在远征前公民大会上的讲话中，也明确提到城内有寡头派的阴谋，所以保卫民主制度在雅典民众的价值排序中永远居于首位。当然，不可否认的是，也有一些人利用民众的心理，在城邦的肃清行动中获利。但是，当时雅典人如何看待民主制和寡头制？雅典究竟有没有可能存在寡头阴谋呢？可能是有的，从目前留存下来的一份古代文献中，我们可以窥看当时雅典城内对民主政体的批评立场。

三、雅典内部的斗争

老寡头（Old Oligarch）的《雅典政制》这一文本，时间大致在公元前431年至公元前424年。在此书中，寡头派积极地阐述自身政治立场的理论基础，非常明确地对民主制提出了批评，并将寡头派与民主派对立起来。[13] 老寡头在开篇时便亮明自己的立场："我不赞赏雅典人的现行政制……我认为雅典人的政制并不是一种优良的政制。"老寡头反对雅典当时的民主制度，在他眼里，当时的雅典民主制有以下这些特点。第一，民主制的阶层基础是穷人和平民（demos），通过将这二者并称，可以看出民主制的词根的含义被老寡头归为穷人群体，而非全体公民。老寡头的这一批评是有针对性的，因为当时对民主制的捍卫往往会强调 demos 是全体公民，如修昔底德就曾借叙拉古民主派领袖阿特那哥拉斯（Athenagoras）之口，提到了时人对民主制和寡头制的一些认知：

> 也许有人说，民主制既不贤明也不平等，财产拥有者最适合成为统治者。我的看法恰恰相反，首先，民主制中的 demos 一词包括全体公民，而寡头制，即少数人的统治，仅代表其中的一部分。其次，如果说最好的财富保护者是富人，最好的顾问是贤明人士，那么，他们都不能像大众那样善于听取意见并做出明智的决定；在民主制下，所有这些有才能的人，无论是作为个体还是集体，都享有平等的权利。但是寡头制会使人民大众分担苦难，而寡头党人自己坐拥好处且搜刮别人的利益，意欲独占全部。[14]

老寡头的观点与阿特那哥拉斯针锋相对,他进一步将穷人与海军联系在一起:"正式配备在战舰上的平民(demos)使得城邦获取了力量;舵手、桡手长、下层桡手长、瞭望者和造船匠——这些人,比之重装步兵和显贵阶层,给城邦贡献了更大的力量。"对于在大多数城邦中占据重要地位的重装步兵,老寡头说,雅典的重装步兵无论战斗力还是数量都比不上敌人,但是比盟邦要强。

第二,所有公民都有权参与公共事务,除了极少数依赖才能的官职外,其他官职,特别是发放薪金的官职,由公民以抽签和举手表决的方式确定人选。在公民大会上,下层民众中任何一位想发言的,都可以畅所欲言,为自己和同类谋取利益。以穷人和平民为政制基础的民主制对城邦中的穷人自然关照更多,在城邦很多公共事务,特别是节庆和军事中,平民认为自己理应从唱歌、竞赛、跳舞和海上服役中获得报酬。就这样,穷人的待遇逐渐改善,他们的力量也进一步增强。

第三,雅典的平等不仅推及穷人和平民,奴隶和客居的外邦人也获得了很多特许,"我们在奴隶和自由人以及麦特克(metics,或译为"侨民")和公民间建立了平等的自由言说(isegoria)的关系"。

第四,雅典的议事会和公民大会要处理极为庞杂的事务。雅典每年举办远多于其他城邦的节日庆典,在节日之外,还要处理自身和盟邦的诸多事务,以及私人、公共和盟邦诉讼案件,这使得各种机构无比忙碌。

第五,除了对城内富人的剥夺,雅典民主制的重要支撑还来自帝国盟邦。盟邦对雅典的奉养方式很多,比如盟邦的很多官司在雅典审理,要给雅典支付诉讼费用和税收等;雅典通过制海权和航路控制盟邦获取希腊世界和异族人的物产;收取盟邦每年缴纳的贡金等。并且,为了维系帝国的安全,雅典人会扶持盟邦和发生内乱城邦中的下层民众。

以上的这些描述基本刻画了伯罗奔尼撒战争期间雅典民主制最主要的表现,而老寡头对这一制度有着激烈的批判,正是从这批判中,我们得以管窥当时寡头派的一些基本立场。首先,老寡头不仅将平民(*demos*)的含义限定为穷人,而且还为这一群体附加了具有负面意义的道德和智识评价。在开篇处,他便将穷人视为"卑劣之人"(*poneroi*);此外"平民大众中尽是些无知之人,他们不守规矩、卑劣;贫困致使他们做一些可耻之事,缺钱致使一些人未能接受教育,处于无知状态";"雅典人知道,这种人(平民)的无知、卑劣……"。如果说"平民""穷人"尚属中性概念,那么"卑劣""无知"就将民主制判定为由劣等人统治的不良政体。与卑劣的民主制相对的是寡头政体,与穷困、无知的平民相对,富人是拥有良好出身的、优秀的人(*chrestoi*),他们受过良好的教育。由这些优秀的富人统治的政体则拥有良好的秩序(*eunomia*),在这个好政府中,"你会发现,首先,最聪明的人为他们制定法律。之后,最优秀的人将惩罚那些卑劣的人；他们将为城邦制定政策，他们不会允许粗野之人进入议事会或发表意见或参加公民大会"。

深究老寡头的逻辑，我们可以发现他实质上认为民主制的基础并不在于它更优秀，而是因为城邦中最有力量的群体是穷人，特别是海上服役的海军群体。民主制和良好的政策、秩序并无关联，雅典的民主帝国不过是穷人瓜分利益的载体。与之相对，寡头制显得更具合法性。老寡头将富人和聪明的人等同于优秀的人，认为寡头制是一个能够制定良好政策、建立优良秩序的政体。并且，在处理与盟邦的关系方面，寡头制也会比民主制赤裸裸的剥削显得更具公义："实行寡头制的城邦必然要维持同盟，遵守誓言。倘若他们不遵守约定或有失公正，那么其同盟就很难维持下去了。"总结来说，老寡头认为民主制建立的基础是权力，而寡头制的意识形态基础是优秀，因而后者更具合法性；换言之，少数富人比广大穷困平民更有资格进行统治。

理解了当时城内的这些分歧和争论，不难设想有人不只是在话语中批评民主制度，还想改变民主制度。根据古代铭文的记载，在这一事件中被指控、逮捕、处死和流放的人大都非常富有，甚至有学者推测被没收的财产总量有500至1000塔兰特，而在公元前4世纪70年代，雅典的全部地产也不过6000塔兰特。[15]这一事件中民众主要的斗争对象是城邦的富裕阶层，无论他们是否真的形成了寡头势力。民众被煽动家成功地鼓动起来，极大削弱了富人的力量。

综合尼基阿斯战前演讲中含糊提到的寡头制阴谋以及赫尔墨斯神像和秘仪事件，我们可以合理地猜测，当时雅典城邦内的确存在着关于寡头政体阴谋的传言，这一阴谋可能是斯巴达对付其他城邦时惯用的手段，即在被征服城邦中建立十人团统治；也可能是城内寡头派有联合斯巴达夺取城邦统治权的想法。我们也可以从这次事件里民众的反应和采取的行动中，看到雅典政治中结构性的、动机性的东西。根据修昔底德的描述，伯里克利死后，后来者都不理想，如果是这样的话，那就不是人有问题，而是制度有问题。但在这件事情中，我们会发现，民众没那么好忽悠，民众有自主性。之前我们看到的更多是伯里克利对人民的掌控，在这里我们会看到民众对城邦中的富人、出身高贵的人、有身份地位的人的制约，看到民众的反作用。民众不是提线木偶，操纵不好还可能被反操纵。面对阿尔喀比亚德这样出色的人，民众会不惜一切代价防止僭政的复现，提防城邦内优秀的寡头。

经过这场危机，阿尔喀比亚德未能在西西里施展自己的军事才能，就流亡到斯巴达，而雅典的大军在西西里开始了艰难的征战，他们还不知道迎接自己的是雅典有史以来最惨重的失败。

注释

1. 修昔底德,《伯罗奔尼撒战争史》, 2.65。
2. 修昔底德,《伯罗奔尼撒战争史》, 6.9。
3. 修昔底德,《伯罗奔尼撒战争史》, 6.10。
4. 修昔底德,《伯罗奔尼撒战争史》, 6.11。
5. 修昔底德,《伯罗奔尼撒战争史》, 6.11.7。
6. 修昔底德,《伯罗奔尼撒战争史》, 6.12—6.13。
7. 修昔底德,《伯罗奔尼撒战争史》, 6.16。
8. 修昔底德,《伯罗奔尼撒战争史》, 6.18。
9. 修昔底德,《伯罗奔尼撒战争史》, 6.18。
10. 修昔底德,《伯罗奔尼撒战争史》, 6.24。
11. 修昔底德,《伯罗奔尼撒战争史》, 6.53。
12. 修昔底德,《伯罗奔尼撒战争史》, 6.60。
13. 希腊语和英文注疏参照 J. L. Marr. and P. J. Rhodes, *The 'Old Oligarch': The Constitution of the Athenians Attributed to Xenophon*, Oxford: Aris and Phillips Classical Texts, 2008.
14. 修昔底德,《伯罗奔尼撒战争史》, 6.39。
15. 转引自 Robin Osborne and Peter J. Rhodes, eds., *Greek Historical Inscriptions 478-404 BC*, Oxford: Oxford University Press, 2017, 442-443。

推荐阅读

1. 普鲁塔克:《希腊罗马名人传》之《阿尔喀比亚德传》。
2. 希罗多德:《历史》,第五卷。关于雅典僭政结束的历史。
3. Andocides. "On the Mysteries." In *Minor Attic Orators, Volume I: Antiphon. Andocides*, translated by K. J. Maidment, 325-453. Cambridge, MA: Harvard University Press, 1941.
4. 贾文言:《安多基德斯与雅典城邦政治》,北京:中国社会科学出版社,2020年。

第十讲

西西里远征及其失败

一、西西里远征前史

伯罗奔尼撒战争爆发后，修昔底德第一次记述雅典和西西里的关系是在公元前 427 年。当时西西里的形势是，除了卡玛里那（Camarina）这个城邦外，所有的多里斯人城邦都是叙拉古人的盟邦，并且都加入了拉凯戴孟人盟邦的行列，但尚未实际参战。在西西里岛上，列奥提尼（Leontini）人正与叙拉古人交战，列奥提尼的盟邦有卡玛里那、纳克索斯（Naxos）等，以及隔海相望的意大利半岛上的雷吉乌姆（Rhegium），而意大利半岛的另一

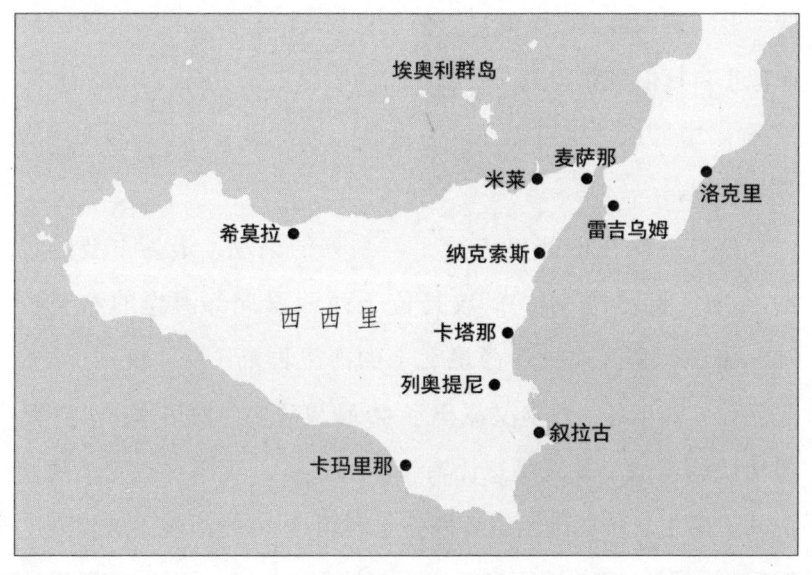

图 10.1　列奥提尼、叙拉古及其盟邦

城邦洛克里（Locri）则与叙拉古是盟邦。

列奥提尼人遭到叙拉古人的海陆封锁，便派人前去雅典求援。公元前427年夏末，雅典派了一支20艘船的舰队去帮助他们解除叙拉古人的围困。舰队抵达后便驻扎在雷吉乌姆，伺机作战。值得注意的是，修昔底德在此处说，雅典人表面上是受邀前来，实际上另有两个盘算：一是阻止伯罗奔尼撒从西西里输入粮食；二是初步试探能否将西西里置于自己的掌控之中。修昔底德道出了西西里的战略地位，此地虽然与希腊本土有相当的距离，却是伯罗奔尼撒人，特别是科林斯人重要的粮食供应来源。科林斯人的殖民地叙拉古是西西里最强大的城邦，叙拉古联合的其他多里斯城邦都是拉凯戴孟人的盟邦，虽没有直接参战，却是重要的一股力量。最为重要的是，伯里克利此时已经去世多年，雅典人似乎自打伯里克利去世后就开始动心思扩张帝国。当然，此时只派出20艘船，也可以理解为雅典人想要试探和了解西西里的真实状况。

雅典舰队在西西里进行了一系列的活动，最为重要的包括：攻下米莱（Mylae）；攻打位于西西里北部海岸的希莫拉（Himera）；多次攻打西西里北部的海上群岛（Aeolian islands）。公元前426年冬，雅典又派出了40艘战舰去西西里增援，一是想尽快结束战争，二是想让海军得到锻炼。我们对这支舰队其实并不陌生，雅典围困派罗斯就是利用这40艘战舰。这支舰队航行到科西拉时，被德谟斯提尼带到了派罗斯，围困了斯巴达人。派罗斯后来成为尼基阿斯和约签订的重要筹码,这是战争的主线,在第七讲中已经讨论得比较充分了。回到西西里的支线上来,这支舰队在围困派罗斯之后就赶赴西西里。

此时西西里战局又有新的变动,最主要的变化发生在公元前425年夏天,麦萨那(Messana)邀请叙拉古人和洛克里人前来,最终麦萨那叛离了雅典。叙拉古看到麦萨那重要的战略位置,害怕雅典人以此为基地进一步占领西西里,而洛克里人则仇恨同在意大利半岛南端的雷吉乌姆人,趁机蹂躏了雷吉乌姆。雅典舰队到达后,以雷吉乌姆为基地,和叙拉古及其盟友在麦萨那附近展开海战,在陆上也展开战斗,并互有胜负。

又过了1年,公元前424年夏天,西西里的卡玛里那人和革拉(Gela)人停战修好。以此为契机,其他城邦都派使节到革拉举行会议,商议西西里的和解之道。在这次大会上,叙拉古人赫尔墨克拉底(Hermocrates)发表了一个重要演说,力劝西西里人结束内斗,团结一致,将雅典视为最大的潜在威胁。[1]

赫尔墨克拉底首先陈述了他对西西里局势的总体判断,提出西西里内部应该停战和解,因为"依我的判断,雅典人正在打它的坏主意……我们有一个让我们和解的依据,它比我的话更令人信服,那就是雅典人。他们拥有全希腊最强大的实力,正以少数船只窥伺着我们犯错。他们名义上是我们合法的盟邦,实际上是我们天然的敌人;以这种貌似美好的名义,利用我们之间的敌对坐收渔翁之利"。在这种局势下,西西里人必须团结一致,对抗雅典的侵略阴谋。不仅于此，赫尔墨克拉底还强调，不要以为只有多里斯人的城邦才是雅典的敌人，那些伊奥尼亚人的城邦同样不会永葆平安，因为雅典觊觎的不是某一个族群，而是整个西西里的财富。赫尔墨克拉底甚至还说出了雅典人的处世哲学："雅典人的贪婪和野心是完全可以原谅的，我不指责那些想要统治他人的人，而要指责心甘情愿服从的人。因为人的本性永远是统治那些自愿服从的人，而提防那些准备好攻击别人的人。"

赫尔墨克拉底最后的呼吁是，西西里所有的城邦居民都只有一个名字：西西里人！而当下最重要的就是摆脱雅典人并避免西西里的内战。西西里人接受了赫尔墨克拉底的建议，达成和平协议。那些将雅典人召来的雅典盟邦也向雅典将军转达了会议精神，并将雅典也纳入和约之内，雅典将军们表示同意，之后便回到雅典。结果，雅典人对西西里舰队的两位将军处以流放的刑罚，还有一位则处以罚金，因为雅典人认为他们本有能力征服西西里，却被贿赂而从西西里撤军。

从此次撤兵到西西里远征前，雅典没有再进行大规模的行动，但并未完全放弃对西西里的盘算。在克里昂征讨安菲波利斯的同时（公元前422年），列奥提尼发生了内乱，城邦中的民众想要重新分配土地，而城邦中有权势的人则招来了叙拉古人，将民众驱散，并放弃了列奥提尼城，迁往叙拉古，成为叙拉古公民。后来，有些人不满，便从叙拉古离开，重新回到列奥提尼城，一些被驱逐的民众也加入他们，发动对叙拉古人的战争。雅典人了解到这些情况后，派出两艘船去西西里进行外交游说，看是否有可能说服盟友和其他西西里人一起对有野心称霸的叙拉古用兵，但没有取得有意义的进展，之后便起航回雅典了。

以上就是公元前 415 年雅典发动西西里远征前与西西里有关的主要事件，从修昔底德的叙述可以看出，雅典似乎一直对西西里有想法，但多数行动都是试探性的，雅典人主要想激发和利用西西里岛内城邦间的矛盾。从军队规模上看，雅典派出的舰队最大规模是 60 艘，相比西西里舰队（30 艘）虽然有优势，但如果想要占领整个西西里岛，哪怕有盟邦的协助，也是远远不够的。值得注意的是，雅典决定远征西西里的那次公民大会上，最初决定派出的舰队数量也是 60 艘，[2] 后来尼基阿斯鼓吹了战争的难度，雅典人方才加倍准备舰队和军队。

雅典出征的消息传到叙拉古时，叙拉古人起初并不相信，但最终还是召开了一次公民大会。在大会上，主导革拉会议的赫尔墨克拉底发言，敦促叙拉古人立即备战，保卫城邦。赫尔墨克拉底坚持他的判断，即雅典人始终觊觎西西里，这次出征的消息是确凿无疑的，并且雅典人只是拿着塞盖斯塔当由头，实际上想要攻占叙拉古，并占领西西里。赫尔墨克拉底提出了三个备战策略：第一，叙拉古需要派出使节前往西西里岛以及意大利诸邦，乃至迦太基，寻求结盟，或者至少让他们不接纳雅典人。第二，叙拉古人要向母邦科林斯以及斯巴达派出使节，请求他们前来援助，重启与雅典的战事。第三，派出舰队前往意大利的塔拉斯(Taras)和伊阿皮奎亚(Iapygia)海峡主动迎击雅典人。除了最后一条，赫尔墨克拉底的建议应该说都是合理的。但是城邦中还有相当一部分人并不相信雅典真的会大军压境，修昔底德紧接着写了叙拉古的民众煽动家阿特那哥拉斯的发言。

阿特那哥拉斯是叙拉古影响力最大的民众领袖，他的判断是雅典并不敢，也不会大军来犯，因为雅典人睿智而富有经验，不会撇下伯罗奔尼撒而开辟一个同样规模的战场。雅典人如果真的前来，会被西西里人挫败，因为西西里城邦的实力强于雅典的远征军，雅典无法运送大量的重装步兵前来，还缺乏足够的粮草补给。

阿特那哥拉斯关心的焦点是城内的权力斗争，他将雅典人出征的消息视为城内居心叵测之人有意传播的谣言，认为这些人企图借此恐吓大家以掌权。他说，叙拉古经常处于内乱之中，有时还受僭主和寡头统治，所以民众首先要防备的，不是雅典人的"虚假"出征，而是城内寡头派颠覆政权的阴谋。在此判断基础上，阿特那哥拉斯赞美了叙拉古的民主制度：

> 有人会说，民主政体既不明智又不公正，有钱人才最适合做统治者。我说，首先，"人民"顾名思义指的是全体，而"寡头政体"指的是部分。其次，富人最善守护财富；明智之士最善谋划；民众听了讨论后，最善评判。这三类人，部分地或者全体地，都在民主政体里享有平等的地位。但

是，寡头政体让大多数人分担危险，不满足于最大的一份好处，还夺取和占有全部。这就是你们当中有势力者和年轻人孜孜以求的，但在一个大邦里不可能实现。³

很显然，阿特那哥拉斯将赫尔墨克拉底视为这场阴谋的主角。二人发言之后，有一位将军站出来，说发言者不应相互诽谤诋毁，而是应该关注传来的这些消息，做好准备总是无害的。这位将军应该是城邦中位高权重的人物，他的话有着一锤定音的效果，在他讲完之后，叙拉古人就解散了公民大会。而叙拉古人并未立即备战，直到雅典人到达雷吉乌姆之后，才认真准备起来。⁴

二、初战西西里

公元前415年夏天，雅典召集盟邦军队在科西拉集结，从那里一起出发，前往西西里，三位将军是尼基阿斯、阿尔喀比亚德和拉马科斯。修昔底德记述说，雅典派出的这支远征军是"迄今为止由单个城邦派出的花钱最多、规模最为宏大的希腊军队"。其中，三层桨舰船有134艘，还有罗德岛的2艘五十桨船，舰船中有100艘是雅典人的（60艘战舰，40艘运兵船），余下的来自喀俄斯和其他盟邦；重装步兵5100人，其中1500人是雅典公民；700名雇佣水兵；其余军队来自盟邦，此外有500名阿尔戈斯人、250名曼提尼亚人和雇佣兵；弓箭手480名，其中有80名克里特人；投石手700名，都来自罗德岛；轻装步兵120名，是麦加拉流亡者；马匹运输船1艘，运送30名骑兵；还有运粮商船30艘，并载有面包师、工匠和各类工具；征召来的船只100艘，与商船一道航行。

到达西西里后，雅典的三个将军就具体的军事行动方案产生了分歧。尼基阿斯主张直接前往塞利努斯，如果塞盖斯塔人愿意提供金钱，就尽快帮助塞盖斯塔解决和塞利努斯的争端，然后巡航西西里，展示雅典武力，之后打道回府。阿尔喀比亚德则主张，如此庞大的军队前来，绝不该一无所获就撤兵，应该设法策反西西里诸邦，让他们叛离叙拉古。首先要说服麦萨那人，再争取一些城邦，最终攻打叙拉古和塞利努斯。第三位将军拉马科斯则主张直接攻打叙拉古。这三个战略中，尼基阿斯的最为保守，拉马科斯的最激进，阿尔喀比亚德则位于中间，想先施展外交谋略，再进行军事行动。

拉马科斯虽然有自己的主张，但也赞同阿尔喀比亚德的意见。于是，阿尔喀比亚德先到麦萨那，试图与麦萨那人结盟，结果被拒绝。之后，雅典舰队派出60艘舰船前往纳克索斯，得到纳克索斯人的欢迎。雅典舰队接着沿海岸航行，一路攻下了卡塔那（Catana），又到卡塔那驻扎，开始筹划攻打叙拉古。就在此时，雅典人派来舰船，要求召回阿尔喀比亚德，接受城邦审判。

阿尔喀比亚德知道回去要面临的不是死亡就是流放，在回程中就逃跑了，跑去了伯罗奔尼撒。

阿尔喀比亚德离开之后，尼基阿斯成为远征军最有权势的将军，按照他的想法，雅典舰队应全军开赴塞利努斯和塞盖斯塔，他"想知道塞盖斯塔是否给他们钱财，并仔细观察塞利努斯的局势，了解她与塞盖斯塔的分歧所在"。[5] 结果，雅典军队只从塞盖斯塔获得30塔兰特钱财，并没有涉足塞利努斯的任何事情，就返回了卡塔那。至此，公元前415年的夏季就结束了。

到了冬季，雅典军队和西西里最重要的城邦叙拉古终于要正面相遇了。雅典军队第一次攻打叙拉古，采用了高超的计谋。雅典派一个卡塔那人充当间谍，告诉叙拉古将军们自己是卡塔那的亲叙拉古党，知道雅典士兵习惯在城内过夜，将盔甲和武器都扔在城外。这个"间谍"提议，约好时间，让叙拉古军队发动攻击，卡塔那人会把雅典人关在城内，并放火烧掉战舰，叙拉古人就能取得大胜。叙拉古将军们丝毫没有怀疑，马上就定好日子准备进攻。就这样，雅典人成功将叙拉古军队引出城外，在阿纳普斯河（Anapus）展开第一次对战。叙拉古方战死约260人，雅典军队战死约50人。叙拉古军队在重装步兵方阵作战中不占优势，但雅典军队忌惮数量众多的叙拉古骑兵，也没有乘胜追击。

经此一役，叙拉古人召开公民大会商量对策。在公民大会上，赫尔墨克拉底鼓励了民众，并且提出叙拉古失败的原因之一是将军过多，共有15名，应该减少将军数量，同时加强重装步兵的操练。叙拉古人被他说服,选出赫尔墨克拉底、赫拉克勒德斯(Heracleides)和西卡诺斯(Sicanus)三位将军,并派使节去科林斯和斯巴达,请求他们前来支援,这是赫尔墨克拉底一直以来的建议。

第一次叙拉古战役改变了西西里岛其他城邦的态度。雅典军队也趁机在西西里争取盟邦支持,卡玛里那就是一个重要的城邦,雅典人派使节前往说服。叙拉古得知此事,也赶紧派赫尔墨克拉底等人前往卡玛里那。卡玛里那随即召集公民大会,听取双方的意见。赫尔墨克拉底首先发言,他把雅典人定性为奴役希腊的主子:"在反对波斯人的战争中,雅典人没有为希腊人的自由而战,希腊人也没有为自己的自由而战;雅典人为的是变波斯人奴役希腊人为自己奴役希腊人,希腊人为的是更换主子——不是更愚蠢的主子,而是更聪明的邪恶主子!"[6]

既然雅典人要做奴役其他城邦的主人,现在就到了西西里人决定命运的时刻。赫尔墨克拉底说,不要听信雅典军队的各种出兵借口,西西里人应该表明自己是多里斯人,是来自独立自主的伯罗奔尼撒、定居在西西里的自由人。雅典人目前在西西里的所作所为都是在利用叙拉古各个击破,所以其他城邦不应该抱有不切实际的幻想,一旦叙拉古被攻下,卡玛里那就是第二个面临危险的城邦。赫尔墨克拉底还许诺,他们已经邀请伯罗奔尼撒人前来支援,最终西西里的多里斯人必将击退雅典人。

在赫尔墨克拉底发言之后,雅典的使节游弗木斯(Euphemus)

为雅典进行了辩护:

> 伊奥尼亚人一直与多里斯人为敌。此话不假。由于属于多里斯族的伯罗奔尼撒人比属于伊奥尼亚族的我们人数要多,且他们与我们毗邻而居,我们不得不考虑如何才能最好地避免受他们统治。波斯战争之后,我们获得了一支舰队,摆脱了拉凯戴孟人的指挥和霸权。除了他们那时比谁都强大之外,与其说他们对我们发号施令合适,不如说我们对他们发号施令合适。我们成了以前波斯国王臣民的领头者,现在依然是,心想这样就可以使我们最大限度地不受伯罗奔尼撒人的统治,因为我们拥有保卫自己的力量。[7]

到了这里,游弗木斯的这段话出现了关于雅典帝国的新说法。雅典人原来总强调自己是整个希腊世界的拯救者,斯巴达主动退出了,雅典带着大家抗击波斯,获得了帝国。但游弗木斯的新论证是说,雅典之所以维系帝国,核心考量是和斯巴达的对抗,是为了不被伯罗奔尼撒人统治。这个说法并非没有道理,在公元前508年至前507年,雅典进行克里斯提尼改革前后,斯巴达就多次干预雅典内政。改革之前,斯巴达率联盟军队到雅典,驱逐了当时的僭主希皮亚斯。改革过程中,就在克里斯提尼和伊萨格拉斯(Isagoras)斗争时,斯巴达选择支持后者。甚至在克里斯提尼改革之后,斯巴达眼看雅典要崛起了,还想把原来流亡波斯的希皮亚斯重新迎回雅典，但被科林斯拒绝了。所以，从公元前6世纪末开始，斯巴达一直在提防着雅典的崛起。后来希波战争使雅典陡然崛起，此时斯巴达想要控制雅典，雅典说，原来维系雅典帝国是反抗波斯的延续，现在则是要靠帝国才能够对抗斯巴达。

以此为前提，游弗木斯接着重申雅典的帝国统治并非不公正，并且雅典人有资格统治他们："那么，我们配得上统治他们，因为我们给了希腊人最大的舰队和百折不挠的精神，而这些人准备与波斯人一起做侵害我们的事，还因为我们渴望得到与伯罗奔尼撒人相抗衡的力量。我们没有说这样的漂亮话：我们的霸权正当合理，是因为我们单凭一邦之力推翻了蛮族，或者为这些人的自由而不是全体希腊人——包括我们——的自由冒险。每个人都为其自身的安全着想，这没有什么好指责的。现在，就是为了自身安全，我们来到了西西里，看到你们的利益与我们的利益是一致的……恐惧促使我们掌握霸权；同样，恐惧促使我们来到这里，与朋友一道把西西里的事务处理得保险妥帖。我们不是来征服你们，而是要阻止别人征服你们。"[8]游弗木斯解释了雅典的想法之后，立即将矛头转向叙拉古，指责叙拉古想要在西西里建立霸权，雅典人前来就是受那些被叙拉古伤害的城邦邀请，充当解放者："我们在希腊本土搞霸权统治是为了不臣服于人；在西西里，我们来当解放者，是为了不受西西里人之害。"[9]

卡玛里那人听完双方使节的发言，对双方都有怀疑和警惕。

他们怀疑雅典可能奴役西西里,除此之外,总体对雅典持有好感。他们与叙拉古这个近邻总是处于紧张关系,实际上他们更忧惧叙拉古的威胁。卡玛里那人决定给双方同样的答复,即由于目前交战双方都是他们的盟友,他们决定信守盟约,双方都不帮。此后,雅典军队和叙拉古各自积极备战。而就在叙拉古围攻战到来之前,修昔底德记述了一段阿尔喀比亚德在斯巴达的发言。

叙拉古派使节前往科林斯和斯巴达,试图争取伯罗奔尼撒人的援助,而此时阿尔喀比亚德流亡在斯巴达。普鲁塔克的《阿尔喀比亚德传》中写道,来到斯巴达的阿尔喀比亚德适应能力极强,他可以留长发,洗冷水澡,参加体育训练,参加公餐吃粗面包。叙拉古使节来到斯巴达后,阿尔喀比亚德发言鼓动拉凯戴孟人去支援叙拉古人。阿尔喀比亚德的发言极为精巧。他首先要尽可能打消斯巴达人对他的怀疑,毕竟他之前是坚决主张对斯巴达强硬的主战派。阿尔喀比亚德将自己的立场归咎于斯巴达人,因为他们和自己的政敌尼基阿斯谈判,增强了政敌的实力,使自己受辱,所以阿尔喀比亚德才倒向阿尔戈斯和曼提尼亚一边,伤害斯巴达。现在被逐出雅典,阿尔喀比亚德开始指责雅典的民主制度是"显然的愚蠢东西",甚至暗示,如果不是当时在与斯巴达作战,他甚至想过要推翻民主政体。

紧接着,阿尔喀比亚德开始陈述雅典远征西西里的真实想法,即首先征服西西里的希腊人,再征服意大利的希腊人,然后攻打迦太基。如果都顺利的话,就接着攻打伯罗奔尼撒,继而统治整个希腊。所以，如果斯巴达不派兵前去援助，一旦叙拉古被占领，雅典拿下整个西西里就指日可待了，意大利也将是雅典的囊中之物，伯罗奔尼撒的危险就近在眼前。为了证明所说属实，阿尔喀比亚德声明他已经不爱雅典了：

> 我所爱的城邦是一个保证我的公民权的城邦，不是一个迫害我的城邦。我认为，我所攻击的已不是我的祖国，我要恢复的更不再是我的祖国。一个真正热爱城邦的人，不是那种不公正地失去了自己的城邦之后，不去攻击她的人，而正是由于对她的眷念要尽一切办法将她夺回的人……雅典人的秘密我知道，你们的秘密我却只能猜测。我还要求你们，在认识到你们的商议事关重大之后，果断派兵出征西西里和阿提卡。以少数人马用兵于西西里，保住自己的大利益，一劳永逸地推翻雅典人的势力。然后，你们过着太平的生活，被全希腊拥戴为盟主，而不是出于武力强迫。[10]

阿尔喀比亚德的这段话一如既往地极具修辞性，但也极为自私。为了解除斯巴达人对他的怀疑，他精巧地为自己之前的行为开脱，并夸大了雅典的战略。没有证据表明雅典有他所说的勃勃野心，这不过是阿尔喀比亚德的激将法，甚至他在被召回之前，在西西里也未采取激进的战略，他的策略还不如拉马科斯激进。修昔底德认为阿尔喀比亚德的发言有效地说服了拉凯戴孟人，说他们此前还在犹豫是否要出兵攻打雅典人，听了阿尔喀比亚德的内部情报之后，立即决定驰援西西里，派出了将军古利普斯（Gylippus）。

三、叙拉古围攻战

公元前414年春天，雅典开始攻打叙拉古。刚过去的冬季，西西里的雅典将军派人回雅典请求增援，特别是要增派骑兵，补充军饷。骑兵到来便可在陆上封锁叙拉古，再加上强大的海上舰队，雅典军队攻下叙拉古似乎是稳操胜券。雅典军队从卡塔那出发，计划攻占厄庇波莱（Epipolae），一旦拿下此地，便可围困叙拉古。在这里，雅典军队和叙拉古军队先是进行了一场战斗，雅典轻易取胜，叙拉古300人阵亡。之后，雅典军队开始在续刻（Syce）建造环形要塞，并以此为基点，修建围困叙拉古的长墙。

雅典军队试图封锁从大港（Great Harbor）到另一侧海滨特洛奎罗斯（Trogilus）的区域，修筑长墙以包围叙拉古。而叙拉古为了对抗这一长墙，也开始修筑城墙，与雅典人的封锁城墙呈直角（如图10.2）。雅典军队和叙拉古军队围绕着城墙与环形要塞展开多次战斗。在一次叙拉古城前的陆地战斗中，雅典军队获胜，但将军拉马科斯不幸阵亡。此后，叙拉古试图攻击雅典军队

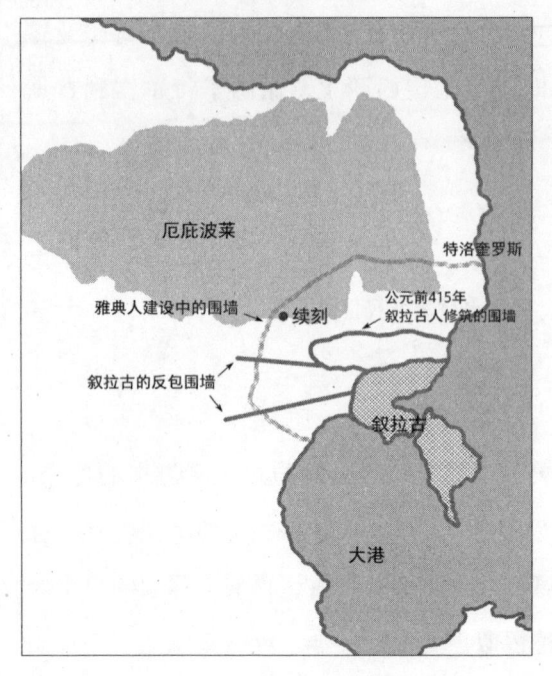

图 10.2 公元前 414 年雅典人与叙拉古人修筑的围墙

修筑的环形要塞,但被尼基阿斯及时化解。雅典军队又修建了从厄庇波莱的悬崖直达海边的双重封锁墙,试图彻底封锁叙拉古。

叙拉古人颇为悲观,认为战争不能保住自己的城邦,而且伯罗奔尼撒的支援并没有前来,于是他们开始与尼基阿斯谈判,但未达成协议。此外,叙拉古人还免除了几位将军的职务,另选赫拉克勒德斯(Heracleides)、优克勒斯(Eucles)和泰利阿斯(Tellias)为将军。

就在叙拉古深陷雅典军队的围困之时,古利普斯率战舰来到西西里。听说叙拉古被围困,他先来到塔拉斯,想先保住意大利。不久之后，得知叙拉古没有被完全包围，他便前往叙拉古进行解救。这支部队包括古利普斯的700名有装备的水手、希莫拉的1000名重装步兵和轻装步兵，100名骑兵，还有一些塞利努斯轻装步兵和骑兵，以及少数革拉人和1000名西克洛人（Sicels）。与此同时，科林斯人由工古罗斯（Gongylus）率领，前往叙拉古支援，他到达后告知叙拉古人，古利普斯也将马上赶到，要坚持与雅典的战斗，不要轻易求和。而此时，雅典的城墙修筑工程在急速推进，南部通往大港的双重城墙已基本完工，只剩海边的一小段，北部通往特洛奎罗斯的工事也在进行，叙拉古人几乎要被完全包围。尼基阿斯还在与叙拉古隔海相望的普莱缪离坞（Plemmyrium）修建要塞，作为海军基地和仓库。

古利普斯的到来让雅典人大吃一惊，双方交涉未果之后，古利普斯攻占了拉布达鲁姆（Labdalum）要塞，叙拉古和盟友开始从叙拉古城往北修筑一道单墙，与雅典的封锁墙构成斜角交叉。经过一番战斗争夺，叙拉古人成功筑起穿透雅典城墙的单墙，使得雅典彻底无法包围叙拉古。此后，古利普斯到西西里其他城邦召集海军和步兵，并回到伯罗奔尼撒征集援军。可以说，古利普斯的前来实质性地改变了西西里的战局。

回到雅典这边，尼基阿斯看到敌人力量日渐壮大，意识到形势的危急。他写了一封信回雅典，说明战局的进展以及雅典遭遇的困难，目前的形势是西西里已经联合起来，伯罗奔尼撒的援兵也在前来的路上，雅典的兵力已经不能对付这些敌人。所以，尼基阿斯请求雅典人要么召回远征军，要么再派一支同等规模的军队前来，还要派一名将军接替深受肾病折磨的自己。雅典人收到信后，不但没有解除他的职务，还派出了德谟斯提尼和优律梅登前去增援。修昔底德记载，德谟斯提尼的增援舰队包括60艘雅典舰船和5艘喀俄斯舰船，另有1200名重装步兵，这也是一支规模庞大的舰队。在修昔底德笔下，基本上尼基阿斯想干什么，民众就和他对着干，他无法掌控雅典的新一代。

就在西西里战局胶着之时，公元前413年春，斯巴达王阿吉斯率伯罗奔尼撒同盟入侵阿提卡，并在雅典东北方向的德凯利亚（Deceleia）修筑要塞，目的在于侵扰平原地带和富庶地区。修昔底德分析，这是拉凯戴孟人早就决定了的事情，现在又受到叙拉古人和科林斯人的鼓动，最重要的是，拉凯戴孟人重拾信心，他们相信，同时面对两场战争的雅典人将很容易被打败。对此，雅典的对策是派船只环伯罗奔尼撒游弋，并赶紧让德谟斯提尼前往西西里。

公元前413年，各方援军到位，叙拉古的大决战即将开始。这次，雅典在他们引以为傲的海战上遭受重大失利。古利普斯先率军攻打普莱缪离坞要塞，雅典将此地作为仓库，陈放了大量物资。结果，叙拉古在海战中被击败，损失了11艘战舰，但是叙拉古人成功占据了普莱缪离坞的要塞，夺走了雅典的大量财物和战舰装备。修昔底德说，这是雅典军队遭受的第一次沉重打击。不久之后，叙拉古人得知雅典援军前来的消息，决定从陆上和海

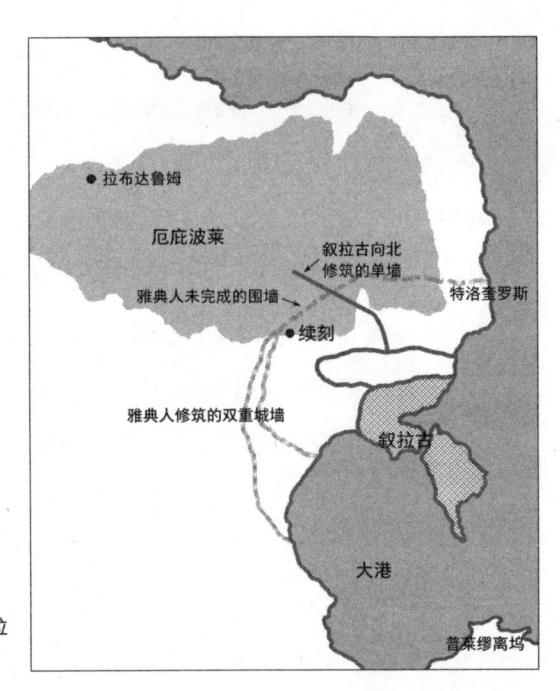

图 10.3　公元前 413 年叙拉古战局

上攻击雅典军队。古利普斯率陆军在雅典围城前布阵，同时叙拉古和盟邦舰队驶出，在大港与雅典舰队交战。最终 7 艘雅典战舰被击沉，许多战舰遭到重创，叙拉古人信心大涨。

德谟斯提尼和优律梅登率领规模庞大的援军（73 艘战舰、5000 名重装步兵等）赶到，这着实让叙拉古人及其盟友颇感震惊，因为援军的数量接近原来的远征军，显示了雅典极为雄厚的实力。德谟斯提尼决定趁热打铁，不同于尼基阿斯当初来到西西里的拖延战术，一鼓作气发动进攻，如果成功就占领叙拉古，如果失败便赶紧率军撤退，减少雅典人力和财力的消耗。

德谟斯提尼说服尼基阿斯和其他将领后，率领雅典军队进攻厄庇波莱。一番激战，特别是夜间的乱战之后，叙拉古人取得了意想不到的胜利，顿时又恢复了信心。与此同时，雅典的将军们开始讨论下一步的方案，他们看到失败挫伤了士气，士兵们的健康状况也堪忧。德谟斯提尼认为不应该继续留在西西里，既然原战略失败，就应该撤离，回到阿提卡，与在德凯利亚修建要塞的敌人作战要比和叙拉古作战更有好处。但尼基阿斯却表示反对。

尼基阿斯首先说自己得到密报，叙拉古坚持不了很久，叙拉古城内有一派想把叙拉古城出卖给雅典人，所以请求他们不要撤离，继续围困。更实质性的理由是尼基阿斯对雅典人秉性的了解，他说：

> 如果不是雅典人自己投票决定撤退，他们是不会原谅的。因为，那些投票裁决他们撤退的人，不是根据当时的形势，他们只会听取别人的指责，相信一个伶牙俐齿的人所作的任何诽谤。[11]

紧接着，他又说："目前在西西里的士兵有许多，甚至是大多数，他们现在叫嚷身处险境，等回到雅典，就会唱反调，大呼自己是被接受贿赂的将军们出卖而撤退的。"尼基阿斯非常了解雅典人以及民主政体的秉性，知道自己无论是留在西西里还是回到雅典，终归免不了一死，与其回城邦受羞辱，不如战死在西西里，还能留个好名声，但这样的代价就是拉上整个雅典大军陪葬。

德谟斯提尼听完尼基阿斯的发言之后，认为哪怕不撤兵回国，也不应该待在原地，他们应该前往塔普索斯（Thapsus）或者卡塔那，但尼基阿斯坚持留在原地，继续拖延，而雅典军队的滞留导致了最后的惨败。叙拉古从海上和陆上进攻雅典。在海上，叙拉古出动76艘战舰与雅典的86艘战舰交战，叙拉古舰队获胜，并杀死了雅典将军优律梅登，雅典人沮丧至极。大港战役之后，双方展开大决战。雅典军队先尝试从海上突围，结果未能成功，便尝试陆上撤退。叙拉古军队在后面追赶，先是追上了德谟斯提尼的军队，共6000名雅典方面士兵投降；第二天追上尼基阿斯，激战之后，尼基阿斯向古利普斯投降。大部分雅典士兵被屠杀，尼基阿斯和德谟斯提尼也被叙拉古人杀害，7000名雅典方面士兵被俘虏，雅典人被彻底击败。[12]

修昔底德说，西西里远征在他看来是"希腊历史上已知的最大一次军事行动。对于胜利者来说，是最辉煌的一次胜利；对于战败者来说，则是最悲惨的一次失败，因为他们全军覆灭，他们的痛苦是很大的，他们的毁灭，诚如俗话所说的，是整个的毁灭，海军、陆军都灰飞烟灭。只有极少数人回到家乡"。[13]

西西里远征的前后经过基本就是这样。对于我们来说，更为艰难的命题是解释西西里远征的动机、失败原因，以及考察修昔底德对此的总体评价。上一讲已经谈了西西里远征的动机,远征失败的原因以及总体评价则更为复杂。修昔底德一方面不同意远征,另一方面又对远征中的具体战术有明确的评论,似乎暗示远征的失败并非战略问题而是战术问题。比如修昔底德赞同德谟斯提尼的想法,认为如果尼基阿斯当初到了西西里就立马攻击叙拉古的话,是很有机会将其攻陷的。尼基阿斯的拖延贻误了战机。但是,修昔底德在尼基阿斯死后评论道:"在我生活的时代的希腊人中,尼基阿斯是最不应该有此不幸结局的,因为他终生都在致力于提高自己的德行。"[14] 修昔底德对尼基阿斯的评价与他对西西里战事的叙述明显带有张力。而在第二卷的评论中,他将远征的失败原因归结为雅典城内的政治斗争,它导致西西里的军队没能得到及时有力的增援。但是,正如我们看到的那样,雅典后来派出的增援部队规模庞大,丝毫没有拖延,这使得修昔底德的立场颇难琢磨。如果非要给出一个解释,那就是修昔底德希望将读者的注意力集中在一些更深层的原因上,特别是雅典的民主政体。尼基阿斯的悲剧性命运展示了他与伯里克利的差距,伯里克利时代民众领袖与民众的良性关系不复存在,持重的尼基阿斯并不能成功引领民众,还因为了解民众秉性和雅典民主政体的习性而牺牲了整个大军。

站在叙拉古这一边,修昔底德也给出了胜利的解释,他在大港海战之后评论说:

叙拉古人现在已经在海战方面取得了辉煌的胜利（因为此前他们害怕由德谟斯提尼率领而来的舰队）；雅典人则沮丧已极，事情的发展让他们大感意外，对于这次出征更是追悔莫及！他们所攻打的是到此时为止唯一一个性格与他们类似的城邦，像他们一样拥有民主政体，海军和骑兵强大，人口众多。他们既无法通过改换其政体，从而在其公民中制造不和，然后将其争取过来，也不能以强大的军事力量征服之。他们大部分军事行动失败了，甚至在这之前就束手无策了，等到海军也吃了败仗——这是他们没有想到的——就更加一筹莫展了。[15]

修昔底德并没有将战争的胜负局限在具体的一两场战役上，而是将西西里远征视为政体和公民秉性的较量，叙拉古和雅典拥有类似的民主政体，导致雅典无计可施，最终落得惨败的结局。无论从哪个角度出发，是论述雅典的战败还是叙拉古的获胜，修昔底德叙述完总体战争进程之后，还是将注意力放在了政体原则上，让我们从各个角度看到民主政体的力量与限度。在西西里惨败的雅典并没有立即全面败北，面对斯巴达以及自己盟邦随即而来的攻击，雅典也开始要显示出自身的政体韧性。

注释

1. 修昔底德,《伯罗奔尼撒战争史》, 4.59—4.64。
2. 修昔底德,《伯罗奔尼撒战争史》, 6.8。
3. 修昔底德,《伯罗奔尼撒战争史》, 6.39。
4. 修昔底德,《伯罗奔尼撒战争史》, 6.45。
5. 修昔底德,《伯罗奔尼撒战争史》, 6.62。
6. 修昔底德,《伯罗奔尼撒战争史》, 6.76。
7. 修昔底德,《伯罗奔尼撒战争史》, 6.82。
8. 修昔底德,《伯罗奔尼撒战争史》, 6.83。
9. 修昔底德,《伯罗奔尼撒战争史》, 6.87。
10. 修昔底德,《伯罗奔尼撒战争史》, 6.92。
11. 修昔底德,《伯罗奔尼撒战争史》, 7.48。
12. 有学者提出修昔底德这里所写的数目过低,真正的俘虏数量应该在13000人左右,见 J. Devoto, "The Athenian retreat from Syracuse," *Ancient History Bulletin*, 16 (2002): 61-70。
13. 修昔底德,《伯罗奔尼撒战争史》, 7.87。
14. 修昔底德,《伯罗奔尼撒战争史》, 7.86。
15. 修昔底德,《伯罗奔尼撒战争史》, 7.55。

推荐阅读

1. 唐纳德·卡根:《尼基阿斯和平与西西里远征》,李隽旸译,上海:华东师范大学出版社,2019 年,第 7—15 章。
2. Harry C. Avery. "Themes in Thucydides' Account of the Sicilian Expedition." *Hermes*, 101. H. 1 (1973): 1-13.
3. Jacqueline de Romilly. "A Highly Complex Battle-Account: Syracuse." In *Thucydides*, edited by Jeffrey S. Rusten, 359-377. Oxford: Oxford University Press, 2009.
4. Michael Zahrnt. "Sicily and Southern Italy in Thucydides." In *Brill's Companion to Thucydides*, edited by A. Rengakos and A. Tsakmakis, 629-655. Leiden, The Netherlands: Brill, 2006.
5. W. Robert Connor. *Thucydides*. Princeton, NJ: Princeton University Press, 1984, 158-209.
6. 李隽旸:《西西里远征:过度扩张的政治经济学》,《国际政治科学》2017 年第 2 卷第 4 期,第 28—67 页。

第十一讲

爱琴海的叛离活动

一、惨败之后

他们在西西里失败了,不仅失去了陆军,还有大部分的舰队,城邦内部纷争已现。然而,他们还是支撑了 8 年。其敌人不仅有原来的,还有与之联合的西西里人,加上自己的大部分盟邦,他们已经叛离。后来,波斯国王之子居鲁士(Cyrus)也参与了,他提供金钱用于伯罗奔尼撒人的海军。雅典人还是没有屈服,直到陷入内部的纷争才宣告失败。[1]

修昔底德这段话精要地总结了从西西里远征失败(公元前 413 年)到雅典最终的失败(公元前 405 年)这一阶段。西西里远征的失败给雅典带来了非常大的震动。民众有多么狂热,雅典人准备得有多么精心,这场大战的失败给雅典带来的冲击就有多么强烈。而西西里远征失败之后,雅典所面临的城内纷争和地区局势,是开战以来雅典遇到的最大挑战。以前的瘟疫、内乱,还是区域性的,到了这个时候,连波斯都加入了战争。修昔底德在第八卷中展示了雅典在内外困局中的表现,现在雅典面临的情况有多艰巨,在第八卷的末尾我们就会觉得雅典有多厉害。

先来看雅典如何应对外部的不利局势。西西里远征军惨败的消息传回雅典后,雅典民众有很长一段时间不相信这支队伍已经全军覆没,尽管从战场上逃回来的士兵报告了确切的消息。因为雅典派出的是当时希腊世界最庞大的一支军队,后来还增派了近乎同样规模的军队,雅典民众无法想象这支军队会全军覆灭。等到民众确信无疑了,就像以前多次发生过的那样,民众对鼓动出征的演说者们大为光火,好像自己没有投赞成票一样,当时通过传达神示让民众对征服西西里抱有希望的人也受了牵连。除了愤怒,西西里远征的失败更是让雅典人陷入前所未有的恐惧之中,因为战败让雅典的军事实力和财政积蓄遭到重创。

修昔底德提到过,雅典在开战前有13000名重装步兵,这不包括16000名驻守在要塞和城垣上的防守人员;1200名骑兵;1600名步兵弓箭手;300艘能服役的三层桨战舰。后来因为瘟疫,兵力减员三分之一。在西西里,雅典至少失去3000名重装步兵、9000名日佣级公民士兵以及数以千计的外邦居民士兵,所以,到公元前405年,雅典重装步兵人数不超过9000名,日佣级公民士兵不超过11000名,外邦居民士兵不超过3000名。[2] 海军方面,雅典大军在西西里至少损失三层桨战舰216艘,其中雅典的战舰就有160艘,雅典剩余的战舰不足100艘。财政方面,修昔底德只说雅典此时国库钱财匮乏,没有说具体的数字,根据学者唐纳德·卡根的推算,开战前雅典国库有大约5000塔兰特,此时只剩不到500塔兰特。[3] 除了军队和国库的减损外,雅典还失去了最杰出的将军和政治领袖,尼基阿斯、拉马科斯、德谟斯提尼、优律梅登都阵亡在西西里,阿尔喀比亚德则四处流亡，不断给雅典的敌人出主意。

遭受重创的雅典人非常清醒，他们预判西西里的敌人在取得这么一场大胜之后会来报复，同时伯罗奔尼撒人必将从海陆两路竭力发动进攻，而雅典的盟邦也会趁机叛离。面临如此严峻的形势，雅典马上开始了各种调整和筹备工作。修昔底德记载，雅典决定决不投降：搜罗木料建造一支舰队；缩减城邦的种种民用支出，筹措钱财；稳住盟邦，尤其是优卑亚；挑选出一个10人组成的老年人委员会，在需要的时候，由他们就当前的局势预审议案。

为什么要选一个老年人委员会？这似乎在暗示，雅典人到了这时候觉得直接民主有点不靠谱了。城内已经没有一言九鼎的政治人物，而年长的老人政治经验丰富，能够对直接民主有所制约。特别是考虑到西西里远征主要是年轻民众充满热望的决定，没有听从以尼基阿斯为代表的老年人的意见，正所谓"不听老人言，吃亏在眼前"，以致惨败。修昔底德说，雅典民众非常顺利地通过了这些决策，服从纪律约束，说明在危急情况下，雅典民众也接受对民主制度的微调。

雅典之外的希腊人则看到了绝佳的时机，雅典人的属邦要趁机叛离，拉凯戴孟人的盟邦想尽快结束战争，甚至那些中立的城邦也蠢蠢欲动。这些中立城邦眼见着雅典去远征西西里，预判如果雅典在西西里取得成功，必然利用在西西里攫取的资源，转回希腊本土，向他们开战。而现在雅典战败，损失惨重，此时攻打雅典可以在短期内取胜。各方都打算毫不犹豫地进行战争,这一切让拉凯戴孟人深受鼓舞。

值得注意的是,修昔底德提到拉凯戴孟人的新想法:一旦推翻了雅典人,他们就稳稳当当地成了全希腊的霸主。这是修昔底德第一次提到拉凯戴孟人的霸权野心,在此前的叙述中,特别是伯罗奔尼撒战争的第一阶段,斯巴达都是以解放希腊的名义与雅典进行战争的。看到雅典兵败在即,斯巴达开始想继位成为新霸权城邦。为此,斯巴达王阿吉斯开始向盟邦征收金钱,并下令各邦建造共100艘战舰。修昔底德说,雅典和斯巴达双方都在全力准备,"简直就像战争刚刚开始一样"。[4]

二、喀俄斯叛离的失败

上一讲提到过,阿吉斯在雅典远征西西里期间,率军队在德凯利亚修筑要塞。与德凯利亚隔海相望的优卑亚人,在公元前413年冬天找阿吉斯寻求帮助,意欲叛离雅典。同时,爱琴海上的列斯堡人前来,也想在阿吉斯的帮助下叛离雅典。阿吉斯决定先部署列斯堡的叛离,答应提供10艘舰船,波奥提亚人也答应提供10艘舰船。修昔底德说,阿吉斯此时的影响力要远超过斯巴达的其他人,主要是因为军队在他手里。

就在阿吉斯处理这些事务时，喀俄斯和埃吕特莱（Erythrae）也谋求叛离，但是他们没有找阿吉斯，而是派使节去了斯巴达。与喀俄斯和埃吕特莱使节一同前往的，还有新的一股力量，此前未参与战争的波斯也派出了使节。波斯大王大流士二世（Darius Ⅱ）任命提萨菲涅斯（Tissaphernes）总管帝国西部，也就是小亚细亚地区的事务。提萨菲涅斯想从该地区的希腊城邦收取贡款，由于雅典人的阻挠一直收不上来，所以他想把拉凯戴孟人引到小亚细亚地区，颠覆雅典在这个区域的统治。除了这个使团外，前往斯巴达的还有一个来自赫勒斯滂的使团，该使团由波斯人法那巴佐斯（Pharnabazus）派出，他同样请求拉凯戴孟人的支持，希

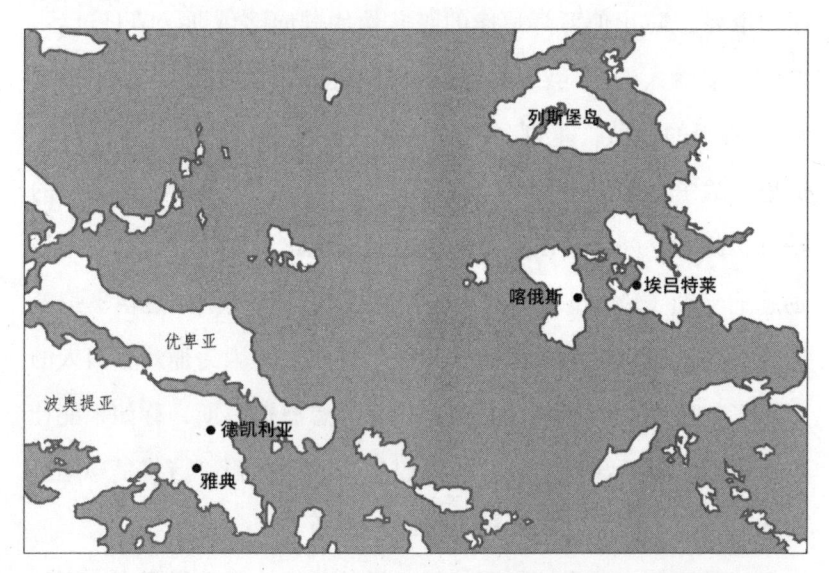

图11.1　德凯利亚、喀俄斯、埃吕特莱、列斯堡

望他治下的希腊城邦叛离雅典人，从而让他可以收取贡款，同时努力让斯巴达与波斯结盟。

面对两个使团的请求，是先去喀俄斯还是赫勒斯滂，斯巴达需要做出选择。修昔底德说，斯巴达更倾向于先支持喀俄斯，这一决定也是受到阿尔喀比亚德的影响。喀俄斯是雅典非常特殊的一个盟邦，实力强大，拥有60余艘战舰。拉凯戴孟人决定立即和喀俄斯人、埃昌特莱人结盟，并派出40艘战舰。

伯罗奔尼撒盟邦的战舰集结在科林斯，阿吉斯看到拉凯戴孟人急于先出征喀俄斯，便制定了一个总体的战略：舰队先去喀俄斯，再到列斯堡，最后开往赫勒斯滂。此时，科林斯正在举行地峡竞技会，在科林斯的雅典使节获知了喀俄斯人的密谋，便赶紧回国准备，防止伯罗奔尼撒的舰队偷偷驶向喀俄斯。节日过后，伯罗奔尼撒人的21艘舰船起航赶赴喀俄斯，而雅典准备了一支37艘战舰的舰队，重创了敌舰。就这样，斯巴达刚准备开启伊奥尼亚战争，还没出发多远就栽了大跟头，甚至准备撤回派出的船只。此时，阿尔喀比亚德再次力劝斯巴达不要放弃行动，他鼓励恩迪乌斯（Endius）和其他监察官说，一旦舰队到达伊奥尼亚地区，他就可以煽动那里的城邦叛离雅典人，因为他对雅典人的弱点了如指掌。阿尔喀比亚德还私下怂恿恩迪乌斯，称如果能让伊奥尼亚城邦叛离雅典，并使斯巴达与波斯结盟，这将是恩迪乌斯的荣耀，不能将这功劳拱手送给阿吉斯。

修昔底德在这里还加了一句，说阿尔喀比亚德和阿吉斯有私怨。修昔底德没有详细介绍二人怨恨的由来，根据普鲁塔克《阿尔喀比亚德传》的记载，阿吉斯的妻子提麦娅（Timaea）与阿尔喀比亚德通奸。[5]不得不说，阿尔喀比亚德确实不简单，哪怕流亡在斯巴达，也非常活跃，并且对自己的处境和时局有敏锐的判断。他与阿吉斯有私怨，阿吉斯与恩迪乌斯有竞争关系，现在又有波斯这个新的力量参与进来。阿尔喀比亚德在这几方中找到了一个非常好的借力点——恩迪乌斯，以激活这些对自己有利的力量。而且，阿尔喀比亚德出访伊奥尼亚地区，既能摆脱在斯巴达的危险，还能整合力量来实现自己对雅典的企图。果然，恩迪乌斯和其他监察官被说服了，阿尔喀比亚德就和指挥官卡尔喀德乌斯（Chalcideus）率着5艘战舰全速驶向喀俄斯。

　　卡尔喀德乌斯和阿尔喀比亚德抵达喀俄斯后，在议事会上向喀俄斯人宣布，有大批战舰正在驶来相助，绝口不提伯罗奔尼撒舰队被围困的事。喀俄斯人于是宣布叛离雅典，埃吕特莱人紧跟其后。喀俄斯叛离的消息传到雅典之后，雅典人非常紧张，喀俄斯是雅典最大的盟邦，她的叛离必将带动其他盟邦的叛离。他们立马抽调船只前往喀俄斯平定叛乱，以稳定帝国的基本格局。

　　阿尔喀比亚德和卡尔喀德乌斯离开喀俄斯之后又去了米利都，挑动米利都人叛离雅典。他们在伊奥尼亚的活动非常顺利，米利都叛离雅典之后，卡尔喀德乌斯与提萨菲涅斯签订了拉凯戴孟人与波斯大王之间的第一个同盟条约，标志着波斯正式介入雅

325

典与斯巴达的战争。这个同盟条约的内容是：

> 拉凯戴孟人及其盟邦与波斯国王和提萨菲涅斯缔结同盟，盟约如下：凡波斯国王和波斯国王的先辈拥有的土地和城邦，应属于波斯国王。波斯国王和拉凯戴孟人及其盟邦，要阻止从这些城邦源源流向雅典人的所有的金钱或者其他别的东西，使得雅典人不能得到金钱和其他别的东西。波斯国王和拉凯戴孟人及其盟邦，共同向雅典人开战，非经双方——波斯国王和拉凯戴孟人及其盟邦——的同意，不得终止与雅典人的战争。凡叛离波斯国王者，应是拉凯戴孟人及其盟邦的敌人；凡叛离拉凯戴孟人及其盟邦者，同样应是波斯国王的敌人。[6]

这并非一般的防守同盟，而是以雅典为共同敌人的攻守同盟。斯巴达与波斯要联合起来攻打雅典，同盟条约规定双方都要捍卫各自的盟邦，同时要切断雅典的补给。在第八卷中，修昔底德还记载了后续更新的两次同盟条约，基本都是在第一个盟约基础上补充的。斯巴达与波斯的同盟实质性地影响了战争的结局，是斯巴达最终取得战争胜利的重要外因。

在雅典与喀俄斯正式交战之前，还发生了一个小插曲。雅典派出的舰队陆续到达伊奥尼亚地区，就在此时，萨摩斯岛发生了一场内乱，第五讲对此做过详细的论述，我们回顾一下主要经过。萨摩斯的平民在雅典的帮助下发动了一场反抗当权者的暴动。平民处死了最有权势的200人，流放了400人，占据了这些人的土地和房屋。雅典人随即投票决定让他们独立自主，因为他们是自己辅助建立起来的民主政体。从此以后，萨摩斯的平民掌管城邦事务，完全不让那些土地所有者参与；还禁止平民中的任何人今后把女儿嫁给他们，或者娶他们的女儿。

回到喀俄斯的叛离。在获得伯罗奔尼撒人的支持之后，喀俄斯更加积极地在伊奥尼亚地区活动，煽动更多的城邦一起叛离雅典。雅典舰队到来之后，先是夺取了米提列涅，恢复了列斯堡岛的原状，进而于公元前412年夏天封锁了米利都。随后，雅典舰队开始攻打喀俄斯，在3次战役中击败喀俄斯人。喀俄斯人便闭城不出，而雅典人则将自波斯战争以来从未遭祸殃的富庶之地破坏殆尽。喀俄斯的叛乱以失败告终，这一失败也极具象征意味。作为提洛同盟最大的一个盟邦，喀俄斯抓住了一个绝佳的时机叛离，还得到了外部的支持，但却还是失败了。修昔底德对此评论说："就我所知，除了拉凯戴孟人，喀俄斯人就是唯一在繁荣昌盛之时还能头脑清醒的人，其城邦规模越是扩大，他们治理城邦就越是稳妥。就这次叛离而言，行事似乎不太稳妥，但是，他们是在很多勇敢的盟邦打算与他们一起冒险，而且了解到在西西里的惨败发生后，就是雅典人自己也不否认自身处境非常糟糕的情况下，才胆敢叛离的。如果他们因人类生活中不可预料的变故而栽了跟头，那么这个失误是许多人都会犯的，这些人都相信雅典人的势力将很快被推翻。"[7]

修昔底德的这段评论表扬了喀俄斯,说它比雅典还要清醒,因为城邦规模越大,力量越大,就越容易头脑发热,雅典就常有冒失的行动。喀俄斯人则不同,他们越是强大,治理城邦就越是稳妥。但是,对这个评价稍加思考,就会发现,修昔底德越是表扬喀俄斯的强大与明智,越是强调雅典在西西里失败之后的困难,那么雅典镇压喀俄斯叛离的成功就越是彰显了雅典人的强大与坚韧。

三、米利都及爱琴海战局

喀俄斯叛乱被镇压之后,雅典还有一个重要任务,就是平定米利都的叛离。公元前412年,在菲林尼库斯(Phrynichus)、奥诺马克勒斯(Onomacles)和西戎尼德斯(Scironides)率领下,1000名雅典重甲兵、1500名阿尔戈斯人和1000名盟军,乘坐48艘战舰到达萨摩斯,并以萨摩斯为基地前往米利都。这支队伍规模庞大,在西西里远征丧失大量陆军之后,尤其显示出雅典平定伊奥尼亚地区叛离活动的决心。

双方在米利都交战,雅典的敌人包括伯罗奔尼撒的海军、800名米利都重装步兵,以及提萨菲涅斯的骑兵和雇佣兵。结果米利都人杀死至少 300 名阿尔戈斯士兵，但伯罗奔尼撒人溃逃，波斯方面的军队也离开了。见援军溃逃，米利都人便退回城里。雅典人驻扎在城下，围堵了米利都，等待米利都人的投降。雅典人认为，只要收复了米利都，其他城邦就更不是问题。

就在此时，雅典人得知，有 55 艘战舰从伯罗奔尼撒和西西里驶来，舰队的统帅是拉凯戴孟人忒里墨涅斯（Therimenes），他要与已经在此地的阿斯图奥库斯（Astyochus）会合。这支舰队听说雅典军队在围困米利都后，便前往米利都东南方向的帖奇乌萨（Teichiussa），正好在此处遇到阿尔喀比亚德，他们被阿尔喀比亚德成功劝说，赶紧去救援被围困的米利都。

得此消息，雅典舰队对下一步的行动方案进行了一番争论，有几位将军认为应该坚守米利都，与伯罗奔尼撒和西西里舰队进行海战，菲林尼库斯则建议谨慎行事，认为需要准确了解敌人有多少战舰之后再做决定，不能盲目应战。并且，对于雅典舰队来说，在适当的时候撤退并不是耻辱，打败仗才是耻辱。雅典刚刚经历了惨败，不能再陷入危险之中，所以应该先撤退到萨摩斯岛，以该岛为基地，再伺机发动攻击。其他几位将军被菲林尼库斯说服，雅典舰队立即从米利都撤离到萨摩斯岛。雅典军队的这一决定却激怒了前来帮助雅典人的阿尔戈斯人，因为他们在先前的战争中损失惨重，想借机复仇，看到雅典撤离，便在愤怒中启程回国了，之后再也没有支援过雅典。但是修昔底德对菲林尼库斯还是表达了赞赏，说："只要菲林尼库斯身处类似这样的场合，

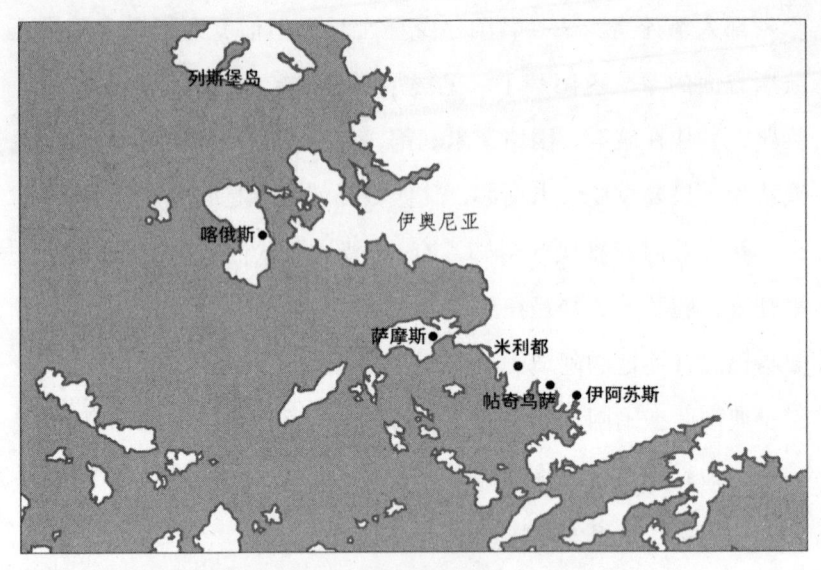

图 11.2　喀俄斯、米利都、帖奇乌萨、伊阿苏斯等地

他都表现出充分的才智。"[8]

　　伯罗奔尼撒的舰队抵达米利都，发现雅典军队已经撤离，在提萨菲涅斯的劝说下，他们攻占了富庶的伊阿苏斯（Iasus），并将该城交给提萨菲涅斯。同年冬季，雅典又增派了35艘战舰，与萨摩斯的军队会合。集结之后，雅典人派出两路部队分别前往米利都和喀俄斯。开往喀俄斯的军队包括30艘战舰和1000名重装步兵的一部分；剩下的74艘战舰留在萨摩斯，准备从海上进攻和封锁米利都。

　　双方在这个地区有一些局部的冲突，但双方都不能取得明显的优势。雅典帝国没有面临特别大的威胁，唯一的新变数是波斯，如何对付波斯是个麻烦事。而波斯这个变数，被阿尔喀比亚德很好地利用起来了。阿尔喀比亚德一直为伯罗奔尼撒人出主意，他有好主意，也有馊主意。但随着时间的推进，伯罗奔尼撒人开始怀疑阿尔喀比亚德，因为他毕竟不是斯巴达人，还是阿吉斯的私敌。觉察到伯罗奔尼撒人怀疑并想要处死自己之后，阿尔喀比亚德再一次逃跑，这次他逃亡到了波斯。

不得不再次感叹，阿尔喀比亚德真是一个非常有意思的人。他从雅典跑到斯巴达，又从斯巴达跑到波斯，可以无缝衔接地转换立场，挑唆一个新的政治力量去针对他曾经的同盟。投靠提萨菲涅斯之后，阿尔喀比亚德做的第一件事，和他当初跑到斯巴达时一样，那就是为新主人出谋划策，伤害之前的城邦。

就在雅典人进攻喀俄斯和米利都之时（公元前412年冬天），斯巴达和波斯更新了同盟条约，在先前条约的基础上，补充了"所有受国王召请来的、在国王土地上的军队，其费用应由国王承担。如果在与国王缔结此和约的城邦中，有城邦进攻国王的土地，其余城邦应尽其所能加以阻止，并援助国王；如果国王的土地上或者国王统治的地区有人进攻拉凯戴孟人及其盟邦的土地，国王应尽其所能阻止之，并给予其援助"。[9] 新增的内容更加清晰地界定了双方的义务，并强化了这一关系，尤其是由国王负担军费这一项，对于伯罗奔尼撒联盟来说是一个巨大的福利。

波斯与斯巴达订有同盟条约，阿尔喀比亚德仍能找到对付伯罗奔尼撒人的机会。那么，阿尔喀比亚德给提萨菲涅斯出了什么主意呢？修昔底德主要记载了两点，一是缩减开支，二是波斯介入战争的战略。在节省开支方面，阿尔喀比亚德"让提萨菲涅斯裁减水手的酬金……他还教提萨菲涅斯贿赂三层桨战舰舰长和将军们，以便在裁减酬金方面得到他们的同意……有城邦来要钱，他将其赶走，并以提萨菲涅斯的名义告诉他们：喀俄斯人厚颜无耻，作为希腊最富有的人，由于外来的援助而得以保住性命，仍不满足，还指望别人用生命和金钱为了他们的自由冒险。至于其他在叛离前向雅典大把交钱的城邦，现在不愿意为了他们自身的利益，交出与过去的贡款一样多甚至更多的钱，是不公正的。阿尔喀比亚德还指出，提萨菲涅斯现在用个人的财产进行战争，能省则省"。[10] 严格来说，这些建议并没有新意，提萨菲涅斯也能想到这些办法，只是阿尔喀比亚德令他下了决心。

阿尔喀比亚德更为重要的建议是战略方面的。他提出，让雅典和斯巴达尽可能地互相消耗，波斯坐收渔利，此外，从波斯的战略角度考虑，应该与雅典而非斯巴达结盟。具体来说，阿尔喀比亚德建议：

> 提萨菲涅斯不要太急于结束战争，也不要想着将他准备之中的腓尼基舰队带来，或者付给更多的希腊人酬金，使得制陆权和制海权落入同一方手中；如果两方分别拥有一种权力，那么国王总能用一方来对付找他麻烦的一方。如果制陆权和制海权落入一方之手，他就找不到人一起打倒那个得势

的一方，除非他想到时候亲自出马，花费巨大代价拼出个高下来。最经济合算的办法是让希腊人内斗，自己消耗自己，他本人既少花钱，又安安全全。他还说，雅典人是其帝国的合适伙伴，因为他们对于陆地野心较小，其作战的理由和实际行动都对国王最有利。因为雅典人会与他一起征服：海洋部分归雅典人，所有居住在国王土地上的希腊人则归国王；相反，拉凯戴孟人为解放这些人而来。拉凯戴孟人正在把希腊人从希腊人手里解放出来，日后不可能不会把希腊人从波斯人手里解放出来，除非波斯人到时候将他们除掉。因此，他建议提萨菲涅斯先让希腊人相互消耗，最大限度地削弱雅典人的力量，然后，将伯罗奔尼撒人从其土地上赶走。[11]

阿尔喀比亚德的两个战略建议表面上看起来符合波斯的利益，实际上都是对斯巴达利益的伤害。波斯和斯巴达已经订立过同盟条约，阿尔喀比亚德建议让雅典和斯巴达互斗，波斯不要太多地帮助斯巴达。这个建议固然可以让波斯坐收渔翁之利，但阿尔喀比亚德实际针对的是要处死自己的斯巴达。第二个战略建议更加明确地针对斯巴达，他给出的理由关乎海权与陆权：斯巴达和波斯同为陆权强大的城邦/帝国，并且斯巴达一直有"解放者"的称号，日后肯定会与波斯产生冲突。相比而言，雅典是海权帝国，对陆地并没有什么野心，波斯大王可以与雅典分海陆而治。

与阿尔喀比亚德变色龙一般的表现同样令人惊奇的是,他每次转变立场都能获得新力量的信任,这次也是一样,提萨菲涅斯很爽快地接受了阿尔喀比亚德的建议。修昔底德说,提萨菲涅斯之所以接受,是因为这些建议的确很好,而且他给予阿尔喀比亚德完全的信任。无论提萨菲涅斯内心是否完全相信阿尔喀比亚德,至少修昔底德记述的阿尔喀比亚德在斯巴达与波斯的几次发言,足以让后世的读者相信,这位曾经的雅典将军可以在不同的城邦/帝国随心所欲,非常准确地揣摩对方的心思,并有强大的说服力让对方接受自己的建议。

阿尔喀比亚德提出这些建议,不仅仅是为了报复之前对自己不利的城邦,在斯巴达报复雅典、在波斯报复斯巴达,对他而言都是手到擒来的事情。这次投靠提萨菲涅斯,阿尔喀比亚德还有更大的野心,他想借助波斯的力量,为自己返回雅典铺路。

阿尔喀比亚德不让提萨菲涅斯尽全力帮助斯巴达,那么雅典就得以保证自身的安全。只要雅典不被摧毁,阿尔喀比亚德就有自信能说服同胞让他回到雅典。顺着修昔底德的思路,我们也可以给他这个说法补充一些证据。西西里远征失败后,阿尔喀比亚德当初的政敌的力量也受到削弱,有的人已经阵亡。此外,新的战事发展将波斯带入原本两强相争的格局中,只要利用好波斯这个新的变数,阿尔喀比亚德就有机会上演英雄归来。事实也果然如此,当他展现出提萨菲涅斯对他的信任后,雅典军队开始主动示好。阿尔喀比亚德抓住机会向雅典人传话:"只要雅典是少数人统治，而不是将他赶出来的那个邪恶的民众统治，他就愿意回来与他们一起治理城邦，而且还让提萨菲涅斯做他们的朋友。"[12] 阿尔喀比亚德以说服波斯人支持雅典作为交换条件，要雅典人恢复少数人统治，他的这一举动直接影响了雅典政体的变动。雅典在战争中诱导和促使其他城邦进行政体变更，如今自身终于也要面对政体层面的革命，在外部战局的影响下，雅典内乱的压力骤然增强。

总结来说，西西里远征失败后，雅典面临盟邦叛离、斯巴达主动出击、波斯干预等重重压力，各种各样的因素都涌入了伊奥尼亚地区。面对爱琴海盟邦的叛离以及对手的压力，雅典目前总体的表现尚可，但波斯给这个平衡的局面带来了最大的不平衡因素。阿尔喀比亚德在这时候站出来，成为这一阶段举足轻重的人物，他在这些复杂的局势中穿行，试图操纵一切他可以利用的因素，以实现自己的目标，并最终将问题传递到雅典的政体上。如果说修昔底德在第八卷前半部分写的是雅典对外部压力的应对，那么后半部分他进一步将焦点推进雅典城内，审视雅典政体内部能否承受得住压力，以及雅典人在此过程中表现出来的一些特质和品性。

注释

1. 修昔底德,《伯罗奔尼撒战争史》,2.65。
2. 唐纳德·卡根,《雅典帝国的覆亡》,李隽旸译,上海:华东师范大学出版社,2017年,第2—3页。
3. 唐纳德·卡根,《雅典帝国的覆亡》,第3页。
4. 修昔底德,《伯罗奔尼撒战争史》,8.5。
5. 普鲁塔克,《阿尔喀比亚德传》,23。
6. 修昔底德,《伯罗奔尼撒战争史》,8.18。
7. 修昔底德,《伯罗奔尼撒战争史》,8.24。
8. 修昔底德,《伯罗奔尼撒战争史》,8.27。
9. 修昔底德,《伯罗奔尼撒战争史》,8.37。
10. 修昔底德,《伯罗奔尼撒战争史》,8.45。
11. 修昔底德,《伯罗奔尼撒战争史》,8.46。
12. 修昔底德,《伯罗奔尼撒战争史》,8.47。

推荐阅读

1. 唐纳德·卡根:《雅典帝国的覆亡》,李隽旸译,上海:华东师范大学出版社,2017年,第1—4章。
2. 魏朝勇:《西西里远征之后的叙事策略与政治——修昔底德〈战争志〉第

8卷释义》,《中山大学学报（社会科学版）》2008年第4期, 第132—139页。

3. John O. Hyland. "Thucydides' portrait of Tissaphernes re-examined." In *Persian Responses: Political and Cultural Interaction with(in) the Achaemenid Empire*, edited by Christopher Tuplin, 1-25. Swansea: Classical Press of Wales, 2007.

4. Lisa Kallet. *Money and the Corrosion of Power in Thucydides: The Sicilian Expedition and Its Aftermath.* Berkeley: University of California Press, 2001.

第十二讲

雅典内乱与政体变更

一、革命前的局势

修昔底德以雅典政体变更作为全书的收尾，但这不是战争的结束。考虑到修昔底德明确将雅典战败的原因归为雅典内部的纷争，无论他是没有来得及完成书写，还是故意在这里停笔，都是在提醒读者注意雅典在战争后期的政体问题。战争是个暴戾的老师，不仅会对小的城邦产生影响，也会考验雅典，特别是经历了西西里远征的失败之后，帝国的盟邦纷纷谋划叛离，雅典政体也要面对压力测试。

在《伯罗奔尼撒战争史》记述的总体历史进程中，雅典政体的历史是一条连续却不明显的线索。修昔底德没有按照时间对雅典政体的变更进行系统梳理，但他通过插叙、评论等方式交代了庇西特拉图家族的僭政，以及希波战争后地米斯托克利、客蒙和伯里克利主政的民主政体阶段，在伯里克利之后，修昔底德还展现了克里昂与尼基阿斯的竞争关系，以及阿尔喀比亚德与尼基阿斯的权力斗争。在西西里远征之前，雅典城内的政治斗争不仅有民众领袖间的竞争关系，而且出现了寡头阴谋。西西里远征的失败，也使得雅典开始反思民主政体的一些操作机制，并主动做了一些调整，比如设置十人的老人委员会等。到了战争后期，随着外部压力的增大，这类调整愈加频繁，强度也更大，甚至演变为内乱和革命。在第八卷中，修昔底德记述的政体革命只是战争后期雅典政体变更的开端，雅典最为惨烈的政体变动其实是战争结束前的"三十僭主"以及民主制的恢复，政体的调整要到公元前4世纪初才基本完成。虽然修昔底德没有撰写后面的内容，但从第八卷中的政体革命，我们也能看到雅典政体的某些特质和雅典民众的某些秉性。

公元前411年开始的这轮政体变更，是由城邦内外的因素共同促成的。在这场革命中有3股主要力量：首先是阿尔喀比亚德，他是直接导火索；其次是城邦中的寡头派，以菲林尼库斯和皮山大为代表；最后是持温和派立场的色拉叙布鲁斯（Thrasybulus），温和派是指要对民主政体进行一些限制，但并不想走向寡头制政体。[1]

阿尔喀比亚德提出要雅典改变政体之后，各方力量便开始了角力。阿尔喀比亚德向驻扎在萨摩斯岛的雅典军队上层传话，称只要雅典人废止民主政体，改为少数人统治，他就会说服波斯人支持雅典。[2] 值得注意的是萨摩斯军队的反应，修昔底德说："在萨摩斯的三层桨战舰舰长和那些领头的人现在急于要推翻民众统治。"这场行动首先从萨摩斯的军营开始，然后传到雅典城。修昔底德这里的评论很有意思："那些最有财力的人，负担最为沉重，对将城邦的统治权抓到自己手中和战胜敌人抱有很大的希望。"[3] 城邦中的有钱人认为这是进行政体变更的绝佳时机。虽然雅典远征西西里的时候发动过一次对寡头的清洗运动，但寡头派群体没有被完全消除，因为城邦还是需要依靠有钱人来提供战舰等公共所需。

面对阿尔喀比亚德的动议，萨摩斯的普通士兵默许了这一主张，因为他们主要想获得波斯国王的帮助。如果你是那时的雅典人，从城邦的利益考虑，改变一下政体就能得到波斯的帮助，你会做什么选择？接受还是不接受？

只有菲林尼库斯表示反对，他的观点是，阿尔喀比亚德并不在乎是少数人统治还是民众统治，他唯一的考虑是，如何改变城邦现有的政治秩序，以便他的朋友们将他召回。但是，对于雅典人而言，首要的考虑是避免内乱和政体变更。阿尔喀比亚德想煽动政体的变更，但变更政体会带来内乱。修昔底德赞同菲林尼库斯的观点，菲林尼库斯的判断是基于两方面的考量：第一，就波斯国王而言，让他支持雅典人绝非易事，并且对于波斯来说，和伯罗奔尼撒人结盟的好处要远大于和雅典结盟，因为伯罗奔尼撒人目前在海上与雅典人旗鼓相当，还控制着雅典帝国内的一些重要城邦。第二，雅典变为寡头制并不能更好地维系帝国，因为盟邦的叛离活动与雅典政体性质是民主还是寡头无关，盟邦是想脱离雅典的控制，不再被雅典人奴役。而且，对于盟邦来说，民众统治要好过寡头统治，因为寡头统治会带来更多的暴行，令盟邦的处境更加艰难。所以，维系民主制反而有利于延续风雨飘摇的雅典帝国。由此，菲林尼库斯与阿尔喀比亚德也正式交恶。

菲林尼库斯好言相劝，但阿尔喀比亚德的阴谋还是推行下去了。新人物皮山大出场，他到雅典以及沿海地区做各种各样的游说，为阿尔喀比亚德返回雅典以及推翻雅典民众统治开展活动，以换取提萨菲涅斯的支持。皮山大到达雅典之后，向民众说明了阿尔喀比亚德的提议，结果大部分人反对改变民主政体。同时，阿尔喀比亚德的政敌们疾声高呼："如果将一个犯法的人召回，将是骇人听闻的事情！"面对群情激奋的反对者，皮山大开始具体地分析局势，逐个劝说反对者，让民众认清目前的战争形势：伯罗奔尼撒人拥有和雅典差不多数量的战舰，还拥有数量更多的盟邦，与此同时，波斯国王和提萨菲涅斯为他们提供金钱，而雅典财政吃紧，所以，除非有人说服波斯国王站到雅典一边来，雅典才有可能维系生存的希望。皮山大的核心逻辑是救亡压倒民主，变更政体就能获得波斯大王的信任，并且现在阿尔喀比亚德是唯一能拯救城邦的人。雅典民众害怕战败，为了拯救城邦，接受了政体变更的提议，愿意交出统治权。皮山大成功说服雅典民众接受建议后，受公民大会的委派，和其他9人前往提萨菲涅斯处，和波斯签订和约，这也是阿尔喀比亚德之前许诺的内容。但在去谈判之前，皮山大借机罢免了菲林尼库斯的职务，利用一些不实指控解除了后者对萨摩斯军队的控制权。

皮山大一行前去和谈之时，阿尔喀比亚德虽然一直在做提萨菲涅斯的工作，但并没有把握能说服他和雅典结盟。阿尔喀比亚德知道，提萨菲涅斯更惧怕伯罗奔尼撒人，因为拉凯戴孟人的口号是解放所有的希腊城邦，而目前他们的海军力量已经不容小觑。此外，提萨菲涅斯觉得阿尔喀比亚德提议让雅典和斯巴达相互消耗是明智的，甚至为了实现二者力量的均衡，避免伯罗奔尼撒人为了获得军需而洗劫波斯控制的大陆，提萨菲涅斯还在不久后和伯罗奔尼撒人更新了第三个和约，为伯罗奔尼撒舰队提供补给。

阿尔喀比亚德对事态以及提萨菲涅斯的心态非常了解，为了避免自己的谋划暴露，他心生一计。他准备提出雅典人不可能接受的结盟条件，这样一来，结盟失败的罪过就落不到自己身上。所以，在谈判时，阿尔喀比亚德代表提萨菲涅斯首先向雅典人提出，雅典要把整个伊奥尼亚以及周边的岛屿等都交给波斯，结果雅典人竟然同意了；于是他提出更过分的要求，让雅典允许波斯大王建造战舰，并沿着雅典的海岸随意航行。雅典使节听到这里，知道他们被阿尔喀比亚德欺骗了，一怒之下返回萨摩斯岛。

二、四百人与五千人政体

虽然阿尔喀比亚德的谋划失败了，但是雅典政体的变更已经按照原计划进行。与皮山大关系密切的雅典寡头派已经开始行动，前去与提萨菲涅斯和谈的皮山大一行人在回到萨摩斯后，也开始了政体变动的活动。也就是说，无论雅典是否能与波斯结盟，雅典的寡头派已经下定决心发动政变。

修昔底德说，皮山大的使节团刚回到萨摩斯，就加强了对军队内部的控制，还鼓动萨摩斯人中最有势力者一起建立寡头统治。在萨摩斯的雅典人讨论后决定，既然阿尔喀比亚德并不想真的参与雅典的政体变更，那就不让他掺和进来，他们决定主要靠自己的力量来改变雅典的民主政体。之后，萨摩斯的雅典人派皮山大使团沿着海岸航行回雅典，并按照原计划，一路推翻途经各城邦的民众统治。

皮山大回到雅典，发现雅典的革命形势如火如荼。民主派领袖和阿尔喀比亚德的政敌安德罗克里斯（Androcles）被秘密杀害，同时被除掉的还有寡头派憎恨的其他人士。在政体变更方面，他们宣布雅典开始实行五千人政体："除了正在服役的人，其他人不得领取薪酬；仅限于5000人，其他人不得参与政事——这5000人是最能用自己的金钱和身体为城邦服务的人。"[4] 修昔底德说，这不过是些宣传修辞，发动政变的人主要是想尽快将城邦权力控制在自己手里。此时，雅典的公民大会和议事会仍然召开，但是不经这帮人的同意，就什么也不能商议；发言者是发动政变一派的人，说的话也要事先经过他们的审查。

人们感到气愤也不可能对他人悲叹，甚而至于谋划对策。因为他发现他要对之说话的人要么自己不认识，要么认识却不可信任。所有民众派的人相互接触时都心存疑虑，以为对方参与了时下的行动。参与者当中确有民众派从未想到会转向支持寡头统治的人，正是这些人在他们当中引起最大的疑虑，最有助于寡头派地位的稳固，还使民众派内部的不信任得以强化。[5]

修昔底德对民众心理的描写非常到位。在突然出现的霸道强权面前，松散的民众不能有效团结起来，人们觉得每一个人都可能是危险的，对每一个人都不信任，彼此之间的猜疑削弱了民众的有效力量。修昔底德说，民众出于恐惧不敢反对这个寡头派群体，如果真有人发言反对，就会被杀死。此时，雅典民主制在没有强大领导下的弊端显示了出来，面对没有组织的民众，寡头派可以轻易获得心理和组织上的优势。现在对于民众来说，最明智的做法就是保持沉默并观望。

面对这样的局面，皮山大没有宣布和波斯谈判失败的消息，如果民众知道阿尔喀比亚德将他们都欺骗了，后续的政变就会困难重重。

根据修昔底德的记述，这场四百人的政变主要进程如下。首先，寡头派提议选举拥有全权的10个委员，起草让城邦得到最好治理的议案，并在指定的一天提交公民大会。到了那天，他们在离城1英里多远的克罗努斯（Colonus）召开公民大会，提交的议案内容为：

> 任何一个雅典人都可以按照其意愿提出议案，而不受惩

罚；如果有人指控提出的议案违反了宪法，或者以其他方式对提出者加以伤害，就要受到严厉惩罚。然后，他们终于直截了当地宣布：废除一切现有官职，并且不发薪酬；挑选5位主席，这5位主席再挑选100人，这100人中每人又挑选3人，加起来就是400人，这400人进入议事厅，按照他们认为最好的方式全权统治，并在他们愿意的时候召集5000人开会。6

对于这个披着五千人外衣的四百人政体，公民大会上无人反对，这项动议通过了。原因应该有多重，最明显的是民众的恐惧，此外就是雅典人还希望以此为条件来争取波斯的支持。紧接着，四百人便凭借武力威胁夺取了议事会。他们每人带着短剑，带领着120名年轻人突然闯入，将议事会成员的薪酬发放给成员们，命令成员们离开，就这样接管了议事会，并按照议事会传统的方式抽签选出主席团，举行就职仪式。至此，雅典的民主政体就被四百人政体取代。

修昔底德向我们提供了这一寡头政体的主要成员名单。在整场政变中，最为积极的是皮山大，从他的一系列表现来看，他无疑想借着这次政变成为城邦的显要人物。第二个人是安提丰（Antiphon），修昔底德说他是"整个事件的主谋和一手促成者"，并且从很早的时候就致力于改变民主政体。修昔底德对安提丰褒奖有加，说他品性卓越（*arete*），特别擅长谋划和演说，虽然自己不愿意公开发言，却经常帮助其他人提高修辞技艺。后来四百人政权倒台，民众要判处安提丰死刑，安提丰为自己做了"迄今为止最好的辩护词"。修昔底德的这些描述说明安提丰是雅典城内一位睿智而坚定的民主反对者，他抓住了这场政变的契机，加以利用，以实现自己的政治理念。

第三位致力于寡头统治的是菲林尼库斯，他公开反对过阿尔喀比亚德，二人也因此结仇。在阿尔喀比亚德劝说波斯与雅典结盟失败后，菲林尼库斯加入了寡头派，这主要是考虑到寡头派不会再召回阿尔喀比亚德，此时加入寡头政权，可以最大限度保障自身的安全。

第四位骨干成员是哈格农的儿子塞拉麦涅斯，修昔底德说他无论在辩论还是谋划方面，都是一把好手。但是，塞拉麦涅斯的立场和动机是最难把握的，他是雅典在战争后期非常活跃的一位政治人物，且立场多变。他先是参与了这次四百人政变，接着在推翻四百人政权的时候也发挥了重要作用；在雅典战败时的内乱中，他是与斯巴达谈判的重要人物，却又在战后反对三十僭主[7]的统治，最后被三十僭主杀害。亚里士多德在《雅典政制》中的一则评论可能有助于理解他的立场。亚里士多德说，塞拉麦涅斯所领导的团体主要倾心于"祖先政制"(*patrios politeia*)。那什么是祖先政制呢？我曾在别的研究中对这一问题做过梳理，这里仅作简单的说明。[8] 从尼基阿斯和平时期开始，"祖先政制"这一概念就频繁出现在雅典的政治辩论和政纲之中，但是祖制的实质性内涵并不明晰，大家都在用这个词，更多时候是借这个词来表达自己的政治主张。[9] 在古代典籍中，除了亚里士多德的记述外，修辞家伊索克拉底（Isocrates）也在《战神山议事会辞》中对祖制进行了具体的说明：

> 然而我们对我们的制度已经腐化的事实却相当冷漠，甚至都不会考虑如何补救它。我们只会坐在市政广场周边的商店里谩骂，抱怨着说再也不想生活在这种使我们受到糟糕统治的民主政体之下，可相较于先祖们传承给我们的政体，我们却在实际行动和思想意识中表现出对现行政体更加满意的态度。
>
> 先祖们的民主政体正是我所关注的，也是我打算在这里要说的主题。我找到了一种方法，仅有的一种可行方案，能让我们避开未来的危险，并且从现在的困境中解脱出来，那就是我们应当重建更早时候梭伦和克里斯提尼创建的民主制度，梭伦本人已证明自己是所有阶层人们的朋友，克里斯提尼赶走了僭主，使人民重新获得权力。我们再也找不到比这更民主、更有利于全体城邦的制度了。关于这一政体最有强力的说明，就是那些支持这一体制的人所做的种种赢得了整个人类世界认可的高尚行为，雅典也由此在希腊人的普遍同意下成为希腊世界的领导力量。但那些倾心于现行政体的人则令他们自己为所有希腊人憎恶、遭受非议且很少能避免陷

于最糟糕危险的下场。[10]

伊索克拉底是公元前4世纪的作家,时代虽有差异,但这段话仍然提供了很多重要的信息。他将祖制等同为梭伦和克里斯提尼创立民主时的制度,也就是雅典民主走向激进之前的状态。梭伦和克里斯提尼立法改革的措施不尽相同,后人将二人并称,并不是真的要恢复古代的具体措施,而是要以古代批评当下。我们可以合理推测,对于雅典人来说,在他们的记忆中,雅典力量的崛起是克里斯提尼改革之后的事情,这个时期最重要的事就是希波战争。后来民主制度越发激进,与之相伴的是伯罗奔尼撒战争带来的灾难以及战争后期的困顿,这必然会诱使城邦内部反思,这些困难是民主政体造成的,要对民主政体进行限制,那么恢复到希波战争时的黄金时期就是一个绝佳的口号。如果从这个角度看塞拉麦涅斯,就可以解释他多变的立场,因为他始终坚持的是恢复祖制,从制度上对已经激进化的雅典民主进行限制,所以他最初会支持宣称要进行五千人统治的四百人政体,一旦看到四百人的真实面目是寡头派立场,又主动参与推翻寡头政权。

考察四百人政变的核心骨干,就会发现政变参与者有着多重立场,各自对四百人政权抱有不同的期待,这些分歧会随着事态的发展而逐步呈现。四百人政权建立以后,在城邦内部,便实施高压统治,处死、囚禁、流放了一些人。对外政策的重点则是与斯巴达议和,并派使团到斯巴达将军阿吉斯那里商谈,说反复无常的民众已经被取代,现在寡头政权的雅典更容易和斯巴达订立和约。这些举措说明,四百人的首要目标是确保政权的安全,除了打压城内的反对派外,在外部争取斯巴达的支持自然是最好的保障。

阿吉斯凭靠对城邦内乱的普遍经验,并不相信雅典能够平稳地实现政体变更,于是征召大批伯罗奔尼撒援军,率领德凯利亚的驻军来到雅典。他认为大军压境,雅典城内会发生动乱,他就能不战而胜。但雅典的表现与阿吉斯的设想恰恰相反,雅典非但没有出现一丝乱象,反而派出大量士兵抵御阿吉斯军队的入侵,迫使阿吉斯撤退。雅典的表现令人瞩目,四百人政权与民众此时皆以城邦利益为重,并没有因为政体的变更而像其他城邦内乱那样,只顾争夺权力而不顾城邦安危。四百人想获得阿吉斯的支持,但还没有到卖邦求荣的地步。这次行动之后,四百人继续派使节去求和,阿吉斯也转变了态度,建议四百人派使节去斯巴达商谈和约事宜。

应对阿吉斯的威胁之后,四百人政权还必须处理好与驻扎在萨摩斯的海军的关系,他们是雅典主要的海上力量,控制着雅典补给的海上生命线。四百人派出十人团去萨摩斯说明政体变更的情况,解释说这个少数人的政体目的在于拯救雅典,而不是伤害城邦或者公民。并且,政权不是只有400人统治,还有5000人参与,因为目前战事频繁才没有正式召集5000人的公民大会。四百人如此苦心孤诣,就是惧怕萨摩斯的雅典驻军,一旦他们反对政体变更，四百人政权必将难以维系。不过，四百人的这一打算还是被萨摩斯驻军派往雅典的凯利亚斯（Chaereas）破坏了。在雅典进行四百人政变的同时，萨摩斯人也发生了政体变更，经过内乱和雅典的干预，由寡头政体恢复为民主政体。凯利亚斯在萨摩斯恢复民主政体后，被派往雅典汇报情况，但他不知道雅典已经改换政体，赴雅典的船只也被四百人政权拘捕扣押。凯利亚斯独自逃回萨摩斯，向萨摩斯驻军夸大了雅典所实施的恐怖统治。萨摩斯海军的两位将领色拉叙布鲁斯和特拉叙鲁斯（Thrasyllus）坚定地反对四百人政权，他们先确保在萨摩斯的雅典人的政体是民众政体，还让所有的士兵发誓："坚持民众统治，团结一心，积极地将与拉凯戴孟人的战争进行下去，视四百人为敌人，不与其和谈！"[11] 萨摩斯的雅典驻军与雅典本土为敌，雅典由此陷入新的内乱。在萨摩斯的雅典海军犹如建立了一个海外政权，坚持民主制度，还拥有整个海军，仍能强迫雅典的盟邦向他们缴纳贡款，可以利用控制的海上运输线获得各种补给，甚至封锁雅典城。

　　色拉叙布鲁斯确立了萨摩斯雅典军队的民主政体之后，一直坚持召回阿尔喀比亚德，以谋求波斯支持。因为色拉叙布鲁斯判断，目前对于萨摩斯岛上的雅典军队来说，敌人实在太多，除了原有的伯罗奔尼撒人、波斯人，现在还增加了本土的雅典四百人政权，尽早争取提萨菲涅斯的支持对萨摩斯的雅典军队有利。经过努力，色拉叙布鲁斯终于在一次公民大会上说服了大多数士兵，投票决定召回阿尔喀比亚德。

这样一来，阿尔喀比亚德这个能力卓著的精致利己主义者再一次回到雅典的政治舞台上，他来到萨摩斯又进行了一番表演。他对萨摩斯的雅典军队强调，自己对提萨菲涅斯多么有影响力。他这么做的目的是使雅典的寡头派政府害怕他，促使寡头派解体，同时提高自己在雅典军队中的声望，尽可能恶化敌人与提萨菲涅斯的关系，使敌人的希望化为泡影。阿尔喀比亚德许下夸张的诺言，诸如提萨菲涅斯向他保证只相信雅典人，会给雅典人给养、将腓尼基舰队带给雅典，等等。雅典士兵们相信了阿尔喀比亚德，选他为将军。阿尔喀比亚德说愿意先去提萨菲涅斯那里，让他看到自己已经成为将军。修昔底德对阿尔喀比亚德的表现有精妙的评价："事实上，阿尔喀比亚德是在拿提萨菲涅斯吓唬雅典人，再拿雅典人吓唬提萨菲涅斯。"[12]

阿尔喀比亚德获取萨摩斯驻军的信任之后，雅典的四百人派遣的使团也来到萨摩斯，说明雅典城的情况，着重强调士兵们的亲属并未受到凯利亚斯所声称的虐待，五千人都将在政权中分享权力等。但是萨摩斯的士兵愤怒地表示要航行返回比雷埃夫斯港，进攻雅典。这时，阿尔喀比亚德挺身而出，制止了士兵们，并呵斥了对使节发怒的人，他回复使者说：他并不反对五千人政府，但四百人政府必须予以取缔，五百人议事会要恢复权力；如果为了战争进行某些裁减，那么他完全赞同；此外，不能对敌人让步，要继续坚持战争。

修昔底德高度赞扬了阿尔喀比亚德的这一举动，甚至称其为"首次为他的祖国做出了有益的事"。[13] 使者们带着阿尔喀比亚德的答复回到雅典，雅典城内的局势也开始发生变化。尽管阿尔喀比亚德实际上并没有能力完全说服波斯代理人提萨菲涅斯，但是在雅典人心中，他所许诺的波斯支持仍是雅典在战争中扭转局面的重要依靠。听到阿尔喀比亚德的答复，四百人政权也发生了分裂，更准确地说，是原本的分歧开始显露出来。四百人政权的几个战略目标都以失败告终：和斯巴达和谈未取得进展；未能说服在萨摩斯岛的雅典海军，反而激化他们独立为民主政体；本来寄希望于阿尔喀比亚德获得波斯支持，现在也已落空，还遭到阿尔喀比亚德明确的反对。在四面楚歌的形势下，雅典寡头政府开始分裂，其中有极端寡头派，如菲林尼库斯、皮山大和安提丰等；也有温和派，按照修昔底德的说法，寡头政府中多数人都开始对寡头制不满，如哈格农之子塞拉麦涅斯和斯基利亚斯（Scellias）之子阿里斯托克拉提斯（Aristocrates）等，他们主张五千人名单应该被指定出来。修昔底德向我们指出，这些试图退出寡头政府的人实际上也受自己的野心驱使，某种程度上是寡头政府中的失势者，但无论如何，四百人内部的分裂在结果上造成了寡头制政府形势恶化。

极端寡头派的底色开始显露，他们一方面派使者与拉凯戴孟人和谈，并承诺任何条件都可以接受，另一方面开始在比雷埃夫斯港的埃提俄内亚（Eetioneia）修筑城墙，以迎接斯巴达军队入

图 12.1 埃提俄内亚门遗迹

港登陆。

这些行动意味着极端寡头派为了自己的安全宁可牺牲雅典的城邦利益，修昔底德准确把握了他们的心理：

> 他们的第一个愿望是在不放弃帝国的前提下建立寡头制；如果这个愿望落空了，他们就控制舰船和城墙，保持独立；假如这个愿望也化为泡影，他们与其成为民主制恢复后的第一批牺牲品，不如下决心招请敌人来签订和约，放弃城墙和舰船，只要能够保全他们的身家性命，不惜任何代价保

住对政府的控制权。[14]

极端寡头派的这一谋划最终导致了自身的覆灭。塞拉麦涅斯等人率重装步兵拆除了寡头派在比雷埃夫斯港修筑的城墙,破除了伯罗奔尼撒人从海上入侵的可能。伯罗奔尼撒军队入侵优卑亚,陷入极度恐慌的雅典人在普尼克斯召集公民大会,废除了四百人政权,将政权移交给五千人,所有能自备重装步兵装备的人都有资格成为五千人的成员,此外还规定,任何担任公职的人都不得享受薪金,违者将受到神祇的诅咒。雅典由此推翻了四百人政体,建立了五千人政体。修昔底德对这一政体给予了极高的褒扬:

> 至少在我的时代,雅典人好像头一回对城邦实施了良好的治理——因为少数人与多数人的利益得到了适当调和——这第一次让城邦从其所陷入的困境中振作起来。[15]

修昔底德为何会认为五千人政体是他生平见过的最好政体,甚至超过了伯里克利时期的民主政体?这种混合政体是否可以视为修昔底德的最佳政体理论呢?有学者认为,这是修昔底德的临时评论,即他觉得推翻四百人政体这件事做得比较不错,但并不能将其视为修昔底德严肃的政治主张或混合政体理论。与之相对的观点则认为这是修昔底德关于政体的真实想法。无独有偶,参阅亚里士多德的《雅典政制》,也能看到亚里士多德表示了类似的赞美："雅典人这次似乎被统治得很好，虽在战时，但政权在重装步兵手中。"[16] 如果我们相信《雅典政制》的作者的确是亚里士多德，那么联系他的《政治学》就会知道，重装步兵政体（也就是 politeia）是亚里士多德比较支持的政体形式，是适合于大多数城邦的最佳政体。

回到修昔底德的评价，他明确的讲法是五千人政体调和了少数人和多数人的利益，能够将城邦从危急状态中复原。爱德华·哈里斯（Edward Harris）曾对修昔底德的五千人政体描述有过经典分析，他认为五千人政体的优点在于"它以正确的方式混合，进而能够避免寡头制和民主制的缺点"。[17] 民主制本身存在着诸多弊端，在修昔底德的记述中我们已经看到很多案例，特别是西西里远征及其失败的过程，而寡头制则容易滑向暴力统治。在哈里斯看来，五千人政体将权力分享给相对广大的公民群体，就可以防止单一民主制或寡头制的弊端，并能正常运作。甚至，修昔底德会设想 5000 人而不是更多人，是因为这一人数限制可以保证这一群体的素质，他们不会轻易受到煽动家的影响。哈里斯的这一分析可以回答五千人政体成功的原因，他对避免单一政体缺点方面的解释很有说服力。

在历史上，五千人政体并没有维持太久，雅典在 1 年后便又恢复为民主政体，并随即颁布了德莫芬图司法令，规定任何参与摧毁雅典民主政体的人，甚至任何在民主政体被颠覆后的政权中任职的人，都会被宣布为雅典的敌人，任何人都可以杀掉他而不受惩罚。这条法令被镌刻在石碑上，放在议事会的入口处。修昔底德肯定很清楚后来的这些事情以及雅典最后的内乱，所以此处他对五千人政体的肯定很可能反映了他关于良好政体秩序的真实想法。

到此为止，修昔底德关于雅典此次政体变更的记述就告一段落了。在四百人政权整个更迭过程中，修昔底德为我们提供了一个颇具活力的雅典形象。在战争的压力下，雅典并没有出现其他小城邦通常展现的慌乱和分裂，而是在大军压境之时保持镇定，除了极少数极端寡头派外，无论是雅典城中的塞拉麦涅斯还是萨摩斯岛的色拉叙布鲁斯，都坚持以城邦利益为第一准则，力求能够赢得波斯支持以对抗伯罗奔尼撒人。在他们的一致努力下，雅典在公元前411年成功避免了内乱的极端样态，并能够以五千人政体暂时缓解内外压力。如果说，在战争开始时，伯里克利将雅典人的爱国精神与维系帝国联系在一起，那么在经历漫长的战争和一系列挫败之后，雅典人的爱国精神仍然得以维系，并且在敌人数次威胁之下，显示出顽强的生命力。

除此之外，雅典的民主政体以及生活方式也显现出了自身的力量，在四百人政权建立后，修昔底德曾有一简短的评价："在废黜僭主统治以后的大约100年中，雅典人民在这个时期不仅没有屈从于任何人的统治，而且在这期间的一半以上的时间里是习惯于统治其臣民的；要剥夺雅典人民的自由，那可不是一件容易的事。"[18] 自由与爱国构成了雅典民主政体的两项正面素质，成为修昔底德在第八卷中撰述的主题。在战争特别是战败的大背景下，雅典显示出政体的调适能力。

总结来看，雅典在经历了西西里战败之后，并没有一蹶不振，而是积极应对爱琴海区域盟邦的叛离举动，并挫败了最大的盟邦喀俄斯的叛离行动，还以萨摩斯为根据地，积极开展在伊奥尼亚地区的军事行动；城邦政体则在内外压力下产生了变化，城内发生了寡头政变，但最终在温和派将领以及爱国民众的主导下，寡头政体被推翻，五千人政体建立起来。修昔底德在第八卷中关于雅典城邦内外形势的详细记述，展现了雅典城邦的自我调适与拯救的过程。如果说伯里克利时期的雅典是杰出政治家领导下的"民主政体"，那么经历了后伯里克利时期，特别是西西里战败之后，雅典民主政体所蕴含的力量仍然在发挥着作用，自由传统与爱国精神成为雅典成功抵抗伯罗奔尼撒人屡次侵袭的法宝。在五千人政体建立之后，塞拉麦涅斯前往赫勒斯滂，与色拉叙布鲁斯和阿尔喀比亚德协作，开展与敌军的战争。公元前411年，色拉叙布鲁斯在赫勒斯滂击败了敌军。雅典人得到此战捷报之后，把这当作意外的胜利，遭受内外灾祸的雅典人士气大振，修昔底德说："雅典人觉得，只要全力以赴，他们将能取得最后的胜利。"[19] 所以，无论从爱琴海的战事来说，还是从雅典政体的角度看，修昔底德在停笔之处留给读者的是一个富有希望的雅典形象。修昔底德仿佛是在暗示读者，经历了重大灾难的雅典仍保有顽强的活力，不过，他也只想写到这里了。

余论　爱雅典不爱帝国？

修昔底德以看似突兀的方式收尾，他没有将整场战争的结束写完，续写的任务留给了另一位史家色诺芬。但是，从另外一个角度看，修昔底德写的这 8 卷书也是完整的，或者说已经足够丰富了，因为他已经成功地展示了伯罗奔尼撒战争这一舞台上各色人等和各个城邦的表现。修昔底德在书中并不常常直抒胸臆，只是在一些重要的场合和对某些重要的人物给予关键性的评论。更多的时候，他通过自己的叙事，尽最大可能让读者能够亲历这些事件，仿佛可以置身其中进行重大决策，发言辩论，体会灾难带来的身心痛苦。最为重要的是，修昔底德通过他的战争叙事，向读者有力地展示了他所看到的世界的运行原则：在城邦内外充斥着基于实力的权力争夺，体现在城内是内乱，在城外则是战争。伯罗奔尼撒战争将希腊世界范围内的城邦内乱进一步激化，同时也受到城邦内乱的反向作用，战争的剧烈程度进一步加强。

分析完修昔底德全书，本书也要收尾了，但我不敢学习修昔底德，留一个他那样的结尾，而是想简要地讨论一个问题，以回应修昔底德的开篇。全书的第一句话是："修昔底德，一个雅典人，在伯罗奔尼撒人和雅典人之间的战争爆发之时，就开始撰述这部战争史了。"那么，雅典人修昔底德究竟是如何看待雅典的呢？这问题不见得有答案。我冒险回答：修昔底德爱雅典，但未必爱帝国，他向读者展示出，"民主-帝国"这一结构成为雅典强盛和灾难的根源。

在修昔底德的叙事中，战争的原因是雅典力量的崛起引起斯巴达的恐惧。在希波战争之后，雅典逐步控制了一个海洋帝国，与此同时，雅典自身的政体也逐步转变为极端民主制度。到了伯里克利时期，虽然明知维系帝国不具有合法性，但雅典已经无法将民主与帝国剥离，用伯里克利的话说，雅典当初获得帝国是不义的，但是现在放弃帝国是危险的。所以，雅典在战争之初就同时面对两个敌人，一个是明显的外敌伯罗奔尼撒人，另一个是民主帝国自身的紧张关系。在伯里克利之后，修昔底德记载了雅典多次的战略调整，包括第三卷中狄奥多图斯重新构建帝国结构的努力，即雅典不再是简单地与城邦结盟，而是与盟邦中的民主派结盟。为了防止盟邦叛离，雅典不得不在战争期间想方设法为帝国续命。

希波战争之后，雅典城邦内外的政治实践，具体来说就是民主和海洋帝国共同塑造着雅典人的秉性和生活方式。这构成了修昔底德解释、评述战争重要事件的基本原则，即战争胜败背后有着更为深层的政体与品性原因；同时，这也是战争进程中众多事件发生的底层动力。自驱逐僭主家族以降的雅典政治实践使雅典政体拥有较为广泛的民众基础，故而雅典在重要时刻能够维护城邦的总体利益，这既体现在对城邦内部任何僭主或寡头阴谋的警惕，也体现在看到四百人卖邦求荣时能够挺身而出，捍卫城邦独立的自由传统。但另一方面，雅典的民主政体也多次表现出一些体制化缺点，如在西西里面临败局的尼基阿斯，受制于民主政体对政治人物的制约和猜忌，宁愿牺牲希腊大军也不愿回到城邦接受羞辱对待，而这直接伤害了雅典的实力。希波战争以后的海洋以及海洋帝国传统使得雅典人倾向革新，敏于谋划，勇于冒险。但伯里克利当初在阵亡将士葬礼演说中有多么积极地鼓励雅典人要做"帝国的爱人"，日后成长起来的雅典年轻人就有多积极去扩张帝国，西西里远征就是明证，伯里克利的保守战略最后被他一手塑造的雅典人给破坏了。

  战争是个暴戾的老师，这句话对于雅典同样适用。在战争中，雅典经历过战前的兴盛、瘟疫、四面楚歌、内部纷争等局面，通过对这些事情以及雅典人应对方式的描述，我们可以看到修昔底德对雅典的态度并非简单的批判或颂扬，而是将雅典作为一个由复杂的综合传统塑造而成的政制来看待，展示出雅典人在战争考验中呈现的优势和缺陷。正如著名的修昔底德学者康纳在研究中指出的那样，"修昔底德清晰阐明了雅典人做出冒险的决策，甚至有时会犯致命错误，但是民主的文化又能使这些错误帮助人们具备令人惊异的适应性和韧性"，而"这韧性又拖长了战争，加剧了苦难"。[20] 我们无从揣摩修昔底德停笔之时的心态，不知道他究竟是扼腕叹息还是冷眼旁观。但可以确定的是，他写作此书的期待，即让他的作品成为永恒的财富，成功地实现了。我们如今还在阅读着这本书，通过读修昔底德来了解伯罗奔尼撒战争，以及更为重要的——理解人的境况本身。

注释

1. 参考唐纳德·卡根,《雅典帝国的覆亡》,第 126—134 页。
2. 修昔底德,《伯罗奔尼撒战争史》,8.47。
3. 修昔底德,《伯罗奔尼撒战争史》,8.48。
4. 修昔底德,《伯罗奔尼撒战争史》,8.65。
5. 修昔底德,《伯罗奔尼撒战争史》,8.66。
6. 修昔底德,《伯罗奔尼撒战争史》,8.67。
7. 战争结束后,雅典政权由三十人集团掌握,在城内实施了恐怖统治,三十人集团也被称为三十僭主。
8. 参见张新刚,《友爱共同体:古希腊政治思想研究》,北京:北京大学出版社,2020 年,第五章《祖宗之法与雅典的政治和解》,第 192—237 页。
9. 需要指出的是,修昔底德在 8.77 处也使用过"祖先政制"一词,但那里明确指代的是四百人政权推翻的民主政体,与此处讨论的祖先政制并不相同。
10. 伊索克拉底,《战神山议事会辞》15-17,伊索克拉底,《古希腊演说辞全集:伊索克拉底卷》,李永斌译注,长春:吉林出版集团有限责任公司,2015 年,第 181—182 页。
11. 修昔底德,《伯罗奔尼撒战争史》,8.75。
12. 修昔底德,《伯罗奔尼撒战争史》,8.82。
13. 修昔底德,《伯罗奔尼撒战争史》,8.86。
14. 修昔底德,《伯罗奔尼撒战争史》,8.91。
15. 修昔底德,《伯罗奔尼撒战争史》,8.97。

16. 亚里士多德,《雅典政制》, XXXIII, 英译参见 Aristotle. *The Athenian Constitution*. translated with introduction and notes by Peter J. Rhodes, London: Penguin Books, 2002, 77.

17. Edward M. Harris. "The Constitution of the Five Thousand." *Harvard Studies in Classical Philology*, vol. 93 (1990): 273。哈里斯认为修昔底德并非寡头派立场,而是持混合政体的政治态度,与之相对的观点参考 G. E. M. de Ste. Croix. "The Character of the Athenian Empire". *Historia*, 3 (1954/1955): 31-36。

18. 修昔底德,《伯罗奔尼撒战争史》, 8.68。

19. 修昔底德,《伯罗奔尼撒战争史》, 8.106。

20. Walter R. Connor. "Pericles on Democracy: Thucydides 2.37.1." *Classical World*, vol. 111, no. 2 (winter 2018): 174.

推荐阅读

1. 唐纳德·卡根:《雅典帝国的覆亡》,李隽旸译,上海:华东师范大学出版社,2017年,第5—8章。

2. 亚里士多德:《雅典政制》,29—34。

3. Edward M. Harris. "The Constitution of the Five Thousand." *Harvard Studies in Classical Philology*, vol. 93 (1990): 243-280.

4. Andrew Wolpert. "Thucydides on the Four Hundred and the Fall of Athens." In *The Oxford Handbook of Thucydides*, edited by Sara Forsdyke, Edith Foster, and Ryan Balot, 179-191. New York: Oxford University Press, 2017.

5. 张新刚:《友爱共同体:古希腊政治思想研究》,北京:北京大学出版社,

2020 年，第 141—237 页。

6. Walter R. Connor. "Pericles on Democracy: Thucydides 2.37.1." *Classical World*, vol. 111, no. 2 (winter 2018): 165-175.

附录一
代际视角下的《伯罗奔尼撒战争史》[1]

关于修昔底德的《伯罗奔尼撒战争史》，学界已经有很多的解读视角，国际关系的、政治哲学的、历史的、叙事学的等等，每种进路都有非常杰出的研究。但有一个角度，已有的研究似乎着墨不多，就是代际视角。在修昔底德撰述的整个战争进程中，我们会发现雅典不同世代的政治家和民众的表现既有连续性，更体现出差异性。之所以强调代际的观察视角，是因为不同代际的雅典政治家和民众所表现出的不同，并非个体的、偶然的，而是他们不同的成长环境，以及对雅典和希腊世界的不同认知造成的。

代际的分析视角也可以从当代学术理论中得到一些启发。可以说，代际议题在当代社会学和政治学的分析中是个经典议题。卡尔·曼海姆（Karl Mannheim）1928 年的经典文章《代际问题》（*Das Problem der Generationen*）开启了社会科学领域内蔚为大观的代际研究。借用曼海姆的话来说，同一代际的个体是在参与了他们那一时代的独特社会和智识潮流时、主动或被动地体验到构成其新环境的力量之间的互动时，联合成现实世代。将这一理解放到公元前 5 世纪的雅典以及修昔底德的文本中，我们或许能够对《伯罗奔尼撒战争史》这本书有更加立体和丰富的理解。

在进入代际议题之前，简短地介绍一下伯罗奔尼撒战争。简单来说，这场战争是公元前431年到公元前404年，在希腊世界内部发生的，以雅典为首的雅典帝国和以斯巴达为首的伯罗奔尼撒联盟之间的一场为期27年的战争。修昔底德的作品是我们今天了解这场战争最重要的材料来源。但需要说明的是，修昔底德关于战争进程的正式撰述只写到公元前411年，最后那部分他没有写（或者没有写完）。从书中的几处表述可知，修昔底德明确地知道战争结束在公元前404年。

修昔底德记述的伯罗奔尼撒战争，大致上分成几个部分。首先是早期的希腊，从远古希腊到战争之前，重点是希波战争后雅典的崛起过程。再就是双方第一阶段为期十年的战争，史称阿基达姆斯战争（公元前431—前421年）。第二部分是尼基阿斯和平，这一阶段以雅典远征西西里失败告终（公元前421—前413年）。第三部分，也是这本书的后半部分，包括雅典在公元前415年远征西西里以及失败之后整个爱琴海区域的局势，还包括雅典自身政体的调整。修昔底德在全书最后一卷中详细记述了雅典从民主制转变为四百人寡头制，再调整为五千人政体的过程。

具体到代际视角，一个最直接的线索是伯里克利著名的阵亡将士葬礼演说。战争第一年过后，雅典要为牺牲的战士举行国葬，在典礼上伯里克利发表了演说。这场演说中最著名的一段是关于雅典民主制的颂词，我们通常称之为"民主颂"，除此之外还有一段"帝国颂"。代际议题出现在民主颂之前，伯里克利首先说明他演说的内容是什么：

> 首先，我要从我们的先辈说起，这是理所当然的，同时，在这样的场合，首先被颂扬的荣誉也理应属于他们。他们居住的这块土地，世代传承，未曾中断；到了今日，赖其英勇，这块土地以其自由之身交到了我们手中。先辈们固然值得颂扬，我们的父辈更值得颂扬。[2]

先辈就是雅典更古老的历代先祖，他们一直生活在这片土地上。先辈留下了一个自由的雅典，但伯里克利说，父辈更值得颂扬。伯里克利口中的"我们的父辈"是哪些人呢？伯里克利出生于大约公元前495年，雅典男性公民结婚的年龄一般在30岁左右，那么伯里克利一代人的父辈出生于公元前5世纪20年代。在伯里克利5岁的时候，他的父辈在马拉松击败了来犯的波斯军队。15年后，波斯大王薛西斯率大军攻打希腊，后来在萨拉米斯海战中败北，波斯陆军又在普拉提亚陆战后彻底被击溃。总体来看，伯里克利一代人的父辈是参与希波战争的雅典战士主体，他们捍卫了雅典以及希腊世界的自由。但在伯里克利看来，父辈们的"功绩"另有所指：

> 他们继承了前辈的土地，经过艰苦的努力，还获得了一

个大帝国，并把她留给今天的我们。我们这些人大部分现在已入不惑之年，在大多数方面加强了我们的帝国，并且为我们的城邦做好了各方面的准备，使其无论是在战争当中还是在和平当中都能自给自足。[3]

伯里克利在这里强调的是，他们的父辈打赢了希波战争，更重要的是，在此之后还获得了一个大帝国，父辈把帝国留给了伯利克利一代。简单算一下，发表演说的这一年，伯里克利已经65岁了，所以他说他这一代大部分人都是中老年了。这一代人在大多数方面加强了帝国，并且为城邦做好了各方面的准备，使其无论是在战争中还是在和平中都能够自给自足。伯里克利在葬礼演说一开始先回溯了历史，历史定位明显地区分出了三代人：先辈、父辈和自己这一代。

紧接着他又说：

> 关于军事业绩——我们获得的东西无不赖于此——无论是我们自己赢得的，还是我们父辈赢得的，无论是斗志昂扬地还击蛮族还是希腊人，我都不想长篇大论，因为这些大家耳熟能详。在颂扬牺牲者之前，我想阐明我们行为背后的原则，它使我们达到现在的霸权，还有我们赖以强大的城邦体制（*politeia*）和民众品性（*tropoi*）。因为在目前的场合，对于这里所有的人，无论是公民还是外邦人，说说这些都不是

不合适的，也是有益于诸位的。[4]

雅典作为一个城邦获得了自由，打赢了波斯，又建立了一个大帝国，雅典为什么能完成这些功绩？葬礼演说的主体部分民主颂和帝国颂就是在讨论背后的原因，伯里克利归结为城邦的体制，也就是政体（*politeia*）这个概念。在希腊语里，这个词可以指政体，也可以指人的生活方式。民众的品性（*tropoi*）也是一个非常核心的词，城邦政体塑造了民众的品性，这是雅典能够自由、壮大，能够成为帝国的核心原因。

从伯里克利的这段话里，我们可以获得两个线索：一是雅典在前5世纪经历了重大的变化，在历史大事中成长壮大；二是雅典成长壮大背后的原因，伯里克利将之归于它的政体和民众品性。

对于公元前5世纪的雅典，我们去理解它的代际问题，最核心的要点是什么呢？就是伯里克利这里点出的民主与帝国的演变，公元前5世纪，雅典既经历了民主制度的逐步定型，同时也经历了帝国从无到有的全过程，这两点都在结构上实质性地塑造了雅典民众的品性。

我们先来看雅典帝国的历程，这就要从希波战争谈起。通过希罗多德《历史》的最后几卷，我们可以得知，波斯大王薛西斯率大军沿着爱琴海的海岸绕了一圈来攻打希腊，特别是雅典。在萨拉米斯海战中，雅典提供了希腊联军一半以上的战船，击溃了波斯海军，薛西斯在这场海战之后就退回了亚洲。之后，在普拉提亚，最终的陆地战争爆发了，斯巴达发挥了核心作用，在陆地上击败了波斯残余的陆军。最后波斯基本上退回到亚洲。但是爱琴海以及小亚细亚沿海的这些小岛上的城邦，特别害怕波斯卷土重来，希望希腊世界能够维系抗击波斯的联军。后来因为一系列的事情，斯巴达放弃了联军统帅的位置，雅典则因为在海战中的卓越贡献，承担起统帅的工作，重新组建了联盟，今天的历史学者称之为"提洛同盟"，同盟的主要目的是抗击波斯。在波斯的威胁消除之后，这个同盟就慢慢变成了雅典的帝国。这个联盟原来规定要在提洛岛上设立公共的金库，后来金库被伯里克利搬到了雅典的卫城，成了雅典的金库。我们今天知道，雅典在大酒神节上上演悲剧的时候，除了献祭之类的仪式，还有一个重要的环节，要把各个盟邦送来的金钱财宝在剧场上展示，以显示帝国的实力与伟大。

希波战争在雅典崛起成为一个帝国的进程中起了非常关键的作用，雅典依靠自身强大的海军力量，从一个城邦变成帝国的盟主。修昔底德记载，在希波战争之后，雅典将军地米斯托克利力主修建了连接雅典和比雷埃夫斯港的长墙。在古代，修城墙是一件非常敏感的事情，这意味着城邦有明确的战略想法，因为古代没有火炮，攻城非常困难。雅典主要是靠海上的补给，修了城墙，其实是加固了自身的防卫体系。因为地米斯托克利的计谋，斯巴达没有对此进行有效的干涉。今天去雅典仍然能看到城墙的部分遗迹，还能看出因为建得匆忙，雅典人把所有能用的材料全部堆起来了。到了伯罗奔尼撒战争期间，伯里克利让住在乡下的雅典人都搬到城墙内居住。这是雅典在希波战争后城邦自身的一些活动，与此同时，更为重要的是提洛同盟的活动。

提洛同盟的成员基本分布在爱琴海四周，这些地区离波斯最近，非常害怕波斯卷土重来。但提洛同盟和波斯打了几次以后，并未取得压倒性胜利，到公元前449年，雅典还和波斯签订了和约。雅典创立同盟的初心是抗击波斯，但是一旦开始运转，哪怕波斯威胁不复存在，雅典也不想放弃这么一个同盟了。同盟中有城邦想脱离雅典帝国和同盟，雅典就会带着其他盟邦的舰船和军队去镇压反叛，提洛同盟彻底成为雅典帝国。雅典享受着同盟的供养，盟邦要向雅典缴纳金钱或者提供军队。帝国也实质性地推动了雅典城内政体的演变。

雅典在公元前5世纪的另一个重大变化是政体的日益民主化。在公元前6世纪，雅典政体有几个标志性的事件。一是梭伦改革，当时雅典陷入了贫富争斗，梭伦在诗歌中称当时的城邦是 *dysnomia*，即坏秩序，他的目标是恢复城邦秩序，梭伦并不认为自己在雅典建立的是民主制度，他所建立的是 *eunomia*，即良好秩序。到了公元前6世纪末，雅典驱逐了僭主家族，克里斯提尼通过改革把阿提卡地区统一为一个政治共同体，并且将民众纳入到城邦政治秩序中来，他所建立的秩序是一个"平等的秩序"（*isonomia*），也不是民主制度。

民主制度真正的建立是在希波战争之后，因为希波战争期间，雅典有一个非常核心的变化。当时阿提卡地区发现了银矿，地米斯托克利提出不能把银矿的钱简单地平分给所有的雅典人，而要把这些钱用于建造三列桨战舰以备战。雅典南部的岛邦埃吉那和雅典不对付，还经常和波斯有联系，所以雅典人一直对埃吉那有戒备。地米斯托克利力主发展海军，在后来的希波战争中，雅典在萨拉米斯海战中提供了整个希腊联军一半以上的战舰。雅典由原来的重装步兵城邦变成了以海军为主的城邦，大量中下层的公民可以参军划船，成为战士。海军的发展使得中下层开始崛起，这在雅典政体的发展历史上起着决定性的作用。在公元前420年前后，有一些文献将这些海军参与的政体称为民主制度，而民主制度在亚里士多德那里被理解为穷人统治。这时候，雅典帝国也逐步成型，帝国的资源也被政治家用来支持民主政体的发展。

到了伯里克利和客蒙斗争的时候，局势就非常明显了，按照亚里士多德的《雅典政制》以及普鲁塔克的《客蒙传》和《伯里克利传》的记述，可以知道当时客蒙很有钱，经常把自己的钱分给大家来获得政治支持，而伯里克利没有钱，怎么办？他就想方设法把城邦的钱分给大家，比方说当时的雅典公民去参加陪审法庭可以领津贴，伯里克利还用帝国收上来的钱，通过军饷的方式，把年轻人或者是中下层的人送到船上，出海训练，他通过这些方式把城邦的帝国收入转移到民众的手里，以此获得民众的政治支持。

雅典在希波战争时候是平等的秩序，甚至在希波战争之后，还有一个非常强的，由贵族主导的战神山议事会。到了公元前5世纪中叶，埃菲阿尔特解除了战神山议事会的权力，雅典政体最终定型为民主制度。所以雅典人较为明确地将自身政体认知为民主制度，相对来说是比较晚的事情。根据英国古典学家哈里斯（Edward Harris）的研究，民主制度这一政体话语的兴起在很大程度上是公元前5世纪后半叶的事情，特别是和伯罗奔尼撒战争密切相关。总体来看，雅典的政体在公元前5世纪，从早期特别是克里斯提尼改革之后，逐步向民主化的方向发展。

在伯罗奔尼撒战争期间，雅典的民主制度又有几次大的变化，伯里克利时期是民主制，到了战争的中后期又有寡头制的革命以及民主制的复归，在战争的最后，雅典还经历了三十僭主阶段。柏拉图年轻的时候就见证了三十僭主阶段，甚至还参与其中，后来退出。到了公元前4世纪初期，雅典的民主制度又经过一次保守化的调整，设立立法委员会，后来基本上稳定下来。

在公元前5世纪，伴随着雅典帝国从兴起到衰落，雅典的政体也以民主为轴有着非常大的演变：对外是一个帝国从无到有，从有到衰落的过程；内部的民主制度从"平等的秩序"开始向极端民主化发展，最后又进行了一系列调整。外部和内部两个进程并行缠绕，塑造了雅典不同代际的人的基本际遇和品行特征。我们想要强调的是，雅典并不是一成不变的，特别是在公元前5世纪，它的变化特别大。雅典人身处内外大变革的时代，对城邦的理解和对希腊世界的理解有延续性，但更需要注意的是代际间的差异，这将直接影响他们在战争中的表现和战略选择。

交代了以上背景后，我们可以配合着雅典在公元前5世纪的大事记来尝试对雅典的代际做大致的划分：

前490年，第一次希波战争，马拉松战役

前480—479年，第二次希波战争

前478年，提洛同盟成立

前462年，埃菲阿尔特改革，标志着雅典民主制度最终成型

前449年，雅典和波斯签订了和平条约，标志着提洛同盟历史使命的结束

前454年，提洛同盟的公共金库从提洛岛搬到雅典；修昔底德出生

前450年，阿尔喀比亚德出生

前445年，雅典和斯巴达签订30年和平条约

前432年，斯巴达决定开战

前431年，战争开始，伯里克利在战争第一年之后死于瘟疫

前427年，柏拉图出生

前421年，尼基阿斯和平达成，伯罗奔尼撒战争第一阶段结束

前415年，雅典远征西西里

前411—410年，雅典政体变更：四百人寡头政体与五千人政体

前404年，雅典战败，城内建立三十僭政，一年后城内大赦，恢复民主制度

雅典代际划分

	政体	帝国	事件	代表性人物
马拉松一代	平等政体	开始建立	希波战争	地米斯托克利
中兴一代	民主改革 民主成型	提洛同盟	建立帝国 伯罗奔尼撒战争	客蒙、埃菲阿尔特、伯里克利、（尼基阿斯）
年轻一代	民主制度	帝国	伯罗奔尼撒战争	克里昂、修昔底德、阿尔喀比亚德
伯战一代	民主调整	帝国丧失	伯罗奔尼撒战争 战败、内乱	塞拉麦涅斯、柏拉图

第一代人可以称为"马拉松一代"，就是参加并经历马拉松战役以及在比较宽泛意义上的希波战争这一代人。当时的雅典处在克里斯提尼改革之后的"平等的政体"或者"平等的秩序"中。希波战争之后，雅典开始崛起，在此之前雅典并不稳定，它的北部有忒拜虎视眈眈，南部有埃吉那，希腊之外还有波斯，形势非常不安定。战争期间，卫城两次被烧，雅典人登上舰船，跑到了萨拉米斯，所以才有了那句著名的话："雅典人在哪儿，我

们的城邦就在哪儿。"这句话听起来非常鼓舞人心，但其背景是雅典城被波斯人占领。当时雅典最有影响力的政治家就是地米斯托克利，他作为统帅在战争中发挥了关键性的作用，也是雅典能够成为帝国的幕后推手之一。但地米斯托克利后来被雅典流放，死在波斯。修昔底德在第一卷里也提到过地米斯托克利，这一代人在后来雅典的历史记忆中是追求自由、英勇反抗外敌入侵的一代人，富有公共精神，特别爱城邦。

公元前5世纪后半叶的喜剧作家阿里斯托芬在剧作中经常说现在的人太堕落了。他的剧作《马蜂》讽刺那些每天天蒙蒙亮就起床跑到陪审法庭去占位置要当陪审员的老头。他们像一群马蜂，去陪审法庭并不是为了主持正义，而仅仅是为了领城邦的一份工资。在另外的剧作中，阿里斯托芬通过角色提到，雅典的马拉松一代人不会为了领钱来参加城邦的公共事务，大家都是自备干粮，带着一点橄榄和面包就来到法庭，在公民大会上参与城邦事务的讨论。那一代人是由公共精神支配的一代人，他们热爱城邦而非贪图城邦给的蝇头小利。当然，在人类历史上，后代的人总会描绘一个比较美好的古代，都是九斤老太"一代不如一代"的逻辑，但是马拉松和希波战争的确塑造了雅典历史上非常重要的一代人，他们完成了恢弘壮举，打赢了波斯，这是毋庸置疑的。

"中兴一代"活跃的年代里，民主制度开始定型，提洛同盟也从抗击波斯的同盟逐步转变为帝国。这一代先是客蒙，到后来是伯里克利，成为雅典政治舞台上最重要的人物。前面提到过，伯里克利在公元前495年左右出生，在他三四十岁的时候成为雅典影响最大的政治家。再到公元前431年，斯巴达和雅典就开始了伯罗奔尼撒战争。中兴一代在希波战争前后出生，他们见证了雅典帝国最兴盛的时期，并且是民主制度成型以及最繁荣的时期，也是和帝国形成交融的一个时期。

"年轻一代"这个称呼来自修昔底德书中，这一代人中最有名且最具代表性的人物就是阿尔喀比亚德。阿尔喀比亚德在公元前415年的时候，已经成为一个非常杰出的将军。他出生于公元前450年，小的时候生活在伯里克利家，可以认为他是伯里克利的孩子一辈。这一代人在伯罗奔尼撒战争后期，特别是伯里克利死后，成长为挑大梁的一代人。在战争后期，特别是西西里远征的时候，修昔底德特别提到这代人的表现。年轻一代出生时，雅典就是一个民主帝国，当时伯里克利意气风发，帝国蒸蒸日上，他们从小就目睹帝国的繁荣。那时的雅典是整个希腊世界最辉煌的城邦，有丰富的文化艺术活动，卫城上正在兴建大型神庙和建筑。这一代人野心勃勃，特别想建功立业。

再往后一代可以称为"伯罗奔尼撒战争一代"（简称"伯战一代"），修昔底德的书中提到了这一代人。他们是伯罗奔尼撒战争开始之后出生的，比如柏拉图。这一代人出生时，雅典在和斯巴达打仗，他们小的时候经历了为期5年的瘟疫。瘟疫和战争死了很多人，他们还经历了西西里远征的失败，最后看到了整场战争的失败。战争失败之后，柏拉图在第七封信里说：我年轻的时候，战争失败，城邦中三十僭主当政，我也想参与政治，后来发现他们都非常腐化堕落，我就退出了。柏拉图说：这让我有一个觉悟，就是世界上所有的政体，无一例外都是败坏的，且无药可救，只有一条路，就是哲学家当王，或者王成为哲学家，才有可能改变这一切。

我们会看到这四代人生活的环境、经历以及心气是不一样的：地米斯托克利是希波战争主导下的一代；伯里克利是希波战争开始前后出生，把雅典打造成民主帝国的一代；阿尔喀比亚德是在伯里克利的民主帝国开始兴盛的时候成长的一代；再往下一代，就经历了雅典的衰落，不管帝国还是民主制度都遇到了一系列的挑战。把雅典人大致分成这四代，再回来看修昔底德的《伯罗奔尼撒战争史》，就能够理解他的很多线索以及当时雅典人的一些表现了。战争开始的情形就与代际议题有关。

伯罗奔尼撒战争爆发的原因是被讨论最多的话题之一，尤以近些年关于"修昔底德陷阱"的讨论而备受关注。但如果回到修昔底德的文本中，就会发现修昔底德对战争原因有着多层次的分析。修昔底德对战争原因有过比较集中的说明：

> 我首先要记载的是，他们撕毁和约的原因（*aitiai*）、相互责难的理由（*diaphorai*）以及分歧所在，以使后人明了希腊人中间发生的如此大规模战争从何而起。我相信，战争真

正的原因（*tēn alēthestatēn prophasin*），尽管不太为人所知，是势力壮大的雅典人，引起了拉凯戴孟人的恐惧，从而迫使（*anagkasai*）他们开战。[5]

这段话也成为关于战争原因的最重要文本。首先是战争的直接原因、责难理由与分歧，这些内容书中已经讨论过，这里不再详述。由埃庇达姆努斯内乱引发的雅典—科西拉联盟与科林斯的冲突，以及雅典与科林斯围绕波提代亚的争端等事件使得科林斯积极主动地敦促斯巴达与雅典开战。至于战争的真正原因，修昔底德认为是雅典实力上升引发了斯巴达的恐惧。这是更为基本的结构性解释。除了此处提出的双重原因外，修昔底德在书中还给出了国民品性层面的原因。科林斯人在劝说斯巴达开战的时候，将雅典人与斯巴达人的性格进行了对比：

他们（雅典人）倾向革新，敏于谋划，并把心中的想法付诸实施；而你们（斯巴达人）倾向于保守既有的东西，墨守成规，连最必要的行动都不采取。再有，他们（雅典人）敢做超出自己能力的事，孤注一掷，面对危险满怀希望；而你们（斯巴达人）所做之事配不上自己强大的实力，连万无一失的判断都不相信，在危险面前认为自己毫无解脱的希望。还有，他们（雅典人）行事迅速，你们（斯巴达人）迟疑拖沓；他们（雅典人）四海为家，你们（斯巴达人）安土重迁；他们（雅典人）四海为家是为了获得什么东西，你们（斯巴达人）若外出，就担心国内现成的东西受损。战胜敌人时，他们（雅典人）穷追猛打；被敌人打败时，毫不气馁。而且，他们（雅典人）为了自己的城邦甘愿捐躯；他们的心灵却完全是自己的，任由其自由发展。如果没有将心中的计划付诸实施，就像自己个人遭受了损失一般。如果事情得手，他们就把它当作实现目标的一小步；如果尝试了一番，失败了，他们反而有了新的希望，去弥补损失。希望就等于拥有，只对雅典人才是这样，因为他们很快就着手实现手中的计划……因此，如果有人下结论说，他们生来就是自己不安宁又让别人不得安宁的人，那么他说得太对了。[6]

科林斯人通过对比两个城邦公民的国民性，提出战争是不可避免的，不仅因为现有的一些冲突和力量对比，更因为雅典人的品性决定了他们会继续扩张和"折腾"希腊世界。斯巴达的保守并不会令雅典人适可而止，如果现在不下决断开战，必然会在未来的时日中更加被动，最终在某一天，在更为不利的形势下开战。国民性分析构成了战争原因的底层逻辑。但是，这种国民性分析跟代际有什么关系呢？这就需要引入修昔底德的另一段观察。在战争正式开打之前，他曾评论说：

双方都雄心勃勃，热衷于战争……况且，在当时的伯罗奔尼撒和雅典都有很多年轻人，他们从未经历过战争，因而踊跃参战。[7]

如果从公元前445年雅典与斯巴达签订三十年和约算起，到公元前431年，双方已经有十余年没有进行过大规模的战争了。希波战争已经成为父辈口中的往事，年轻人所见证的不过是一些局部的小型战争。故而，修昔底德观察到年轻人对即将来临的大战跃跃欲试，并想通过战争建功立业。也就是说，撇除对希腊世界力量对比的结构性分析，雅典与斯巴达双方城邦的公民主体中有相当比例的人是想开启战争的。虽然我们对斯巴达一方的代际情况了解不多，但从雅典这一方来看，伯里克利已经常年用城邦财政支持年轻人出海训练，而在民主帝国的环境下成长起来的这一代年轻人，很大程度上具有科林斯人所说的那些品性。虽然战争正式开启需要城邦精英的决策，但民情的支持也至关重要，这可以在修昔底德的文本中找到切实证据。当时斯巴达王阿基达姆斯明确主张要谨慎决定，不宜立即开战，却被监察官的开战提议和民意所压倒；雅典一方，则是在伯里克利发表完决定开战的演说之后，公民大会一边倒地支持战争。

代际议题在战争中体现得最为明确的一个案例当属雅典的西西里远征。当时雅典和斯巴达处于尼基阿斯和平阶段，双方结束了第一阶段为期十年的战争，签订了和约。但在和约订立后的公元前415年，雅典却集结了一支规模空前的远征军去西西里开疆拓土，而这与伯里克利在开战前制定的战争策略背道而驰。修昔底德对此的态度也比较明确，伯里克利死后，修昔底德曾经对伯里克利之后的政治人物有过评价，并评论了战争的后来发展：

> 他（伯里克利）说，雅典人如果耐心应对，照料好自己的海军，战争期间不扩张自己的帝国，不做威胁城邦安全的事，就能最终胜出。但是，他们不仅反其道而行之，而且在似乎与战争无关的事情上，他们治国理政着眼于个人野心和私利，给盟邦，也给他们自己造成了伤害……伯里克利的继任者们彼此半斤八两，却个个渴望争得第一，对于城邦事务，他们的原则是投民众之所好。结果——因为是在一个握有霸权的大国——导致很多的失误，其中以远征西西里为最。[8]

伯里克利为雅典制定的战争策略是守住海洋运输线，不在陆地上与伯罗奔尼撒人正面对抗，而是进行海上侵扰，凭借财力拖垮斯巴达。在战争之初，伯里克利就反复告诫雅典人，只要不再扩张帝国，就能取得最后的胜利。但西西里远征却是雅典发动的最大规模的一次军事行动，结果几乎全军覆没。为什么雅典人一定要去远征西西里呢？从修昔底德的描述来看，代际的变化，特别是"中兴一代"与"年轻一代"的传承与后者的激进化是导致这一决策的重要原因。

在西西里远征之前，修昔底德说大部分雅典人都想派兵去西西里，但是尼基阿斯作为一位保守稳健的将军试图劝说雅典人收回决定，不要冒险前去，应该把主要的精力放在对付希腊本土的敌人上面。不仅如此，尼基阿斯直接将煽动远征的群体锚定为"年轻一代"，他说：

> 出征西西里可是一件大事，而不是一个乳臭未干的**年轻人**所能谋划和轻率处置得了的。我看到在座的**年轻人**受到坐在身旁的此人的号召，感到害怕。那么，我呼吁在座的**上了年纪的人**，如果你们有人坐到了某个**年轻人**身旁，不要因若不投票赞成开战，就被认为是胆小鬼的想法而感到羞耻。不要垂涎遥不可及的东西——他们年轻人有这种想法——要知道，凡事预则立，凭贪欲则废。[9]

在这段话中，尼基阿斯明确将"年轻人"和"上了年纪的人"对立起来。尼基阿斯认为城邦中的年轻人受到一个乳臭未干的年轻人的蛊惑，这个人就是阿尔喀比亚德。尼基阿斯这么说是为了分化公民大会中能够投票的公民群体，而如此表态的语境一定是，他看到了城邦中的年轻人最为热心远征事业，虽然上了年纪的人中也可能有一些支持远征，但远不如年轻一代那么急切。这一情形也被随后发言的阿尔喀比亚德所证实。

修昔底德说，当时雅典鼓吹出征最起劲的是克勒尼阿斯之子阿尔喀比亚德，他热切地盼望当上出征的将军，希望将西西里和迦太基一并征服，成功会让他名利双收。他为远征西西里提出了新的战略，之前的政治人物很少提到这一观点：

> 我们，包括所有其他握有帝国的人，就是这样获得帝国的——对求援者总是有求必应，不管他们是蛮族还是希腊人！因为如果我们对于应该予以援助的人都袖手旁观，或者区分同族异族，那么，我们与其说能扩大一点帝国，不如说有失去帝国的危险。人不要只等着强者来进攻，而要抢先下手使得他不能前来进攻。我们不能像管理家事一样控制我们帝国的范围，既然已经处于这个位置上，我们就必须保住现有的属邦，还必须谋划扩展其范围。因为我们停止统治别人，我们就有被别人统治的危险。[10]

阿尔喀比亚德提出了一种新的帝国方略，这一方略的基础是帝国存续的零和关系。对于帝国统治者来说，只有两种选择，要么扩张帝国，要么失去帝国，不存在维系既有帝国的静态策略。对于阿尔喀比亚德来说，帝国的要义就在扩张，一旦放弃扩张的谋划，那么雅典就有被别人统治的危险。要充分理解阿尔喀比亚德维系帝国的这一主张，需要将其放在修昔底德整体的战争叙事中把握。

在战争初始，雅典面临的局势是，由提洛同盟转变而来的雅典帝国实际上已经没有维系帝国的道理或合法性了，因为波斯的威胁不再，雅典成了盟邦的僭主城邦。所以，伯里克利一开始就是要尽可能地维系帝国不崩解，因为民主制度依赖帝国的支持，用伯里克利的话说，获得帝国可能是不义的，但放弃帝国肯定是危险的。在伯里克利死后，修昔底德借狄奥多图斯之口说出了一种新的帝国方略，即雅典要与盟邦中的民主派联合起来，利用盟邦中的派系斗争和意识形态要素来重塑帝国秩序，从而实现帝国的维系。到西西里远征前，雅典围攻米洛斯岛时，雅典将军则用赤裸裸的强权原则进行威胁。这一线索到了阿尔喀比亚德这里，进一步激化为不扩张便无帝国。

面对阿尔喀比亚德的这一激进主张，我们需要追问，为何阿尔喀比亚德和年轻一代如此热衷于扩张帝国呢？原因还要回到伯里克利那里去寻找。在伯里克利的阵亡将士葬礼演说中的帝国颂部分，伯里克利苦口婆心对雅典人说：

> 我们不要只在言辞上说说这种抵抗敌人的所有德性，这些你们自己比别人知道得更清楚，都不要听他的，而要在行动上日复一日把目光放在雅典伟大的力量上，成为她的爱人。[11]

伯里克利要求在场的雅典人不仅要爱雅典，还要爱帝国。年轻一代可谓是非常好地遵循了伯里克利的教导，伯里克利时代所塑造的雅典帝国使这些年轻人们好战、进取、爱帝国。是伯里克利埋下的种子，塑造和培养了年轻一代，最具象征性的一件事就是阿尔喀比亚德小时候就在伯里克利家中成长。年轻一代没有经历过雅典实力逐步上升的过程以及帝国逐渐成型的过程，从小就生活在处于实力巅峰的雅典。到了公元前415年，年轻一代不再满足于保守的帝国战略，开始积极地扩张帝国，最终反噬了伯里克利的政策。阿尔喀比亚德还为这种扩张型的帝国政策找到国民品性的依据：

> 总之，我的观点是，一个原本不闲散无为的城邦一旦变得闲散无为，很快就会遭受毁灭之灾；性情和习惯——甚至不是最好的——与其城邦的治理最相匹配的人民最有安全保障。[12]

跟伯里克利一样，阿尔喀比亚德也高度关心雅典人的品性。只不过，伯里克利的重点是民主，辅之以帝国，而阿尔喀比亚德将积极扩张帝国放在首位。在阿尔喀比亚德看来，城邦不能静止，必须保持运动和扩张，城邦与公民品性的配合首先体现在城邦对外的事功上。阿尔喀比亚德的这一判断也呼应了伯里克利在葬礼演说中的一句话："我们（雅典人）以大无畏的精神闯入每一片海域、每一块陆地，所到之处一同留下胜利或失败的永久纪念。"[13] 也就是说，雅典人能够拥有帝国，离不开海洋性生活与战争方式，这一脉络又可以进一步追溯到修昔底德对早期希腊历史的记述中。

修昔底德在撰写希腊早期历史时提到，在最早的时候，雅典所在的阿提卡地区土地贫瘠，反而比较和平，不会因抢夺多余财富而出现内乱，因此，其他富裕地区的人们便跑到雅典来躲避内乱。在这一时期，雅典并非富庶的、冒险的城邦，民众是从希腊各地逃亡汇聚而来。之后雅典再次被提及时，修昔底德说雅典人是希腊人中"第一个放下武器过起悠闲自在的生活的人，甚至于奢侈娇气"。[14] 到这时，雅典人并未有任何后来科林斯人或者伯里克利所言的那些品性，甚至在这个时期，雅典人喜好奢靡，与科林斯人说的"雅典人几乎不享受手中的果实"刚好相反。在修昔底德的叙事里，雅典真正的变化始于地米斯托克利兴建海军，城邦力量的真正崛起也始于海军："因为她们，特别是土地褊狭的城邦，驾船驶向那些岛屿并征服之。在曾经发生的冲突中，陆上的战争从未导致力量的壮大。所有的陆上战争不过是边境的冲突罢了。"[15] 随后的希波战争以及雅典海军的发展既是雅典崛起的关键，也是雅典民众性情变化的开端。在希波战争中，雅典人对自己的评价是放弃城邦，"登上战船，舍命一搏"，并从那之后，逐步扩张帝国。之后，对雅典人品性的描述开始逐渐出现冒险革新等形容，比如在公元前458年前后，斯巴达曾邀请雅典军队帮助镇压反叛力量，当客蒙率雅典军队到达后，斯巴达便对雅典人进取而革新的品性（*to tolmeron kai ten veoteropoiian*）感到担忧，并让雅典军队打道回府。[16] 从这里开始，修昔底德笔下的雅典人出现进取革新的品性，这也是科林斯人形容雅典人时所使用的语词。简言之，从修昔底德关于雅典早期历史以及雅典崛起过程的叙事可以看出，雅典民众的性情经历了重大的变化，而就革新冒险这方面的品性来说，海上帝国的建立和扩展是重要的作用因素。与海洋帝国紧密绑定在一起的民众品性不会安于自身，正如阿尔喀比亚德所说，公民品性会反过来塑造城邦行为，这构成了帝国扩张与西西里远征的深层原因。

修昔底德对代际的观察和评论揭示出在雅典民主帝国不同阶段生活的公民群体以及政治人物的基本面相和动态演变。民主和帝国作为两个变量相互交织在一起，塑造着不同代际的雅典民众，而代际视角的本质是民众以及政治人物的品性，这是决定着战争走向和政体演变更为底层的潜流。时代与民众品性相互影响。正如修昔底德所说，战争是个暴戾的老师，在战争这个老师面前，一切城邦与人物都要在起起伏伏中展示出自身的底色，修昔底德通过自己的撰述将人与事的本性展示在读者面前，而这可能就是他希望并且有信心自己的著作能够成为永恒财富的原因吧。

注释

1. 本文源于我在浙江师范大学做的一次讲座（2022年10月），希望通过代际的视角来理解雅典在战争不同阶段的表现，以及修昔底德著述的底层线索。文章中的多数内容在前面章节中已有体现，但进行总体性梳理可能对全书的推进有更为宏观的把握，也可以更加聚焦代际变迁的意涵与影响，故而收作附录。感谢刘昌玉教授的讲座邀请，使我有机会将一些松散的想法汇聚起来。
2. 修昔底德,《伯罗奔尼撒战争史》, 2.36。
3. 修昔底德,《伯罗奔尼撒战争史》, 2.36。
4. 修昔底德,《伯罗奔尼撒战争史》, 2.36。
5. 修昔底德,《伯罗奔尼撒战争史》, 1.23。
6. 修昔底德,《伯罗奔尼撒战争史》, 1.70。
7. 修昔底德,《伯罗奔尼撒战争史》, 2.8。
8. 修昔底德,《伯罗奔尼撒战争史》, 2.65。
9. 修昔底德,《伯罗奔尼撒战争史》, 6.12—6.13。
10. 修昔底德,《伯罗奔尼撒战争史》, 6.18。
11. 修昔底德,《伯罗奔尼撒战争史》, 2.43。
12. 修昔底德,《伯罗奔尼撒战争史》, 6.18。
13. 修昔底德,《伯罗奔尼撒战争史》, 2.41.4。
14. 修昔底德,《伯罗奔尼撒战争史》, 1.6.3。
15. 修昔底德,《伯罗奔尼撒战争史》, 1.15。
16. 修昔底德,《伯罗奔尼撒战争史》, 1.102.3。

附录二
译名对照表

A

阿尔戈斯（Argos）伯罗奔尼撒的重要城邦。未加入伯罗奔尼撒联盟，与拉凯戴孟人为敌。

阿尔哈巴乌斯（Arrhabaeus）吕克斯提斯国王。

阿尔基诺乌斯（Alcinous）希腊神话中的人物。阿尔基诺乌斯崇拜是科西拉人的传统信仰。

阿尔喀比亚德（Alcibiades）克雷尼阿斯之子。伯罗奔尼撒战争中段重要的雅典政治人物。

阿尔喀弗戎（Alciphron）阿尔戈斯人。

阿伽门农（Agamemnon）特洛伊战争中的希腊联军统帅。

阿基达姆斯（Archidamus）斯巴达国王。

阿吉鲁斯（Argilus）位于安菲波利斯附近。

阿卡狄亚（Arcadia）位于伯罗奔尼撒半岛北部。

阿卡伊亚（Achaea）地名。

阿坎苏斯（Acanthus）地名。在布拉西达的劝说下叛离雅典。

阿里斯托芬（Aristophanes）古希腊早期喜剧作家，"喜剧之父"。

阿里斯托革同（Aristogeiton）雅典公民。因与哈摩狄俄斯的恋情，策划刺杀事件，杀死僭主的弟弟希帕库斯。

阿里斯托克拉提斯（Aristocrates）雅典寡头政府成员。

阿那克萨戈拉（Anaxagoras）古希腊哲学家。

阿纳普斯河（Anapus）西西里的一条河流。

阿斯图奥库斯（Astyochus）拉凯戴孟海军将领。

阿特那哥拉斯（Athenagoras）叙拉古民主派领袖。

埃奥利群岛（Aeolian islands）西西里北部的海上群岛。

埃庇达姆努斯（Epidamnus）城邦名。科西拉人的殖民地，位于亚得里亚海东海岸。

埃菲阿尔特（Ephialtes）雅典政治家。进行民主改革。

埃吉那（Aegina）岛屿名。与雅典不和。

埃琉西斯（Eleusis）地名。

埃吕特莱（Erythrae）地名。曾谋求叛离雅典。

埃诺斯（Aenus）地名。

埃皮道鲁斯（Epidaurus）地名。斯巴达盟邦。

埃斯库罗斯（Aeschylus）古希腊三大悲剧作家之一。

埃提俄内亚（Eetioneia）位于比雷埃夫斯港内。

爱昂（Eion）地名。曾被波斯统治，后被提洛同盟攻下。

安德罗克里斯（Androcles）阿尔喀比亚德的政敌。

安德罗斯（Andros）岛屿名。

安多基德斯（Andocides）雅典演说家。

安菲波利斯（Amphipolis）地名。位于色雷斯地区。原为雅典的殖民地。

安菲提温尼同盟（Amphictyonic League）负责德尔菲事务。

安提丰（Antiphon）四百人政体成员，民主政体反对者。

奥尔科门内（Orchomenus）地名。位于波奥提亚地区。

奥诺马克勒斯（Onomacles）雅典将领。曾率军前往米利都。

B

柏拉图（Plato）古希腊哲学家。

鲍桑尼亚斯（Pausanias）斯巴达国王，在希波战争中担任希腊联军统帅。

比雷埃夫斯港（Port of Piraeus）雅典的港口。地米斯托克利建设了比雷埃夫斯港到雅典的长墙。

毕同尼库斯（Pythonicus）据称在埃琉西斯秘仪事件中曾控诉阿尔喀比亚德及其同党。

波奥提亚（Boeotia）希腊中部地区。

波提代亚（Potidaea）科林斯在爱琴海北部的殖民地。

伯里克利（Pericles）雅典政治家。

布拉西达（Brasidas）斯巴达将军。曾率军远征希腊北部地区。

D

达蒙（Damon）伯里克利曾随之学习。

大港（Great Harbor）叙拉古港口。

大流士（Darius I the Great）波斯大王。参与第一次希波战争。

大流士二世（Darius II）波斯大王。

德尔菲（Delphi）希腊宗教圣地之一，最重要的神谕求取地。

德凯利亚（Deceleia）地名。位于雅典东北方向。

德里昂（Delium）波奥提亚的城邦。

德谟斯提尼（Demosthenes）雅典将军。

地米斯托克利（Themistocles）希波战争时期雅典最为重要的政治人物和将军。雅典政治家。修筑从雅典到比雷埃夫斯港的长墙。

狄奥多罗斯（Diodorus）古希腊历史学家。

狄奥多图斯（Diodotus）雅典人。反对屠杀米提列涅人。

多喀斯（Dorcis）拉凯戴孟将领，曾被派遣接任鲍桑尼亚斯的统帅职位，但遭到盟邦拒绝。

多里斯城（Doris）地名。位于希腊中部，与斯巴达有亲缘关系。斯巴达人视之为故乡。

E

俄耳涅埃（Omeae）参与阿尔戈斯同盟。

厄庇波莱（Epipolae）位于西西里，在叙拉古城附近。

恩迪乌斯（Endius）斯巴达监察官。

恩亚琉斯（Enyalius）地名。雅典人攻打米诺阿时，德谟斯提尼率军埋伏于此。

F

法那巴佐斯（Pharnabazus）波斯人。曾派使团前往斯巴达，希望治下的希腊城邦叛离雅典。

菲林尼库斯（Phrynichus）雅典将军。与阿尔喀比亚德交恶。

菲洛忒忒斯（Philoctetes）参与特洛伊远征的希腊联军首领之一。

斐萨利（Phaselis）《卡里阿斯和约》约定波斯战舰不可进入斐萨利与库雅奈礁石之间的水域。

弗利乌斯（Phlius）位于伯罗奔尼撒。

佛基斯（Phocis）位于希腊中部。

G

高尔吉亚（Gorgias）古希腊修辞家。

革拉（Gela）西西里城邦。

工古罗斯（Gongylus）科林斯将领。

古利普斯（Gylippus）拉凯戴孟将军。

H

哈格农（Hagnon）雅典将军。建立殖民地安菲波利斯。

哈里木斯德谟（Halimus）地名。

哈利厄斯（Halieis）地名。雅典舰队在此登陆。

哈利卡纳苏斯的狄奥尼修斯（Dionysius of Halicarnassus）古希腊历史学家、修辞学家。

哈摩狄俄斯（Harmodios）出身名门的美少年。与情人阿里斯托革同刺杀了僭主弟弟希帕库斯。

汉尼拔（Hannibal）北非迦太基的政治家、军事家。

赫尔墨克拉底（Hermocrates）叙拉古人。劝说西西里人结束内斗。

赫拉克勒德斯（Heracleides）叙拉古将军。吕西马科斯之子。见第十讲第二节。

赫拉克勒德斯（Heracleides）叙拉古将军。叙拉古被围时被选为将军。见第十讲第三节。

赫勒斯滂（Hellespont）海峡名。

赫斯提埃亚人（Hestiaeans）居住在优卑亚岛上，被雅典人赶出家园。

黑劳士（Helots）斯巴达征服美塞尼亚及部分拉科尼亚地区获得的奴隶。

J

迦太基（Carthage）腓尼基人建立的国家。位于北非。

居鲁士（Cyrus）波斯国王大流士二世之子。资助伯罗奔尼撒人。

巨吉斯（Gyges）柏拉图《理想国》讲述了巨吉斯获得巨人戒指，成为国王的故事。

K

喀俄斯（Chios）岛屿。靠近伊奥尼亚海岸。

卡尔基斯人（Chalcideans）居于优卑亚。

卡尔喀德乌斯（Chalcideus）拉凯戴孟指挥官。

卡尔喀狄刻（Chalcidice）在色雷斯沿海地区。

卡里阿斯（Callias）客蒙的妹夫。负责雅典和波斯的议和谈判。

卡里克勒斯（Callicles）柏拉图《高尔吉亚》中的对话者。

卡里斯图城（Carystus）位于优卑亚岛上。被雅典强迫加入提洛同盟。

卡里亚（Caria）地名。位于小亚细亚。

卡玛里那（Camarina）西西里城邦。列奥提尼的盟邦。

卡塔那（Catana）西西里城邦。

开荣尼阿（Chaeronea）波奥提亚的城邦。

凯利亚斯（Chaereas）雅典人。被萨摩斯驻军派回雅典。

科林斯（Corinth）位于伯罗奔尼撒半岛北部。

科西拉（Corcyra）科林斯人的殖民地。

克勒俄奈（Cleonae）参与阿尔戈斯同盟。

克雷尼阿斯（Clinias）阿尔喀比亚德之父。

克里昂（Cleon）雅典政治家、将军。

克里斯提尼（Cleisthenes）雅典政治家。进行政治改革，建立平等秩序。

克罗努斯（Colonus）地名。距雅典城约1英里。

刻克律帕勒亚（Cecryphaleia）雅典舰队与伯罗奔尼撒舰队在此地附近的海面上展开海战。

客蒙（Cimon）雅典政治家。亲斯巴达，与波斯作战。

库雅奈礁石（Cyanean）《卡里阿斯和约》约定波斯战舰不可进入斐萨利与库雅奈礁石之间的水域。

L

拉布达鲁姆（Labdalum）要塞名。在叙拉古附近。

拉凯戴孟人（Lacedaemonian）斯巴达人与庇里阿西人（居住在拉科尼亚）的合称。

拉科尼亚（Laconia）斯巴达及周边的区域，位于伯罗奔尼撒东南部。

拉马科斯（Lamachus）雅典将军。

莱库古（Lykourgos）斯巴达立法者。

莱姆诺斯人（Lemnians）莱姆诺斯是雅典的殖民地，与雅典关系紧密，伯罗奔尼撒战争期间，莱姆诺斯人常与雅典人一起行动。

老寡头（Old Oligarch）《老寡头》篇的作者。

雷吉乌姆（Rhegium）意大利半岛上一城邦。列奥提尼的盟邦。

列奥提尼（Leontini）西西里城邦。

列斯堡岛（Lesbos）岛屿名。

琉金密地岬（Leukimme）位于科西拉。

洛克里（Locri）意大利半岛上一城邦。叙拉古的盟邦。

吕底亚（Lydia）波斯帝国一省区。

吕克斯提斯（Lyncestis）位于马其顿以西。

M

马其顿（Macedonia）地区名。

玛尔多纽斯（Mardonius）波斯将领。

麦加拉（Megara）位于雅典西南方，与科林斯隔海峡相望。

麦萨那（Messana）西西里城邦。

麦色迪坞（Methydrium）位于阿卡狄亚。

曼提尼亚（Mantinea）位于阿卡狄亚。

美塞尼亚（Messenia）位于伯罗奔尼撒半岛西南。

门岱（Mende）城邦。位于帕列涅半岛。

孟菲斯城（Memphis）埃及城市。

弥罗斯人（Melians）伯罗奔尼撒东南方城邦弥罗斯的居民。

米莱（Mylae）西西里城邦。

米利都（Miletus）地名。位于小亚细亚。

米诺阿（Minoa）地名。位于麦加拉附近。

米诺斯人（Minoans）最早建立希腊海洋支配秩序。

米提列涅（Mytilene）位于列斯堡岛上。曾为雅典盟邦，试图叛离雅典。

米提亚德（Miltiades）雅典将军。在马拉松战役中指挥雅典人击退波斯大军。

密耳喀诺斯（Myrcinus）地名。位于安菲波利斯附近。

墨堤谟娜（Methymna）城市。位于列斯堡岛。

N

纳克索斯（Naxos）提洛同盟的创始成员。见第二讲第三节。

纳克索斯（Naxos）西西里一城邦。列奥提尼的盟邦。见第十讲第一节。

尼基阿斯（Nicias）雅典政治家。

尼克斯特拉图斯（Nicostratus）雅典将军。

尼塞亚（Nisaea）位于麦加拉附近。

诺帕科都（Naupactus）港口城市。斯巴达盟军出海的必经之地。

O

欧劳鲁斯（Olorus）修昔底德之父。

欧里庇得斯（Euripides）古希腊三大悲剧作家之一。

P

帕贡达斯（Pagondas）波奥提亚同盟官员。来自忒拜。

帕拉西亚（Parrhasia）位于阿卡狄亚。

帕列涅（Pallene）半岛名。

帕纳刻图姆（Panactum）位于波奥提亚边境。

派狄卡斯（Perdiccas）马其顿国王。

派罗斯（Pylos）位于伯罗奔尼撒半岛西南部。

佩岬（Pegae）科林斯湾港口。

佩西亚斯（Peithias）雅典安排在科西拉的代言人。

皮山大（Pisander）雅典政治家。寡头政体的积极成员。

品达（Pindar）古希腊抒情诗人。

蒲吕提昂（Pulytion）据传有人作证，在蒲吕提昂家中见过阿尔喀比亚德等人进行过一些嘲弄侮辱的秘仪。

普拉提亚（Plataea）位于波奥提亚。为雅典盟邦。

普莱缪离坞（Plemmyrium）与叙拉古隔海相望。尼基阿斯在此修建要塞。

普勒斯托阿那克斯（Pleistoanax）拉凯戴孟人的王鲍桑尼亚斯之子。

普列厄涅（Priene）地名。位于小亚细亚。

普鲁塔克（Plutarchus）罗马帝国时代希腊作家。

普罗索庇提斯岛（Prosopitis）尼罗河中一岛屿。

普尼克斯山（Pnyx）雅典举行公民大会的地方。

Q

启狄坞（Citium）位于塞浦路斯东南沿海。

S

萨莱托斯（Salaethus）拉凯戴孟官员。

萨摩斯岛（Samos）岛屿。雅典曾对其进行军事干预。

塞盖斯塔（Segesta）城邦。在西西里岛，为雅典盟邦。

塞拉麦涅斯（Theramenes）哈格农之子。参与寡头政体。温和寡头派代表人物。

塞利努斯（Selinus）城邦。在西西里岛。

色拉叙布鲁斯（Thrasybulus）雅典政治家。持温和派立场。

色雷斯（Thrace）地区名。濒临爱琴海、黑海与马尔马拉海。

色萨利（Thessaly）希腊中部地区。

斯伐刻忒利亚岛（Sphacteria）位于派罗斯附近。斯巴达士兵曾被封锁于此。

斯基利亚斯（Scellias）阿里斯托克拉提斯之父。

斯科欧涅（Scione）位于帕列涅半岛南岸。

斯塔奎洛斯（Stagirus）城邦名。叛离雅典。

斯忒涅拉达斯（Sthenelaidas）斯巴达监察官。

斯特律蒙河（Strymon）位于色雷斯地区。

索福克勒斯（Sophocles）古希腊三大悲剧作家之一。

索福克勒斯（Sophocles）雅典将军。见第七讲第二节。

T

塔拉斯（Taras）位于意大利。

塔纳格拉（Tanagra）城市。位于波奥提亚。

塔普索斯（Thapsus）位于叙拉古附近。

塔索斯（Thasos）岛屿名。被雅典人围城，放弃在色雷斯地区的土地和矿山。

泰格亚（Tegea）位于伯罗奔尼撒中部。

泰利阿斯（Tellias）叙拉古将军。

泰纳鲁斯（Taenarus）地名。此处有波塞冬神庙。

忒拜（Thebes）城市。与雅典是世仇。实行寡头制，主导波奥提亚同盟。

忒里墨涅斯（Therimenes）拉凯戴孟人。舰队统帅。

特拉叙鲁斯（Thrasyllus）阿尔戈斯人。见第八讲第二节。

特拉叙鲁斯（Thrasyllus）雅典将领。反对寡头统治。见第十二讲第二节。

特洛奎罗斯（Trogilus）地名。叙拉古海滨。

特洛兹顿（Troezen）地名。在伯罗奔尼撒。

提洛岛（Delos）岛屿名。提洛同盟成立地。

提麦娅（Timaea）阿吉斯的妻子。与阿尔喀比亚德有私情。

提萨菲涅斯（Tissaphernes）总管波斯帝国西部，即小亚细亚地区事务。

帖奇乌萨（Teichiussa）地名。在米利都东南方向。

托尔弥德（Tolmides）雅典将领。受命试图恢复雅典对波奥提亚的控制，战败。

托洛涅（Torone）城市。在卡尔喀狄刻。

X

西扉（Siphae）波奥提亚的城邦。

西卡诺斯（Sicanus）叙拉古将军。

西克洛人（Sicels）西西里人。

西戎尼德斯（Scironides）雅典将领。曾率军前往米利都。

希波克拉底（Hippocrates）医学家。见第一讲。

希波克拉底（Hippocrates）雅典将军。见第七讲第一节。

希罗多德（Herodotus）古希腊历史学家，《历史》的作者。

希莫拉（Himera）西西里城邦。

希帕库斯（Hipparchos）雅典僭主希皮亚斯的弟弟。

希皮亚斯（Hippias）雅典僭主。庇西特拉图的大儿子。

夏龙尼亚（Chaeronea）地名。位于波奥提亚地区。

叙拉古（Syracuse）西西里城邦。

叙罗斯岛（Scyros）海盗城邦。

续刻（Syce）地名。位于西西里的叙拉古。

薛西斯（Xerxes）波斯大王。

Y

亚里士多德（Aristotle）古希腊哲学家。

伊阿皮奎亚（Iapygia）海峡名。

伊阿苏斯（Iasus）地名。在米利都附近。

伊奥尼亚（Ionia）地区名。位于小亚细亚。

伊纳洛斯（Inarus）利比亚国王。

伊萨格拉斯（Isagoras）雅典政治家。与克里斯提尼争权。

伊索克拉底（Isocrates）修辞家。

伊托墨山（Ithome）位于伯罗奔尼撒半岛西南部。黑劳士在此进行反叛战争。

因布洛斯人（Imbrians）因布洛斯是雅典的殖民地，与雅典关系紧密，伯罗奔尼撒战争期间，因布洛斯人常与雅典人一起行动。

优卑亚岛（Euboea）岛屿。

优克勒斯（Eucles）驻守安菲波利斯的雅典将军。见第七讲第三节。

优克勒斯（Eucles）叙拉古将军。见第十讲第三节。

优利比亚德斯（Eurybiades）斯巴达将军。希波战争中海上联军的统帅。

优律梅登（Eurymedon）雅典将军。

优律梅登河（Eurymedon）河流名。

游弗木斯（Euphemus）雅典使节。

附录三
大事年表

时间（BCE）	事　件	重要人物	社会文化
594—593	梭伦立法		
560	庇西特拉图首次成为雅典僭主		
546	庇西特拉图再次成为雅典僭主		
525	克里斯提尼成为雅典执政官		
524		地米斯托克利出生	
508/7	克里斯提尼改革，雅典建立平等秩序		
495		伯里克利出生	
490	第一次希波战争，马拉松战役		
487—486	雅典开始用抽签方式决定执政官		
480—479	第二次希波战争		
478	由雅典领导的提洛同盟成立		
476—463	提洛同盟在客蒙领导下行动		
472			埃斯库罗斯《波斯人》
471	地米斯托克利被雅典陶片放逐		
470		尼基阿斯出生	
469		苏格拉底出生	
462—461	埃菲阿尔特的民主改革；客蒙被陶片放逐；伯里克利开始成为雅典最有影响力的政治人物		

405

（续表）

时间（BCE）	事　件	重要人物	社会文化
460—445	第一次伯罗奔尼撒战争，雅典与斯巴达的塔纳格拉战役（458）		
460—429	伯里克利时代		卫城建筑兴建、雅典广场重建
458			埃斯库罗斯《奥瑞斯提亚》三部曲
454	提洛同盟的公共金库从提洛岛搬到雅典	修昔底德出生	
450		阿尔喀比亚德出生；客蒙在塞浦路斯去世	
449	雅典与波斯签订和平条约		赫菲斯托斯神庙修建
447—432			帕特农神庙修建并完成
445	雅典与斯巴达签订三十年和约	阿里斯托芬出生	
441			索福克勒斯《安提戈涅》
431	第二次伯罗奔尼撒战争爆发	色诺芬出生	欧里庇得斯《美狄亚》
430	雅典瘟疫爆发（持续5年）		索福克勒斯《俄狄甫斯王》
429		伯里克利去世	
427		柏拉图出生	
425	派罗斯战役，雅典俘虏斯巴达公民		
422		克里昂阵亡；布拉西达阵亡	
421	尼基阿斯和平，伯罗奔尼撒战争第一阶段结束		阿里斯托芬《和平》
415	雅典远征西西里		赫尔墨斯神像被毁；欧里庇得斯《特洛伊妇女》
414			阿里斯托芬《鸟》
413	雅典远征西西里失败	尼基阿斯阵亡	
411—410	雅典民主制变更为四百寡头政体；雅典五千人政体建立，民主制恢复		

（续表）

时间（BCE）	事　　件	重要人物	社会文化
405	羊河战役，雅典失败，伯罗奔尼撒战争结束	阿尔喀比亚德在波斯被杀	
404	斯巴达将军吕山大围攻比雷埃夫斯港，破坏部分长墙；雅典民主制倾覆，三十僭政建立		
403	雅典民主制恢复		
399			苏格拉底的审判与处决

后　记

《古希腊思想通识课》这套小书源自我在高校开设的古希腊经典阅读课程，最终变成铅字出版又做了不少调整，希望能在文本的内容介绍和义理阐释之间找到一个合理的位置，尽量吸收晚近学界的研究成果，并努力呈现经典文本所涉议题的恒久性与鲜活性。上一本《古希腊思想通识课：希罗多德篇》出版之后，陆续收到一些老师和友人的鼓励，自己也有了一点勇气继续做增量工作，但内心清楚这毕竟是阶段性研究心得，还盼方家指正。

本书是系列的第二本，聚焦的是古代史家修昔底德。正如序言中提到的，相较于其他古代史家，修昔底德与20世纪以来的世界历史纠葛最多。当代世界对修昔底德的引用与滥用把他变成了我们的"同时代人"，每隔几十年，他就被呼唤出来指点一下世界大势。对我个人来说，修昔底德有另一种特殊意义，他是我从研究哲学文本到研究古代历史的重要桥梁。当年构思、撰写柏拉图政治思想的博士论文时，每天在正义、友爱、德性、教化、最佳政体这些大词之间周旋，却苦苦找不到阿里阿德涅线团以走出柏拉图的政治思想迷宫。直到博士第三年的一天，苦闷中的我在图书馆翻看着柏拉图的《法律篇》，开篇处的一个词"城邦内乱"（*stasis*）突然蹦出来强调自己的重要性，并说自己是全书的核心问题。具体来说，立法者立法的目标应该是防止城邦内乱，而非在对外战争（*polemos*）中获胜。虽读过无数遍，但这句话似乎一直失落在文本深处，被我熟视无睹。那一刻我恍然大悟，开始用"克服内乱"来梳理柏拉图的政治思考，并在这个思路下将原先那些飘在天上的大词落到实处。不仅如此，内乱议题将"政治-哲学"的政治一面揭示得更彻底，也让我深切感觉到，就柏拉图谈柏拉图是不能理解他老人家的，历史也远非"语境"或"背景"那么简单，它是政治思想生发的世界。

顺着城邦内乱的思路，我很自然地来到修昔底德这里，因为《伯罗奔尼撒战争史》表面上是在讲战争，但它有一条并行的城邦内乱线索。在全书中，修昔底德记述了30余次内乱，他将内乱比作在希腊世界肆虐的政治瘟疫，连雅典最后的失败原因也被归结为城邦内发生的内乱。柏拉图恰恰是因为青年时期参与了那场三十僭主的内乱活动而确定，世上的政体无一例外都败坏了，需要为政治找到新的基础才能彻底摆脱困境。这样一来，修昔底德所呈现的历史世界不仅仅是柏拉图政治思考的语境，而且是后者政治思想生发的土壤。不仅如此，修昔底德所撰述的战争史和内乱史也极具特色，虽然他在古代就被视为客观、理性的史家，但全书的篇章经营无处不体现着他独特的眼光与智慧。如果说哲学家试图垄断"爱-智慧"的行当，我深入希罗多德和修昔底德的世界后，看到的是另一种探究智慧的努力。只不过"两德"探讨的是人和城邦的言辞与行动，最后所达到的成果可以说毫不逊色，这也是我将希罗多德篇和修昔底德篇冠以"古希腊思想通识"之名的原因。

以修昔底德为桥梁，我在过去几年中借助教学将研究进一步拓展，上推到希罗多德和悲剧作品，以及经典文本之外的历史与考古材料，努力在思想与历史的回环往复间不断推进对古希腊文明的理解。所以，要感谢修昔底德这个媒介，经典作品最大的魅力就在于，它永远不会辜负对它付出时间和精力的人。

本书稿在整理和修订过程中，得到诸多友人和学生的帮助与支持。修昔底德专家李隽旸和我的同事岳梦臻通读了书稿，在文字、内容、议题等方面的交流使我获益匪浅。书稿的形成最需要感谢山东大学与北京大学多年来选修过此课的学生们，他们和我的讨论与课程反馈也都成为文稿的一部分，这本书也是送给他们的礼物。本书部分内容和观点的形成与打磨还要感谢浙江大学人文高等研究院和北京大学人文社会科学研究院，驻访浙大高研院的时光为我的修昔底德研究提供了最初的契机，北大文研院为我提供了两次交流阅读修昔底德心得的机会。感谢两所机构的温情和人文氛围。本系列两本书的完成也要感谢山东大学，让我得以集中时间和精力将阶段性的成果整理成稿；此外，山东大学教育教学改革研究重点项目（2021Z17）、山东省本科教学改革研究重点项目（Z2021173）"全球史与跨国史课程群建设"团队也给予了大力支持，感谢山东大学2022年高质量教材出版资助。最后，要感谢浦睿文化的于欣以及为本书付出辛劳的编辑们，是他们使得本书的出版成为可能，并将它带向更大的读者群体。

如果让我对这本书进行定位，我希望它成为一个指示牌，它最理想的命运是把读者吸引到经典著作面前，然后读者自己能与经典文本直接对话。就如哈罗德·布鲁姆所言，阅读经典能够增进自己的内在增长。甚至，经典也只是拐棍，因为我们每个人最终要学会清醒地和自己以及这个世界相处。

张新刚

2022 年 8 月

图书在版编目（CIP）数据

古希腊思想通识课. 修昔底德篇 / 张新刚著. — 长沙：湖南人民出版社，2023.03
ISBN 978-7-5561-3087-0

Ⅰ.①古… Ⅱ.①张… Ⅲ.①修昔的底斯（Thukydides 前460-前400）-政治思想史-研究 Ⅳ.①D091.2

中国版本图书馆CIP数据核字（2022）第197445号

古希腊思想通识课：修昔底德篇
GUXILA SIXIANG TONGSHIKE: XIUXIDIDE PIAN
张新刚 著

出 品 人	陈 垦
出 品 方	中南出版传媒集团股份有限公司
	上海浦睿文化传播有限公司
	上海市万航渡路888号15楼A座（200042）
责任编辑	谭 乐
封面设计	张 苗
责任印制	王 磊
出版发行	湖南人民出版社
	长沙市营盘东路3号（410005）
网　　址	www.hnppp.com
经　　销	湖南省新华书店
印　　刷	河北鹏润印刷有限公司

开本：880mm×1230mm　1/32　　印张：13.5　字数：256千字
版次：2023年3月第1版　　　　　印次：2023年9月第1版第2次印刷
书号：ISBN 978-7-5561-3087-0　　定价：68.00元

版权专有，未经本社许可，不得翻印。
如有倒装、破损、少页等印装质量问题，请与印刷厂联系调换。
联系电话：8621-60455819

浦睿文化
INSIGHT MEDIA

出 品 人：陈　垦
策 划 人：于　欣
监　　制：余　西
出版统筹：胡　萍
编　　辑：朱可欣
装帧设计：张　苗

欢迎出版合作，请邮件联系：insight@prshanghai.com
新浪微博：@浦睿文化